SV

»ich lerne: gläser + tassen spülen«

Bertolt Brecht
Helene Weigel
Briefe
1923-1956

Herausgegeben von
Erdmut Wizisla

Suhrkamp

Mitarbeit: Denise Kratzmeier

Erste Auflage 2012
Originalausgabe

Satz: Hümmer GmbH, Waldbüttelbrunn
Druck: Druckhaus Nomos, Sinzheim
Printed in Germany
ISBN 978-3-518-41857-4

DIE BRIEFE

Die Schauspielerin Helene Weigel, geboren am 12. Mai 1900 in Wien, lernt den Schriftsteller und Regisseur Bertolt Brecht, geboren am 10. Februar 1898 in Augsburg, im Sommer 1923 in Berlin kennen. Nach ersten Engagements in Frankfurt am Main arbeitet Helene Weigel seit Juni 1922 in Berlin als Schauspielerin und wirkt dort auch bei der Inszenierung von Brechts Stück »Trommeln in der Nacht« am Deutschen Theater mit. Obwohl Brecht als Gast im November 1922 an den Proben teilnimmt, kommt es erst im August des folgendes Jahres zu ersten Begegnungen, die durch den gemeinsamen Freund Arnolt Bronnen vermittelt werden. Brecht unternimmt in diesem Jahr mehrere Reisen nach Berlin, lebt und arbeitet aber weiterhin in München.

1 Bertolt Brecht an Helene Weigel, Mitte/Ende Dezember 1923; A: *Augsburg/München,* E: *Berlin, hs. (Privatbesitz)*

1
Zweite Hälfte Dezember:
starke Langeweile
90% Nikotin
10% Grammophon
offensichtlicher Mangel
an Bädern
Jahresende:
Auf nach Mahagonny
bevorzugt!

2
H W
(zu deutsch:
Havary)

2 Postkarte, Ende Dezember 1923/Anfang Januar 1924; A: *München,* E: *Berlin, masch. (BBA)*

Liebes Helletier
ich habe kontraktlich zwei Stücke druckreif zu machen bis Mitte Januar mit dem Deutschen Theater zu verhandeln in Berlin selbst die »Edward«-Inszenierung hier vorzubereiten für 20. Januar u s w u s w[1]

Und ich werde morgen versuchen einen Paß zu bekommen

Schreibe mir wie lang Du dort bist und depeschiere wenn Du plötzlich abreist[2]

Ich wäre gern nach Paris gereist nur für 8 Tage Wenn Du das willst komm gleich über München

Ich habe den Schnee satt

Bist Du allein

Ich küsse Dich

bert

1 Vermutlich handelt es sich bei den zwei Stücken um *Im Dickicht der Städte* und *Leben Eduards des Zweiten von England*, für die Brecht mit dem Gustav Kiepenheuer Verlag einen Vertrag abgeschlossen hat. *Eduard* erscheint dort 1924, während *Dickicht* 1927 vom Propyläen-Verlag publiziert wird. Es könnte auch die Bühnenbearbeitung des *Gösta Berling* gemeint sein. Die *Eduard*-Bearbeitung wird am 19. März 1924 in den Münchener Kammerspielen uraufgeführt; Brecht selbst übernimmt die Regie, das Bühnenbild entwirft Caspar Neher. In den Hauptrollen: Erwin Faber (Eduard), Maria Koppenhöfer (Anna), Oskar Homolka (Mortimer), Erich Riewe (Gaveston) u. a. Die Berliner Erstaufführung findet am 4. Dezember 1924 im Staatlichen Schauspielhaus unter der Regie Jürgen Fehlings statt. Hier spielen Erwin Faber (Eduard), Agnes Straub (Anna), Werner Krauß (Mortimer), Rudolf Fernau (Kent) u. a.

2 Ende 1923 besucht Helene Weigel in Wien ihre Eltern Siegfried und Leopoldine Weigl, geb. Pollak, beide aus Mähren stammende Juden. Helene nennt sich später in Weigel um.

3 *Ende Januar/Anfang Februar 1924;* A: *München,* E: *Berlin, Abschrift (BBA)*

Liebe Helle

ich habe die Lederhandschuhe angetan ein Streichholz entzündet eine Zigarre geraucht etwas notiert Schokolade gefressen mich geschneuzt und ich bin müde davon

Besonders aber von der Fahrt nach Berlin mit Dir zusammen[1]

Ich bin sehr frisch und gut in Form und wenn Arnolt anschwirrt werde ich wahrscheinlich mit ihm wohnen[2]

Er soll bald kommen

Wann hast Du wieder Zeit????

Wirst Du so gut schlafen als ich es wünsche und fröhlich sein allerdings nicht zu sehr aber etwas

Ich bin Ihnen fortdauernd reichlich gewogen Madamme

bidi

(mit crayon geschrieben)

1 Brecht hat Weigel vermutlich auf ihrer Rückreise aus Wien von München bis Berlin begleitet, fährt jedoch gleich wieder zurück.
2 Arnolt Bronnen.

Ende März 1924 hält Brecht sich einige Tage in Berlin bei Helene Weigel auf. Brechts Ehefrau Marianne Zoff, mit der er seit dem 3. November 1922 verheiratet ist, wirft ihm Untreue vor, die Brecht vehement bestreitet. Anfang April 1924 fährt er mit Marianne und der gemeinsamen Tochter Hanne, geboren am 12. März 1923, nach Capri. Helene Weigel ist zu diesem Zeitpunkt bereits schwanger von Brecht und nimmt daher für den Rest des Jahres keine Rollen mehr an.

4 *Postkarte, 18. April 1924;* A: *Neapel,* E: *Berlin, Spichernstr. 16, Atelier, hs. (Privatbesitz)*

L. H.,
ich bin in Capri mit Marianne, die sehr elend dran ist. Bitte schreib mir genau, was in Berlin los ist und wies Dir geht! Hier bin ich noch ca. 8 Tage. Ich denke, arbeiten zu können. Wie war die Esther?[1] Ich freue mich sehr auf Berlin und die Spichernstraße.[2] Sei *nicht* blöd, kein Grund!!!

biddi

Marina piccola di Capri
Pension Weber
(Brief geschlossen)
Bin in ca. 2 Wochen fertig.[3]

1 Vermutlich ist Esther Warschauer gemeint, die Gattin Frank Warschauers.
2 In der Spichernstraße, im Westen Berlins, hat Helene Weigel eine Atelierwohnung, die sie Brecht im Februar 1925 überläßt.
3 Anfang Mai beziehen Brecht, der sich inzwischen mit Helene Weigel in Florenz getroffen hat, seine Frau Marianne und die Tochter Hanne ein neues Urlaubsquartier in Positano, einem Seebad an der Amalfiküste.

5 *Ende Mai/Anfang Juni 1924;* A: *Positano,* E: *Berlin, masch. (Privatbesitz)*

Liebe Helle
es ist eine verfluchte blaue Limonade
Eine halbe Stunde baden und Kajakfahren
Zwei Stunden essen im ganzen
Rauchen Zitronenwasser Sechsund60 alles zusammen vier Stunden

Und dann

Aber jetzt ist Cas gekommen und morgen gehe ich mit ihm los auf Neapel[1]

Dort gibt es Drinks Musik und Sifilis

Ich denke daß ich in ein bis zwei Wochen in Deutschland bin

Marianne ist viel besser dran jetzt

Sie bleibt noch in Capri sitzen

Es war sehr gut daß ich sie hierhergebracht habe

Dann geht sie nach Mondsee in Österreich wo ihre Mutter ist und ihr Kind für den Sommer[2]

Sie wird ganz erholt sein danach

Für die Lunge ist es gut hier aber Landschaft und Bewohner und alles ist zum Kotzen

Und alles ist teuer und schlecht das Fleisch nicht zum Essen

Was tust Du

Ich freue mich ordentlich auf Dich und Pietro[3]

Wird er auch groß und dick und lustig

Und ist seine Mutter eine Augenweide

Und singt I have no bananas[4]

Und hält seines Vaters Bett bereitet

Wie es geschrieben steht

Und weiß was ist und

kennt das »Hohe Lied« Salomos und weiß es ist

das zweite Kapitel Vers 10-15[5]

Und damit einen Kuß auf den Hals unter dem Kinn Du weißt es

b

1 Caspar Neher, Brechts Jugendfreund aus Augsburg.

2 Zdenka Zoff, geb. Jellinek, die Mutter von Marianne Zoff, wohnt in Mondsee, östlich von Salzburg; Hanne ist die gemeinsame Tochter von Marianne und Brecht.

3 Anspielung auf die Schwangerschaft Helene Weigels.

4 Amerikanischer Schlager aus dem Jahr 1923, in der deutschen Fassung *Ausgerechnet Bananen!*

5 Die Verse aus dem *Hohen Lied* lauten: »Mein Freund antwortet und spricht zu mir: Stehe auf, meine Freundin, meine Schöne, und komm her. / Denn siehe, der Winter ist vergangen, der Regen ist vorbei und dahin. / Die Blumen sind aufgegangen im Lande, der Lenz ist herbeigekommen, und die Turteltaube läßt sich hören in unserm Lande. / Der Feigenbaum hat Knoten gewonnen, und die Reben duften mit ihren Blüten. Steh auf, meine Freundin, und komm, meine Schöne, komm her! Meine Taube in den Felsklüften, im Versteck der Felswand, zeige mir deine Gestalt, laß mich hören deine Stimme; denn deine Stimme ist süß, und deine Gestalt ist lieblich. / Fangt uns die Füchse, die kleinen Füchse, die die Weinberge verderben; denn unsere Weinberge haben Blüten bekommen.«

Von Mitte Juni bis Anfang Juli 1924 ist Brecht wieder in Berlin, um Verlagsangelegenheiten zu regeln. Anfang August kehrt er nach München zurück. Helene Weigel macht in dieser Zeit Urlaub in Wasserburg am Bodensee.

6 *Postkarte, 30. Juli 1924;* A: *Augsburg,* E: *Wasserburg am Bodensee, Hotel Krone, hs. (Privatbesitz)*

Liebste Helle,
Wagen, Tabak, 4 Soldaten[1], Cas, Langeweile –

Was tust Du? Regnet es? Ist es tüchtig langweilig? Das ist gut für den Jungen![2] Er wird nicht zu früh blasiert!

Ja? Ich bin *immer* »aufgekratzt« bei Dir! Zum Erstaunen lebendig, jetzt wieder down.

Ich küsse Dich, wirst Du tüchtig dick? Das ist gut. Da bist Du gut zu haben. Das festigt innerlich.

Schreibe mir!

bert

1 Anspielung auf *Mann ist Mann.* Das Stück wird 1926 uraufgeführt und nimmt das zentrale Thema sowie Motive des *Galgei*-Fragments wieder auf.
2 Der gemeinsame Sohn Stefan Sebastian wird am 3. November 1924 geboren.

7 *Postkarte, 2. August 1924;* A: *Augsburg,* E: *Wasserburg am Bodensee, Hotel Krone, hs. (Privatbesitz)*

Liebste Helle,
bekomme erst heute Deinen Brief, kann in Augsburg heute kein Geld beschaffen, ver*leihe* die Dollars, Montag hoffe ich schicken zu können. Am besten wäre, Du bleibst, solang Du es aushalten kannst, ich bin mitten im »Galgei«. Schreib bitte sofort wieder; Montag bin ich München, Kammerspiele!

Ich küsse Dich
bert

8 *Anfang August 1924;* A: *Augsburg,* E: *Berlin, masch. (Privatbesitz)*

Liebes Helletier
jetzt sitzt der große Manitu wiederum in seiner Wolke von holländischem Tabakrauch und blinzelt wenn Licht durch den Zeltschlitz fällt und lauscht dem Gramotier[1] das
Oh by Jingo[2]
seufzt
Was tust Du
Wieviel von Dir ist noch nach Berlin gekommen und wieviel von mir
Hast Du das Bad hinter Dir
Was tut Arnolt der schwarze Panther
Und Peter der kleine
Oh by Jingo
Und amen

1 Wohl: Grammophon.
2 Häufig auf Schallplatte eingespielter Song aus dem Broadway-Musical *Linger Longer Letty* (1919).

9 *Anfang August 1924;* A: *Augsburg,* E: *Berlin, hs. (Privatbesitz)*

Liebe Helle
ich danke Dir für Augsburg[1]
Bin *verzehrt* von Arbeit
Komplotten, Dummheit, Kämpfen
usw
Wenn irgend möglich, mußt Du 2 Tage kommen
Nächste Woche etwa

Inzwischen mußt Du Deine Haare mit Lavendel waschen
Daß sie *riechen.*
(Ich bin Dir sehr gewogen)

b

Mit Bi[2] telefoniere ich morgen

1 Offenbar hat Helene Weigel auf dem Weg vom Bodensee nach Berlin Brecht in Augsburg besucht.

2 Abkürzung für Bittersweet (auch Bi oder Bie): Kosename für Paula Banholzer, Brechts Jugendliebe und Mutter seines ersten Sohnes Frank, der am 30. Juli 1919 geboren wurde.

10 Postkarte, 27. August 1924; A: *Bahnpost, verm. München – Augsburg,* E: *Berlin, Spichernstr. 16, Atelier, hs. (Privatbesitz)*

Liebste Helle,
ich habe Dich 2x angerufen, auch abends. Wo steckst Du? Ich komme nur langsam vorwärts, es ist, als hätte ich mutterseelenallein das ganze Versailles auszubaden. Was sagte Lipmann?[1] Wie geht es Dir? Gehst Du noch einmal fort? Diese Langeweile!
Wirst Du dicker? Das freut mich.
Was tut mein Atelier?[2] Wenn es da ist, komme ich.
Ich küsse Dich

b

Schreib!

1 Heinz Lipmann, leitender Dramaturg am Staatlichen Schauspielhaus in Berlin, vgl. Brief Nr. 12.

2 Weigel hat sich bereit erklärt, sobald ihr Kind geboren ist, die Atelierwohnung in der Spichernstraße 16 für Brecht zu räumen.

11 Postkarte, 28. August 1924; A: *Augsburg,* E: *Berlin, Spichernstr. 16, Atelier, Abschrift (BBA)*

Liebe Helle,
also: Engel sagen, 1) Neher ist in Potsdam bei Kasack zu erreichen. 2) daß heut telefoniert, Brief an Engel geht jetzt ab.[1] Ich komme Mitte der Woche. Die Bi ist sehr unglücklich, ich traf sie, sie möchte eine Stellung irgendwo, Berlin oder Potsdam, Büro oder Haustochter.[2] Vielleicht frägst Du herum? Ich wäre froh um ein leeres Zimmer, weißt Du. Sage doch Ihering, ich finde keine Wohnung, die von Kortner kann wegen Umbau nicht bezogen werden.[3] Sage es auch der Maier im Theater.[4] Jetzt küsse ich Dich

b

1 Erich Engel ist als Regisseur für die vom Deutschen Theater geplante Inszenierung von *Dickicht* vorgesehen. Der erwähnte Brief an ihn ist nicht überliefert. Hermann Kasack ist seit Oktober 1920 als Lektor im Kiepenheuer Verlag in Potsdam tätig.

2 Die Stellungssuche für Paula Banholzer bleibt erfolglos.

3 Brechts Ehefrau Marianne bemüht sich seit Anfang August über den Verleger Gustav Kiepenheuer um eine Wohnung in Berlin. Sie schreibt ihm am 11. August: »100 Mark wäre nicht zu arg – es wäre uns aber eine leere Wohnung viel, viel lieber. Wir können ab 1.9. die Wohnung von Kortner beziehen – die ist möbliert – und könnte ich ja dann von dort aus, mit Ihrer so liebenswürdigen Hilfe, eine leere Wohnung suchen« (Verlagsarchiv Kiepenheuer). Auch der Kritiker Herbert Ihering, der Brecht 1922 den Kleistpreis zugesprochen hat, wird in die Suche einbezogen.

4 Nicht ermittelt, vermutlich eine Verwaltungsangestellte.

12 Ende August 1924; A: *Augsburg,* E: *Berlin, masch. (Privatbesitz)*

Liebe Helle
warum keine Antwort

Ich gehe immer noch promenieren in der Kastanienallee und bin nicht ohne Beschäftigung Jetzt habe ich ungefähr 4 Akte im Rohbau[1] Was ich habe ist befriedigend einiges gut

Ich komme Mitte nächster spätestens Ende nächster Woche

Es ist sehr langweilig hier außer den Arbeitsstunden die unerträglich sind

Vom Staatstheater keine Nachricht[2] Welche Unhöflichkeit

Schreibe mir Gerüchte über »Dickicht«[3]

Wer spielt die Jane – Binder???[4]

Es ist schwer hier zu bleiben

Ich bin Ihnen immer noch leidlich gewogen sowie Ihrem geheimnisvollen Inhalt

Ein Brief kostet 10 Pfennig

Mit Respekt[5]

1 Von *Mann ist Mann.*

2 Heinz Lipmann vom Staatlichen Schauspielhaus hat im Januar Interesse an einer Aufführung von Brechts Marlowe-Bearbeitung *Leben Eduards des Zweiten von England* geäußert. Die Berliner Aufführung kommt jedoch erst im Dezember zustande; vgl. Postkarte Nr. 2.

3 Gemeint ist die Berliner Inszenierung von *Im Dickicht.* An Arnolt Bronnen hat Brecht Ende Juli 1923 geschrieben: »›Dickicht‹ halte ich zurück in Berlin. Es ist eigentlich Engel versprochen« (GBA 28, 198). Die Berliner Erstaufführung findet am 29. Oktober 1924 am Deutschen Theater unter der Regie Erich Engels statt. In den Bühnenbildern Caspar Nehers spielen Fritz Kortner

(Shlink), Walter Franck (George Garga), Franziska Kinz (Marie Garga) u. a.

4 Nicht die Schauspielerin Sybille Binder spielt die Jane in *Im Dickicht* in der Aufführung vom Oktober 1924, sondern Gerda Müller.

5 Auf der Rückseite des Briefes finden sich die Notizen: »Februar / 4083 / vormittags, etwa ½ 11 Uhr«. 4083 ist der Telefonanschluß der Haindl'schen Papierfabrik, deren Kaufmännischer Direktor Brechts Vater ist.

Am 1. September 1924 zieht Brecht endgültig nach Berlin um und tritt eine Stelle als Dramaturg am Deutschen Theater an. Marianne und Hanne bleiben vorerst in München. Brechts und Weigels gemeinsamer Sohn Stefan wird am 3. November 1924 geboren. Weigel übernimmt wieder Rollen, im Februar 1925 überläßt sie Brecht schließlich die Atelierwohnung in der Spichernstraße. Ab Juni hält sie sich in München auf, wo sie bis zum 17. Juli für ein Gastspiel mit »Woyzeck« in den Kammerspielen auf der Bühne steht. Bei einem Aufenthalt in Augsburg muß sie sich einer Operation unterziehen.

13 Mitte Juni 1925; A: *Berlin,* E: *München, masch. (Privatbesitz)*

Liebe Helli,
hier läuft alles langsam und zäh und breiig

Step[1] geht es gut Er sieht zufrieden und dick aus lächelt aber nie Er ist sehr streng aber gerecht Seine Zähne holt er mit allem was ihm in die Hand kommt heraus Brüllen kann er furchtbar und verfressen ist er unsäglich

Was ist mit Falckenberg Riewe u s w[2]

Kannst Du nicht ein paar Mal die Cressida spielen?[3] Das wäre wichtig

Bitte schreib mir

Was tust Du immer Wo wohnst Du Wo ißt Du Wie arbeitest Du???

b

1 Stefan Weigel, den Brecht meist Steff, manchmal auch Step nennt.
2 Otto Falckenberg, Direktor der Münchener Kammerspiele. Erich Riewe spielt 1924 den Gaveston in der Uraufführung von *Leben Eduards des Zweiten von England.*
3 Ein Gastspiel Helene Weigels in Shakespeares *Troilus und Cressida* kommt nicht zustande.

14 Mitte/Ende Juni 1925; A: *München,* E: *Berlin, masch. (Privatbesitz)*

Liebe Helli
es ist schwer zu schreiben wenn man in einen ganzen Sumpf von Verdrossenheit geraten ist Ich habe unendlichen Ärger mit dem Auto gehabt und es ist noch immer nicht fertig Auch wird das Geld nicht ausreichen Ich denke Mon-

tag oder Dienstag nach Wien zu fahren aber es ist so spät geworden daß ich jetzt kaum schon wieder mit Dir zurück kann Das Auto hoffe ich in 10 Tagen wenn ich die Rechnung die immer noch nicht ganz feststeht bezahlen kann zu bekommen Es wäre nett wenn Du Dich erkundigen könntest was die Prüfung in Wien kostet und ob ich sie dort machen darf Hier ist es teuer und ich könnte vielleicht dort billiger wegkommen[1]

Hier habe ich mit viel Nikotin wenige Sonette hergestellt[2] Die Langeweile ist entsetzlich und dabei hält mich ein katastrophaler Geldmangel von allem ab auch davon bald nach Wien zu gehen Aber nächste Woche macht mein Vater urlaubshalber hier zu und da muß ich weg

Ich freue mich sehr auf Dich

bert

Laß Dir von dem Brief nicht den Rest von Laune verderben den mein Schweigen Dir gelassen hat Aber jetzt ist Orge[3] nach Paris weg Die Leihbibliotheken sind ausgelesen Mein Gehirn ist der Arbeit mich zu unterhalten nicht mehr entfernt gewachsen Wenn ich 2 Selbste hätte würde ich eines ermorden

1 Vermutlich eine Fahrzeuginspektion.

2 Um diese Zeit entstehen u. a.: *Sonett*, *Die Opiumraucherin*, *Sonett über schlechtes Leben*, *Entdeckung an einer jungen Frau*, *Forderung nach Kunst*, *Sonett für Trinker* und *Sonett vom Sieger*.

3 Der Jugendfreund Georg Pfanzelt.

15 Ende Juni 1925; A: *Wien,* E: *Augsburg, masch. (Privatbesitz)*

Liebe Helli
ich bin seit gestern in Wien[1] Ich konnte nicht mehr über München kommen Du schreibst gar nicht warum Es ist so ungemein langweilig überall Mitte Juli komme ich nach Augsburg jetzt ist dort die Wohnung abgeschlossen mein Vater fort[2] Dann schreibe ich auch rechtzeitig wegen eines Zimmers Ich will im Sommer möglichst viel arbeiten Hier habe ich ganz außerhalb des Ortes ein einsames Zimmer für mich allein Mittags besuche ich die Hanne die ungeheuer liebenswürdig zu mir ist Was tust Du Wie war »Wozzek«[3] Wie die Presse Ich möchte sie lesen Hier ist Bronnen war Kortner Ist Homolka[4] Wann besuchst Du Deine Eltern Meine Adresse ist bis ersten Juli Mozartgasse 25 parterre

Gehe ich Dir ab???? Bist Du auch zurückhaltend gegen die Herrn und ordentlich früh und spät??? Ich will da nichts hören müssen

und jetzt küsse ich Dich Helli

bidi

Grüß Otto und wenn Du ihn siehst Pappa George[5]

Marianne ist ab Mitte August in Münster Monatsgage 550 Mark erstaunlich Ich habe mit Ullstein abgeschlossen ein großer Triumph[6] Du mußt für den Winter nicht Sorge haben Es wird auf jeden Fall gehen Helli Schreib mir bitte wie es Dir und Step geht Ist er dick grinst er wieder was hat er Dir gesagt beim Sehen schreib es

1 Besuch bei Marianne Zoff und Hanne, die sich bei Mariannes Eltern in Baden bei Wien aufhalten.

2 Der Vater von Brecht, Berthold Friedrich Brecht, lebt allein in Augsburg; Brechts Mutter Wilhelmine Friederike Sofie Brecht, geb. Brezing, ist am 1. Mai 1920 gestorben.
3 Unter der Regie von Hans Schweikart spielt Helene Weigel in den Münchener Kammerspielen die Marie in Büchners *Woyzeck*. Die Premiere findet am 16. Juni 1925 statt.
4 Der Schauspieler Oskar Homolka.
5 Die Jugendfreunde Otto Müllereisert und Georg Pfanzelt.
6 Der Vertrag kommt am 21. Juli 1925 zustande. Zu Ullstein gehören der Propyläen-Verlag und der Arcadia-Bühnenvertrieb. Für monatlich 600 Mark hat sich Brecht dazu verpflichtet, »seine gesamte schriftstellerische Produktion an dramatischen, erzählenden und lyrischen Werken« zuerst Ullstein vorzulegen.

16 Juli 1925; A: *Wien,* E: *Augsburg, hs. (BBA)*

Liebe Helli,
ich höre eben (der Brief Ottos wurde nach Wien nachgeschickt), daß Du operiert wirst.[1]

Das ist ja schrecklich.

Bitte laß mich sofort wissen, wie es Dir geht.

Und wo wirst Du hingehn, wenn Du aus der Klinik kommst?

Bitte, rasche Nachricht!

Liebe Helli!

bert

1 Nicht ermittelt; der Brief Otto Müllereiserts ist nicht erhalten.

Am 20. September 1925 kehrt Brecht nach Berlin zurück und arbeitet mit Weigel an ihrer Rolle als Klara in Friedrich Hebbels »Maria Magdalena«, die zu ihrem bis dahin größten Erfolg wird; die Premiere ist am 8. Dezember 1925. Von 3. bis 7. Oktober besucht Brecht seine Frau und seine Tochter in Münster, wo Marianne ein Engagement als Opernsängerin hat.

17 Postkarte, 3. Oktober 1925; A: *Münster,* E: *Berlin, Babelsberger Str. 52, Atelier, Abschrift (BBA)*

Liebe Helli,
die Puppe war ein *ganz* großer Erfolg.

Sie hieß sofort Gagga.

(Unübersetzbares Wortspiel mit wahrscheinlich unanständiger Grundbedeutung)

Ebenso auch der Affe, der zur Stunde bereits an sämtlichen Gliedmaßen gelähmt ist.

Ich komme wahrscheinlich Dienstag, sicher Mittwoch.

Wenn möglich, rede noch einmal mit diesem Baumeister persönlich von Dir aus?[1]

Gruß
b

Also nichts nachschicken, nichts depeschen!

Münster 3. Okt. 1925

1 Nicht ermittelt; vermutlich eine Wohnungsangelegenheit.

Am 29. Mai 1926 reist Brecht mit Caspar Neher über Köln, wo er die Premiere von »Leben Eduards des Zweiten von England« sieht, nach Paris und von dort am 10. Juni weiter nach Augsburg. Dort hält er sich, mit Ausnahme einer zweiwöchigen Reise nach Wien, von Mitte Juli bis Mitte September auf, bevor er weiter zu den Proben von »Mann ist Mann« nach Darmstadt fährt und schließlich am 27. September nach Berlin zurückkehrt. Helene Weigel macht in diesem Sommer Urlaub in Oberbayern und trifft sich mit Brecht in München.

18 Postkarte, 2. Juni 1926; A: *Paris,* E: *Berlin, Babelsberger Str. 52, hs. (Privatbesitz)*

Liebe Helli,
Fahrt glänzend, telegrafieren unmöglich, da Riesentrubel, Aufführung gut, Müthel[1] außerordentlich, Paris, seit Sonntag abend, angenehm, Cas Führernatur. Bitte, frag Kaul (»Börsen-Courier«), ob mein Bericht über Köln im »Börsen-Courier« erschienen ist,[2] + schicke ihn Müthel, Stadttheater, Köln!

Köln trägt mindestens für mich 400, wahrscheinlich mehr! Am besten im Hamilcar, weißt Du![3] Frage Traugott Müller nach »Hochzeit«![4] Gruß

bert

PS: Marianne will nach Berlin dieser Tage für 3-4 Tage, erkundige Dich bei Berta[5], ob sie da ist, vor Du raufgehst!

B. Brecht, Boul. Montparnasse 43, Hotel de Chemin de Fer de l'ouest

1 Lothar Müthel spielt den Eduard in der Aufführung von *Leben Eduards des Zweiten von England* (Regie: Ernst Hardt).

2 Am 30. Mai 1926 schreibt Brecht im Zug nach Paris eine Stellungnahme, die er Herbert Ihering mit der Bitte sendet, sie »so hervorstechend wie möglich« im *Berliner Börsen-Courier* zu bringen: »Angesichts der babylonischen Stilverwirrung des zeitgenössischen Theaters sollte es dem dramatischen Schriftsteller, ebenso wie dem Ingenieur, der in Fachschriften über technische Auswertungen seiner Arbeiten berichtet, erlaubt sein, auf wesentliche Aufführungen seiner Stücke hinzuweisen. In der 2¼stündigen, die geistige Struktur des Stückes vorbildlich ausleuchtenden *musischen* Inszenierung der Historie ›Leben Edwards II. von England‹ durch den Dichter Ernst Hardt in Köln wurde, keineswegs unerwartet, *die eminente Bedeutung des Schauspielers Lothar Müthel für die zeitgenössische Dramatik* deutlich sichtbar. Seine großartige schauspielerische Anmut gestattet ihm vollkommene Sachlich-

keit und, in jedem Augenblick kontrollierbar, führte er die schwer übersehbare Lebenskurve des Edward schwer übersehbar in aller Deutlichkeit, beinahe physikalisch arbeitend, vor. Die Sterbeszene von elfenbeinerner Majestät ... / Bert Brecht« (GBA 28, 268 f.). Der Filmkritiker Walter Kaul ist zu dieser Zeit Mitarbeiter des *Berliner Börsen-Couriers*.

3 Nicht ermittelt.

4 Brechts Einakter *Die Hochzeit* (später *Die Kleinbürgerhochzeit*) wird am 11. Dezember 1926 im Schauspielhaus Frankfurt a. M. uraufgeführt. Die Regie führt Melchior Vischer, das Bühnenbild stammt von Ludwig Sievert; der Bühnenbildner und Regisseur Traugott Müller ist daran nicht beteiligt.

5 Hausangestellte von Helene Weigel.

19 Mitte Juli 1926; A: *Wien (Kopfbogen Hotel Bristol),*
E: *Berlin, hs. (Augsb.)*

Liebe Helli,
Fahrt ausgezeichnet. 5 Stunden. Ich wohne Hotel Stadt Triest.

Aber morgen will ich mit Feuchtwanger, der im Bristol wohnt, umziehen in 1 gemeinsames Hotel. Du kannst mir nach *Vösendorf* schreiben.[1] Mitte nächster Woche bin ich zu Hause. Schüttle dem Steff die Hand und sei selber geküßt!

bert

Hanne sieht sehr gut und frisch aus, sehr groß, gerade und sehr lustig!

Rufe doch Engel an: ich komme bald zurück. Er soll einen festen Termin für »MannistMann« im Herbst durchsetzen![2]

1 Ort südlich von Wien, auf dem Weg nach Baden, wo Marianne und Hanne bei Mariannes Eltern sind. Brecht hält sich mit Elisabeth Hauptmann vom 14. bis 26. Juli in Wien auf.

2 Das Stück wird in Berlin erst am 4. Januar 1928 durch die Volksbühne im Theater am Bülowplatz erstaufgeführt. Die Regie übernimmt Erich Engel, die Musik schreibt Edmund Meisel, die Bühnenbilder stammen von Caspar Neher. In den Hauptrollen: Helene Weigel (Begbick), Heinrich George (Galy Gay), Hans Leibelt (Fairchild) u. a. Die Inszenierung kommt auf 44 Aufführungen.

20 *Mitte/Ende Juli 1926;* A: *Wien,* E: *Kochel am See, hs. (Privatbesitz)*

Liebe Helli,
komme *Ende der Woche*.
Habe, glücklicherweise, den Dr. Singer (via Kisch) hier aufgetrieben – »Fleischhackers« wegen.[1] Geld knapp, bemühe mich, welches zu beschaffen, einige Chancechen. Hoffentlich kann man [in] Kochel baden[2] – hier nicht!

Hanne sehr klug und nett. Wohne in Pavillon zusammen mit einigen Ohrenhältern[3] – Pferde wären mir lieber. Was tust Du?

bert

1 Der Journalist Egon Erwin Kisch vermittelt Brecht den Kontakt zu dem Ökonomen Dr. Singer, den er über Vorgänge an der Börse für sein Stückprojekt *Jae Fleischhacker in Chikago* befragt.

2 Urlaubsort von Helene Weigel, eine Gemeinde in Oberbayern am Ostufer des Kochelsees.

3 Wohl ironisch für Köpfe, also Personen.

21 *Postkarte, 5. August 1926;* A: *Augsburg,* E: *Kochel am See, bei Galloth, hs. (Privatbesitz)*

Liebe Helli,
nichts Neues von Otto?[1] Hier alles gleich! Langeweile, aber ich lese. Bitte schick doch meinen Schlüssel gleich als Sache ohne Wert! Und schreib mir! Grüße Steff!

bert

1 Es gibt Streit wegen des Geldes für ein Auto. Otto Müllereisert finanziert die notwendige Reparatur des gebrauchten Wagens, eines englischen Daimler, Baujahr 1921, durch ein Darlehen. Mitte Juni 1926 schreibt Brecht an seine Frau Marianne: »Ich habe *1.500* M für ein Auto entliehen, Otto und Weigel haben es gekauft, auf den Namen der Weigel, da ich nicht da bin, es gehört mir, das heißt ich verkaufe es wieder, da ich die 1.500 M nicht zurückzahlen könnte, wie ich geglaubt habe. Dieses Geld (1.500 M) habe ich also nicht etwa in Form eines Autos der Weigel geschenkt! (GBA 28, 274)«

22 *Postkarte, 14. August 1926;* A: *Augsburg,* E: *Kochel am See, bei Frau Galloth, hs. (Privatbesitz)*

Liebe Helli,
bin Mittwoch München. Bitte, schreib an die Deutsche Bank, Depositenkasse Bayerischer Platz, man soll Dir ein Scheckbuch schicken. Möglichst *umgehend.* Also: Treffpunkt: Pension Döring![1] Hier wegen cooncannot[2], Billard, Langeweile! Denke mir Kochel noch schlimmer!

Gruß
b

1 Helene Weigel reist von Kochel am See nach München zu einem Treffen mit Brecht.
2 Auch Coon can (engl.): Der Neger kann nicht (bzw. kann); Kartenspiel, eine Art Rommé.

23 *August 1926;* A: *Augsburg,* E: *Berlin, hs. (Augsb.)*

Liebe Helli,
hier der Brief, Otto hatte ihn nicht dabei. Ich komme Donnerstag oder Freitag, bin gerade mit allerhand Ordnung beschäftigt; arbeite auch ein wenig – toi toi toi!

Wie geht es dem Dicken?

Ich küsse Dich

bert.

Grüße von Otto + von Orge!

24 *Ende September 1926;* A: *Darmstadt,* E: *Berlin, hs. (Augsb.)*

Liebe Helli,
Proben gehen ganz gut.[1] Alfred Kerr kommt also *auch*.?????[2]

Bin Montag früh spätestens Berlin.

Hoffentlich geht Autosache vorwärts![3]

shakehands
bert[4]

1 Brecht hält sich in Darmstadt auf anläßlich der Proben zu *Mann ist Mann*, das am 25. September am dortigen Hessischen Landestheater und parallel am Düsseldorfer Schauspielhaus uraufgeführt wird.
2 Die Rezension der Aufführung durch Alfred Kerr erscheint am 27. September 1926 im *Berliner Tageblatt*.

3 Vgl. Postkarte Nr. 21.
4 Geschrieben auf der Rückseite des Artikels von Jacob Geis, *Bertolt Brechts Lustspiel »Mann ist Mann«. Zur Uraufführung im Großen Haus des Landestheaters am 25. September 1926* (Sonderabdruck aus dem *Darmstädter Tagblatt*, 22. September 1926, Nr. 263, S. 3).

25 31. Dezember 1926; A: *Berlin,* E: *Berlin, hs. (Augsb.)*

Liebe Helli,
ich wünsche Dir und mir ein gutes neues Jahr, das heißt gute neue Jahre!

Ich glaube, daß Du ein wenig betrübt bist, weil auf dem Theater nichts los ist, aber ich glaube, Du weißt, daß ich ungeheuer viel von Dir halte, auch wenn ich es selten oder nie sage.

Liebe Helli, ich küsse Dich

b

Silvester 26

Brecht hält sich von Ende Juni bis Ende September 1927 in Augsburg auf, wo er, im Anschluß an eine Reise zur Uraufführung des Song-Spiels »Mahagonny« in Baden-Baden, am »Fatzer« arbeitet. Helene Weigel verbringt ihren Sommerurlaub in Grünheide bei Margarete und Georg Kaiser. Am 1. September hat Molières »George Dandin« im Theater am Schiffbauerdamm Premiere; Helene Weigel spielt die Claudine. Brecht ist vermutlich erst am 29. September wieder in Berlin.

26 Ende Juni 1927; A: *Augsburg,* E: *Berlin, hs. (BBA)*

Liebe Helli,
ich bin am 1. Tag bis Berneck bei Bayreuth und gestern mittag nach Augsburg gekommen. Fahrt ohne jede Panne etc. Habe nur Sonnenbrand im Gesicht. Nun großes Malheur: ich habe meine Brieftasche mit Autopapieren + Führerschein verloren, wo weiß ich nicht! Du mußt sogleich ins Kraftverkehrsamt Bismarckstraße fahren und neue Papiere erwirken! Ich schicke gleichzeitig an dort einen Brief! *Beschleunige bitte alles, ich kann nicht fahren bis dahin!* Was machen die Verhandlungen mit den Theatern? Schreib mir Genaues darüber! Was macht Steff? Küß ihn und sei selber geküßt!

b

27 Postkarte, 29. Juni 1927; A: *Augsburg,*
E: *Grünheide/Mark, hs. (Privatbesitz)*

Liebe Helli,
bitte entschuldige, ich konnte das Geld erst heut (von meinem Vater) bekommen, da mein Geld aus Frankfurt usw. noch nicht eingetroffen ist!!! *Vergiß nicht, die 2 Sätze meiner Bücher hierher schicken zu lassen!* Ich spiele immerzu cooncannot, da ich nicht autofahren kann. Ich habe 7.50 an das Kraftfahramt Berlin geschickt, an Dich die Autonummer

IT 395 76

Bitte, beschleunige es, rufe oft an dort! Die sollen mir wenigstens den Führerschein *sofort* schicken! Was macht Steff? Wann kommst Du nach Süden hier durch?

bert

28 *Postkarte, 30. Juni 1927;* A: *Augsburg,*
E: *Grünheide/Mark, hs. (Privatbesitz)*

Liebe Helli,
vielen Dank für Steuerkarte!
Aber wann kommst Du durch hier? Selbstverständlich will ich Dich sehen!

bert

Hast Du die Garagensache geordnet? (Dort sind übrigens noch Schwamm und Bürste von mir!)

29 *Ende Juni/Anfang Juli 1927;* A: *Augsburg,*
E: *Grünheide/Mark, hs. (Augsb.)*

Liebe Helli,
ich habe sehr gelacht über die Schilderung, die Martha von Steffs Ankunft in Grünheide gab.[1] Hoffentlich geht es Dir gut und langweilst Du Dich nicht zu stark! Ich schlafe sehr viel, heute früh bis 10¼ Uhr, jetzt wieder! Ich glaube, ich erhole mich hier noch besser als auf der Fahrt!

Ich habe Dich gern
b

1 Weigel verbringt mit Sohn Stefan in dem 40 km südöstlich von Berlin gelegenen Ort den Sommerurlaub. Sie sind Gäste von Margarete und Georg Kaiser. Bei ihnen ist auch Martha Franke, die Hausangestellte Helene Weigels.

30 *Anfang Juli 1927;* A: *Augsburg,* E: *Grünheide/Mark, masch. (Privatbesitz)*

Liebe Helli
es ist schade daß Du nicht über Augsburg gekommen bist Ich habe noch am 1. versucht Dich anzurufen Das Autopapier ist nicht gekommen Jetzt kann ich nicht fahren, es ist scheußlich Ab Samstag bin ich in Baden[1] Du kannst mir ans Theater schreiben Wo kann das Papier (der Zulassungsschein – den Führerschein habe ich) sein? Wenn Du mir wenigstens genau geschrieben hättest welches Papier an mich abgegangen ist und wohin und wer es abschickte! Jetzt bist Du seit 8 Tagen ohne Adresse Und warum Briefe ohne Überschrift und unfreundlich?

bert

Bitte schreibe mir noch expreß nach Augsburg wegen des Papiers!
Sonst muß ich nach Baden ohne Auto!

1 Siehe Brief Nr. 31.

31 *18. Juli 1927;* A: *Baden-Baden (Kopfbogen Hotel Gunzenbach-Hof),* E: *Grünheide/Mark, hs. (Ausgb.)*

Liebe Helli,
ich habe das Auto gerade noch rechtzeitig herausgekriegt, die Papiere waren an eine falsche Adresse gegangen. Hier großer Regieerfolg![1] 15 Minuten Skandal! Wann kommst Du zurück?

bert

Was weißt Du von Steff?

Heute fahre ich nach Augsburg zurück! Dann wahrscheinlich für 2 Tage an Ammersee zu Geis[2], nach Puch!

1 Die Uraufführung des Songspiels *Mahagonny* von Brecht und Kurt Weill erfolgt im Rahmen des Festivals *Deutsche Kammermusik Baden-Baden* am 17. Juli 1927 im Großen Bühnensaal des dortigen Kurhauses. Unter der Regie Brechts und der musikalischen Leitung von Ernst Mehlich spielen Lotte Lenja (Jessie), Irene Eden (Bessie) und Erik Wirl (Charlie).

2 Der Autor Jacob Geis, Dramaturg an den Münchener Kammerspielen, der sich entschieden für Brechts Stücke einsetzt; vgl. auch Anm. 4 zu Brief Nr. 24.

32 Ende Juli/Anfang August 1927; A: *Augsburg,* E: *Wien, hs. (BBA, Kopie)*

Liebe Helli,
ich fühle mich hier sehr wohl, lese die Klassiker (Engels + Marx), esse + gehe spazieren. Es ist gutes Wetter. Könntest Du über Frank mit dem Arzt sprechen?[1] Besonders darüber, wieviel er an ärztlicher Aufsicht brauchen wird usw. *Auch über den für ihn günstigsten Beruf!*

Dem Dr. Schmitt[2] habe ich geschrieben, bin noch ohne Antwort + werde ihn Samstag anrufen. Ich habe Dich für *Montag vormittag* angemeldet. Ich würde dann vorschlagen, daß Du sogleich nach der Untersuchung nach Augsburg herüberkommst.

Hoffentlich erholst Du Dich weiter + unternimmst nicht zu viel. Ein Brief von Martha sagt nur, daß es Steff gut geht, und hat sonst die klassische Kürze dieser Schriftstellerin.

Also Wiedersehen Montag! Ich küsse Dich

b

(Ich werde Dir Samstag telegrafieren, wann Du kommen sollst. Wahrscheinlich gleich vom Bahnhof aus! Es ist Leopoldstraße 25, Dr. J. L. Schmitt.)

1 Der achtjährige Frank Banholzer, Sohn von Brecht und seiner Jugendliebe Paula Banholzer, ist zu dieser Zeit in Wien untergebracht. Franks Gesundheit ist instabil.

2 Der mit naturheilkundlichen Mitteln arbeitende Arzt Johann Ludwig Schmitt, der sogenannte Atem-Schmitt, wird von Brecht mehrfach konsultiert.

33 Anfang August 1927; A: *Augsburg,* E: *Berlin (?), masch. (Augsb.)*

Liebe Helli,
bitte schick beiliegende Briefe an Piscator und Ihering, nachdem Du sie abgeschrieben hast.[1] Was gibts sonst?

Ich küsse Dich

b

1 Brecht macht Erwin Piscator in einem Brief Anfang August 1927 »einen Vorschlag. *Sie ändern den literarischen Charakter des Theaters in einen politischen um, gründen einen ›Roten Klub‹ (R. K.) und nennen das Theater das R. K. T. (›Rotes Klubtheater‹)*«. Der Brief an Herbert Ihering vom 6. August 1927 informiert über den Vorschlag (GBA 28, 292 f.).

34 *August 1927;* A: *Augsburg,* E: *Berlin, masch. (Privatbesitz)*

Liebe Helli
danke für die Briefe Habe an Steuer geschrieben und schreibe heute an Kanter[1] Gib doch die Fotografie der Frau Kaiser dabei kannst Du sie besuchen Ich arbeite am »Fatzer«[2] sehr langsam aber nicht schlecht Außerdem wie immer wenn unbeschäftigt und verwaist pornografische Sonette[3] Ich werde wenn ich nicht ganz toll im »Fatzer« stecke zu Deinen letzten Proben da sein[4] Wenn Du etwas über ein Atelier hörst das nicht viel mehr als etwa 50 Mark im Monat Miete kostet dann schreib mir und lege die Hand drauf Werde dann in das Zimmer der Hauptmann den Hesse unterbringen[5] Ruf auch sogleich Ullstein an er soll (Honorarabteilung) meine Rate hierher schikken Laß Steff nicht zuviel in der Sonne herumlaufen und rauch keine Zigaretten Ich nehme an Du hast massenhaft Zeit Dir die Pfeifen herzurichten jetzt Im »Uhu« ist ein Bild von mir[6] Lies »Tampico« (Romane der Weltliteratur) sowie den neuen London[7] und schicke mir alle marxistische Literatur Besonders die neuen Hefte der Revolutionsgeschichte[8] Rufe auch Koch[9] an warum er mir keine Antwort gegeben hat nach Baden-Baden und erkundige Dich wenn möglich nach Cas Moltkestraße 10 Wenn Du dann noch den Steff fotografierst (in der Sonne Moment 1/25 Blende halb zu) dann bist Du gut aufgehoben

Ich küsse Dich
b

1 Brecht schreibt zunächst »Versicherung«, überschreibt dieses Wort dann mit der Maschine und ersetzt es durch »Steuer«. Kanter: Nicht ermittelt.
2 Das Projekt bleibt trotz einer Vielzahl von Texten Fragment.

3 Vgl. *Augsburger Sonette.*

4 Brecht ist nicht anwesend bei den Endproben zu Ilja Motylews Inszenierung von Molières Stück *George Dandin* am Theater am Schiffbauerdamm, bei der Helene Weigel die Claudine übernimmt. Die Premiere ist am 1. September.

5 Brecht will den Theatermann Emil Burri, auch Hesse oder Hesse-Burri, bei seiner Mitarbeiterin Elisabeth Hauptmann unterbringen. Mit Hesse-Burri arbeitet Brecht seit 1927 eng zusammen.

6 Das Foto, *Uhu*, Berlin, Heft 11, August 1927, zeigt Brecht mit Elisabeth Hauptmann, dem Boxer Paul Samson-Körner, dessen Manager Hermann Seelenfreund, Hermann Borchardt und Hannes Küpper.

7 Joseph Hergesheimer, *Tampico.* Roman, erscheint in deutscher Übersetzung von Paul Baudisch 1927 in Berlin bei Knaur innerhalb der Reihe *Romane der Welt* (hg. v. Thomas Mann und H. G. Scheffauer). Von Jack London erscheint 1927 sowohl der Roman *Martin Eden* als auch *Jerry of the Islands* in deutscher Übersetzung.

8 Die *Illustrierte Geschichte der Russischen Revolution*, eine Folge von 20 Lieferungen zu je 24 Seiten, die der Neue Deutsche Verlag ab 4. Mai 1927 herausgibt. Zum Autorenkollektiv gehören führende Politiker der Sowjetunion.

9 Brecht, Kurt Weill und der Produzent und Regisseur Carl Koch beginnen auf Initiative des Essener Generalmusikdirektors Rudolf Schulz-Dornburg mit der Arbeit an einem *Ruhrepos*, das als großes szenisches Oratorium »episch-dokumentarischen Charakters«, als »künstlerisches Dokument des rheinisch-westfälischen Industrielandes« konzipiert ist. Die besonders durch die vorgesehenen Filmpartien aufgetretenen Kosten und offenbar gezielte Indiskretionen, die durch die Presse in die Öffentlichkeit gebracht werden und heftige Kritik hervorrufen – z. B. werden die Beteiligten »als eine geschlossene Berliner Clique dargestellt, die die Provinz unsicher machen wollten« –, lassen die Verhandlungen schließlich scheitern.

35 *Postkarte, 14. September 1927;* A: *Augsburg,* E: *Berlin, Babelsberger Str. 42, Ecke Berliner, hs. (Augsb.)*

Liebe Helli,
gibt es nichts Neues? Warum schreibst Du nichts? Ich komme mit »Fatzer« gut vorwärts in der absoluten Langeweile hier! Was macht die *Garagenfrage*?

bert

Bitte die Adresse Döblins![1]

1 Brecht, der die Romane Alfred Döblins schon als junger Mann sehr schätzt, hat den Autor Ende 1925 in der *Gruppe 1925* näher kennengelernt.

36 *Ansichtskarte (Rothenburg o/Tauber, Herterichbrunnen), 26. September 1927;* A: *Rothenburg o. d. Tauber,* E: *Berlin, Babelsberger Str. 52, Bayerisches Viertel, hs. (Augsb.)*

Liebe Helli,
Schüttelhände

Bert +

[Rudolf Schlichter:]
Herzlich grüßt
Rudolf Schlichter[1]
[Brecht:]
(Ankomme Donnerstag)
Montag abend

1 Der Maler Rudolf Schlichter porträtiert 1926/27 dreimal Brecht und 1928 Helene Weigel; das Bild der Weigel ist verschollen. Sein Bruder Max Schlichter führt in Berlin eine Künstlerkneipe in der Ansbacher Straße 46, in der Brecht verkehrt.

37 1927/28; A: *(?),* E: *Wien (?), hs. (BBA)*

Liebe Helli,
bitte hinterleg im Café Zentral[1] die genaue Adresse des Schuhmachers für mich auf d. Namen Brecht!
Und fahr gut und behandle Step mit Achtung
Und sei geküßt von Deinem

bert

1 Möglicherweise ist das Wiener Literatencafé Central in der Herrengasse gemeint; in Berliner Adreßbüchern ist kein gleichnamiges Café erfaßt. Näheres zur Reise oder zum Anlaß der Zeilen konnte nicht ermittelt werden.

Brecht und Marianne Zoff werden am 22. November 1927 geschieden. Von 10. Mai bis 13. Juni 1928 hält sich Brecht in Saint Cyr auf, wo er zusammen mit Kurt Weill an der »Beggar's Opera«, der späteren »Dreigroschenoper«, arbeitet. In Saint Cyr sind zeitweise auch Helene Weigel mit Stefan und Marianne Zoff mit Hanne. Helene Weigel und Steff verbringen den Sommer später am Ammersee. Dort besucht Brecht sie mehrmals.

38 Ansichtskarte (Genève: Vue sur la rade et le Mt Blanc, de Hotel Beau-Rivage), 14. Juni 1928; A: *Aarburg,* E: *Saint Cyr, hs. (Augsb.)*

Liebe Helli,
kam 1. Tag bis Genf, war heute mit Hesse zusammen, fuhr nachm. 4 Uhr ab und übernachte jetzt in Aarburg (zwischen Bern + Zürich). Alles in Ordnung! Geht nicht zuviel ins Wasser! (Hesse hatte kein Geld!)

Herzlich b

Grüße Steff, Hanne, Marianne!

39 Postkarte, 17. Juni 1928; A: *Augsburg,* E: *Saint Cyr, hs. (Augsb.)*

Liebe Helli,
bin glänzend gefahren, ohne Schwierigkeit. Fahre Montag an Ammersee, da heute Wagen durchgeschmiert wird. Mein Vater hat 500 M am Samstag an Dich geschickt. Hier Wetter sehr gemischt, mitunter sogar Regen. Was macht Ihr? Ich küsse Dich

b

Grüße Marianne + Hanne + Steff!
Vergiß nicht meinen Ledermantel!

40 *Mitte Juli 1928;* A: *Berlin,* E: *Utting am Ammersee, hs. (BBA)*

Liebe Helli,
ich bin jetzt endlich wieder auf dem Marsch nach Utting.[1] Bitte entschuldige, daß ich nicht schrieb, ich habe »Beggar's Opera«[2] usw. fertiggemacht und war fast immer schlecht gelaunt, weil es zu heiß war. Jetzt fahre ich über Heidelberg, wo »Das Dickicht«[3] aufgeführt wird, direkt nach Augsburg und also Utting. Ich denke, daß ich Montag einlaufe. Wahrscheinlich kommen auch Piscators herunter. Gottron hat nichts mehr gefunden.[4] »Kalkutta« war eine furchtbare Aufführung, Forster ganz miserabel, ein exzentrischer Kommis – aber scheints gute Kasse![5] Die Filme von Steff + Hanne sind großartig.[6] Ich denke, daß Du im Winter ziemlich viel spielen kannst. »Dickicht« ist Samstag, bis dahin bin ich bei Sternberg in Homburg.[7]

Ich küsse Dich
b

Grüße fürn Steff!

1 Brecht kennt den derzeitigen Ferienort Helene Weigels seit 1921, als er Paula Banholzer dort besucht hat. 1932 erwirbt er in Utting ein Ferienhaus, das die Familie nur einen Sommer nutzen kann.
2 Brechts Bearbeitung der englischen Ballad-Opera von John Gay und Johann Christoph Pepusch wird mit der Musik von Kurt Weill zu einem Welterfolg. Die Uraufführung findet unter der Regie Erich Engels am 31. August 1928 im Berliner Theater am Schiffbauerdamm statt. Zur Premierenbesetzung gehören u.a. Harald Paulsen (Macheath), Erich Ponto (Peachum), Rosa Valetti (Mrs. Peachum), Roma Bahn (Polly), Lotte Lenja (Jenny), Kurt Gerron (Brown) und Ernst Busch (Moritatensänger).
3 Die Premiere findet am 14. Juli 1928 statt.
4 Heinrich Gottron, Facharzt für Haut- und Geschlechtskrankheiten.

5 Die Neufassung des Stückes *Warren Hastings* von Lion Feuchtwanger, an der Brecht mitgearbeitet hat. Sie wird am 12. Juni 1928 unter dem Titel *Kalkutta, 4. Mai* im Staatlichen Schauspielhaus Berlin aufgeführt. Die Regie hat Erich Engel, die Hauptrolle spielt Rudolf Forster.
6 Privataufnahmen der Familie, auf denen Helene Weigel, Brecht, Stefan und Hanne im Garten und beim Baden zu sehen sind.
7 Der Soziologe und Philosoph Fritz Sternberg lebt in Bad Homburg.

41 Postkarte, 26. Juli 1928; A: *Augsburg,* E: *Utting am Ammersee, Seestr. 92, hs. (Augsb.)*

Liebe Helli,
ich komme erst Freitag abend, habe Hesse gedrahtet, er soll durch A[ugsburg] kommen. Kommt er durch Utting, mußt Du telefonieren!

Ich küsse Dich
b

4083 (Haindl)[1]

1 Telefonanschluß der Haindl'schen Papierfabrik.

42 Postkarte, 6. August 1928; A: *Augsburg,* E: *Utting am Ammersee, Seestr. 92, hs. (Augsb.)*

Liebe Helli,
die Nr. von Unkauf (Reisebüro) ist 101! Ich selber fahr heute Sonntag mit Nachtschnellzug, da Cas Panne hatte![1]

Herzlich
bert

Küsse Steff!

1 Brecht fährt nach Berlin zurück, um mit Weill an der *Dreigroschenoper* zu arbeiten.

43 Ende September/Oktober 1928; A: *Augsburg,* E: *Berlin, Abschrift (BBA)*

Liebe Helli,
ich habe den Zettel verloren, auf dem stand, was für Papiere Du brauchst, ich glaube, es war der Geburtsschein und was noch?[1] Was das Telefon betrifft: ich glaube, am besten wäre es doch, den Nebenanschluß ans Knie[2] zu legen, d. h. wenn sie sich doch noch mal äußern, was das kostet und ob man hört, aber darüber mußt Du einen ihrer Monteure fragen, nicht die Kontorleute! Ich könnte eben dann alles abriegeln und die Telefonate würden dennoch abgenommen werden. Wenn man allerdings nichts hört, geht es nicht. Übrigens sollen die Gebühren viel niedriger werden auch für Verlegung usw. Fragt sich, wann? Noch etwas, Helli: ich habe etwas Ausfluß gehabt, wenig und sicher nur katarrhalisch, da ich sowieso etwas Katarrh habe, aber geh doch zu Gottron für alle Fälle! Ich versuche langsam zu arbeiten, es ist nicht leicht und ich spiele viel cooncannot. »Die dunklen Schiffe« sind ausgezeichnet, hat der Mann mehr geschrieben?[3]

Könntest Du Bücher schicken? Macht die Wohnungssache viel Arbeit? Aber Du mußt ja erst das Streichen abwarten. Was macht Steffs Hosenbild? Ist Koch da? Er war für einige Tage weg.

Ich küsse Euch
b

1 Um welche Papiere es sich handelt, konnte nicht ermittelt werden.
2 Brecht zieht im November 1928 nach Berlin in die Wohnung Hardenbergstr. 1a, am Knie.
3 R. S. Thomas, *Black Ships* (1927). Der Roman erscheint, übersetzt von Franz Fein, unter dem Titel *Dunkle Schiffe* 1928 bei Knaur. Brecht erwähnt das Buch am Jahresende in *Die besten Autoren über die besten Bücher des Jahres* (GBA 21, 256).

44 Ende September/Oktober 1928; A: *Augsburg,* E: *Berlin, masch. (Augsb.)*

Liebe Helli,
ich kann jetzt ganz gut arbeiten. Auf die Wohnung bin ich sehr gespannt. (Der Sessel muß aber schwarz, genauer gesagt: grün sein, darauf bestehe ich!) (Lieber sonst zu Weihnachten!) Sehr warte ich auf Kochs »Dreigroschen«-Fotos und den 3. Band Dreiser.[1] Bitte gib der Radtke,[2] wenn die Wohnung soweit fertig ist, auch einen Schlüssel für die Hauptmann, daß sie die Papiere hereinkramen kann. 1.000 Mark für den Opel sind sehr gut.[3] Ich glaube nur, Otto muß ihn vorfahren und zuerst noch einmal die Schaltung vom 2. in den 3. Gang studieren. Sie geht, wenn gut ausgeführt, geräuschlos. Hier ungeheure Langeweile. Ich muß noch etwa 14 Tage bleiben. Dann hoffe ich einen »Urfatzer« zu haben. Die Frauenrolle drin wird Dir gefallen. Bitte schreib abundzu. Ich langweile mich so. Habe schon zweiten Henny-Porten-Film geschluckt![4]

b

Staatszugehörigkeitsausweis folgt, kriege ihn übermorgen!

1 Carl Koch hat zahlreiche Totalaufnahmen der *Dreigroschenopern*-Bühne gemacht. Sein mit einer Schmalfilmkamera aufgenommener Film ist verschollen. Theodore Dreiser, *The Titan,* erschien

im Original 1914 als zweiter Band der *Trilogie der Begierde. Der Titan* erschien 1928 in deutscher Übersetzung von Marianne Schön und Wilhelm Cremer im Zsolnay Verlag.

2 Vermutlich die Hauswartsfrau in der Hardenbergstraße 1a oder eine Aufwartung.

3 Helene Weigel beabsichtigt, den auf ihren Namen zugelassenen Kraftwagen zu verkaufen.

4 1928 kommen drei Filme mit Henny Porten in die Kinos: *Liebe im Kuhstall*, *Lotte* und *Zuflucht*.

45 Ende September/Oktober 1928; A: *Augsburg,* E: *Berlin, hs. (Augsb.)*

Liebe Helli,
hier das Staatsangehörigkeitszeugnis! Willst Du die Songs nicht lieber erst im Dezember machen? Man könnte dann besser vorbereiten! Übrigens: die »Kleinbürgerhochzeit« wäre auch was für dort![1] Müßte aber erst umgearbeitet werden aufs Politische! Ich komme Mitte nächster Woche!

Herzlich
b

1 Vermutlich für eine geplante Vortragstournee Helene Weigels.

46 Anfang/Mitte Oktober 1928; A: *Augsburg,* E: *Berlin, masch. (BBA)*

Liebe Helli,
die Fotos sind sehr hübsch, Du mußt noch einige machen, sind sie mit Deinem Apparat gemacht? Hier ist es langweilig bis zur Verzweiflung und Arbeit!! Dieser »Fatzer« ist ein

harter Bissen, ich baue immer noch am Rahmen herum, was tut Ihr, wenn es regnet? Kannst Du Steff nicht mal zur Unterhaltung kahlscheren mit einer Maschine auf 3-5 Millimeter? Dadurch gewöhnt er sich an eine Kopfform! Schreibe mir bitte die Adresse von Döblin[1] (aus dem Telefonbuch) und schreibe mir auch sonst öfter, sei nicht so faul

b

1 Im Oktober 1928 schreibt Brecht zwei Briefe an Alfred Döblin (vgl. GBA 28, 315 f.).

Helene Weigels Darstellung der Magd in Leopold Jeßners Inszenierung von Sophokles' »Ödipus« im Januar 1929 nimmt Brecht zum Anlaß für einen »Dialog über Schauspielkunst«. Darin rühmt er die Weigel als eine Schauspielerin der neuen Art, die für ein »Publikum des wissenschaftlichen Zeitalters« spielen kann. Am 10. April 1929 heiraten Weigel und Brecht; die gemeinsame Tochter Barbara wird am 28. Oktober 1930 geboren. Brecht ist inzwischen vor allem durch den Erfolg der »Dreigroschenoper« ein bekannter und angesehener Autor. Vom 12. Mai bis 18. Juni 1931 reist er mit Elisabeth Hauptmann nach Le Lavandou in Südfrankreich, wo er zahlreiche Mitarbeiter und Freunde trifft: Kurt Weill, Lotte Lenja, Margot und Bernard von Brentano, Walter Benjamin, Emil Burri, Carola Neher. Weigel ist mit den Kindern wiederum in Unterschondorf am Ammersee.

47 *14. Mai 1931;* A: *Marseille (Briefkopf Hotel Beauvau),* E: *Berlin, hs. (Augsb.)*

Liebe Helli,
bin jetzt in Marseille, nach scheußlich heißer Fahrt, traf in Lausanne Brentanos[1], fahre morgen nach *Le Lavandou*, wo Weill sein soll. Pappa geht es erstaunlich gut, er wird Euch das Auto für Ammersee besorgen, es auch zum Bahnhof schicken. Bitte schreib mir! Ich küsse Dich

b

Schick mir das »Tage-Buch«, wo eine Erklärung Marcuses drin steht, wenn nicht, frag Casper![2]

1 Bernard von Brentano, der seit Ende der zwanziger Jahre mit Brecht befreundete Schriftsteller und Publizist, und seine Frau Margot, treffen Brecht und Elisabeth Hauptmann am 12. Mai in Lausanne.

2 Am 16. Mai 1931 veröffentlicht die Zeitschrift eine Erklärung von Rechtsanwalt Paul Casper und Leopold Schwarzschild, in der mitgeteilt wird, daß Brecht und Ludwig Marcuse ihren Streit beigelegt haben. Marcuse hat am 14. Februar 1931 die parodistische Szene *Brecht ist Brecht* publiziert und darin behauptet, in der Auseinandersetzung um die Filmrechte der *Dreigroschenoper* habe Brecht von der Nero-Film eine finanzielle Entschädigung erhalten. In der Ausgabe vom 21. Februar 1931 erklärt der Anwalt Brechts, dieser habe nur das ihm zustehende Resthonorar (25.000 RM) bezogen. In derselben Zeitschriftennummer erscheint ein weiterer Beitrag Marcuses, der unter dem Titel *Brecht ist doch nicht Brecht* dem Dichter ein Doppelspiel mit Moralbegriffen vorwirft. Rechtsanwalt Casper vertritt Brecht/Weill im Prozeß gegen die Nero-Film, die die Rechte für die *Dreigroschenoper* erworben hat. Er strengt einen Prozeß an, weil sie ihm das Mitspracherecht verweigert und seinen Drehbuchentwurf *Die Beule* ablehnt.

48 Mitte Mai 1931; A: *Le Lavandou,* E: *Berlin, hs. (BBA)*

Liebe Helli,
ich bin also in Le Lavandou und wohne im Hotel Provence, wo auch Weills wohnen. Hesse und Hauptmann wohnen in einer Privatpension, ich glaube nicht, daß es so ein Gerede geben kann.[1] Weills wohnen im Hotel Provence.

Was ist mit Feuchtwanger? Und würdest Du auch den Neher verständigen? Das Wetter ist schlecht. Sturm und Regen. Was machen Steff und Barbara[2]? Das Hotelwohnen ist nicht so angenehm wie voriges Jahr der Bungalow, man hat keine Zwischenmahlzeiten und keinen richtigen festen Punkt für alle. Ein Vorschlag: *Hast Du Lust, für 3-4 Tage Dich in Paris mit mir zu treffen?*

Was macht Dudows Filmsache?[3] Er schreibt nicht.

Bitte, schreib Du mir!

b

Hast Du in Frankfurt Presse gehabt?[4]

Hast Du Tretjakows Barbarafotos?[5]

1 Margot von Brentano, die sich auf den Kalender ihres Mannes stützt, teilt 1983 mit: »Dort [gemeint ist Le Lavandou] wohnten wir zusammen mit Brecht und der Hauptmann in einer hübschen Villa.«

2 Barbara, die Tochter von Helene Weigel und Brecht, wird am 28. Oktober 1930 geboren.

3 Der Film *Kuhle Wampe oder Wem gehört die Welt?*, zu dem Brecht mit Ernst Ottwalt und dem Regisseur Slatan Dudow im Frühjahr/Sommer 1931 das Drehbuch verfaßt.

4 Ein Frankfurter Gastspiel von Helene Weigel konnte nicht ermittelt werden.

5 Sergej Tretjakow hat Brecht 1931 in Berlin besucht und die Freunde fotografiert; Aufnahmen Tretjakows von Barbara sind nicht bekannt.

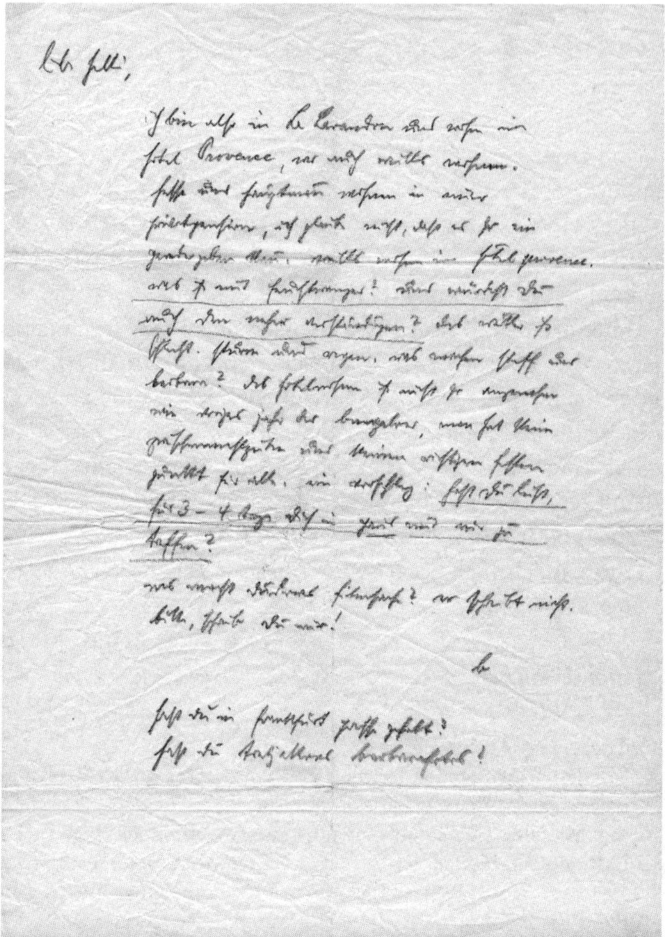

49 *Mitte/Ende Mai 1931;* A: *Le Lavandou (Kopfbogen Tabacs-Bar La Régence, Toulon),* E: *Berlin, hs. (Augsb.)*

Liebe Helli,
ich höre eben, in der Berliner Straße 45, bei der »Tribüne«,[1] soll es eine 5zimmerwohnung geben (im Vorderhaus). Sie verlangen 250 M, würden aber *mindestens* auf 200 heruntergehen! Schau doch mal da nach!

Hier ist das Wetter etwas besser. Ich bade regelmäßig jetzt, obwohl es kalt ist! Post habe ich von Dir überhaupt noch nicht, auch nicht das »Tage-Buch«. Ich wohne und esse mit Weills im Hotel, Hesse, Brentanos + Hauptmann sind in einer Villa halb auf dem Berg in Pension. Von Feuchtwanger keine Zeile. Aber Benjamin kommt Ende Mai hierher.[2] Die Neher soll in Nizza sein.[3]

Bitte, mach auch noch wegen Hanne gelegentlich was aus!

Ich küsse Dich

b

Bräuchte *Bücher*!

1 Theater im Westen Berlins.

2 Mit dem Schriftsteller, Kritiker und Übersetzer Walter Benjamin ist Brecht seit Ende 1924 bekannt. Eine engere Beziehung besteht seit Mai 1929. Benjamin hat über die gemeinsamen Tage in Le Lavandou Tagebuch geführt, vgl. Walter Benjamin, *Gesammelte Schriften.* Hg. v. Rolf Tiedemann u. Hermann Schweppenhäuser. Band VI. Frankfurt am Main: Suhrkamp, 1985, S. 430-441.

3 Margot von Brentano, 1983 (vgl. Anm. 1 zu Brief Nr. 48): »Am 27. reiste die Hauptmann ab, dann kam Carola Neher und übernahm der Hauptmann ihr Zimmer.«

50 *Mitte/Ende Mai 1931;* A: *Le Lavandou,* E: *Berlin, hs. (Augsb.)*

Liebe Helli,
statt der Friture muß ich natürlich was andres bekommen![1]
Am Wasser fehlt hauptsächlich Steff zum Vormachen!

Herzlich
b

[Lotte Lenja:]
Herzliche Grüße Ihre L Lenja

[Kurt Weill:]
Nous n'aimons pas le poisson. Mais Mlle Sousanne est très aimable et nous donne des œufs.
Toujours le vôtre! Weill

[Brecht:]
Berliner Straße 45 (neben der Tribüne) Vorderhaus solls ab 1. Oktober eine Fünfzimmerwohnung für 200 M geben – sie verlangen 250, sind aber mit 200 zufrieden! Schau mal nach!

1 Der Brief ist auf der Rückseite einer Speisekarte geschrieben. Nach dem Hors d'œuvre de choix wird eine Friture des Iles d'Or gereicht.

51 *Ende Mai/Anfang Juni 1931;* A: *Le Lavandou,* E: *Berlin, Abschrift (BBA)*

Liebe Helli,
Weill hat einen schönen Rasierapparat Schick (Repeating Razor) von Scherk (Kurfürstendamm neben Rosenheim)! Bitte kauf ihn mir! Wetter jetzt gut. Feuchtwanger noch nicht in Sicht. Wann haust Du ab in Berlin? Bitte schreib!

Herzlich
Ich küsse Dich
b

[Lotte Lenja:]
Viele Grüße vom Weill mit den kurzgeschorenen Haaren. Wie geht es Ihnen? Donnerstag fahren wir weiter nach Spanien.

Herzlichst Ihre
Lenja[1]

1 Auch dieser Brief ist auf der Rückseite einer Speisekarte geschrieben.

52 *Anfang Juni 1931;* A: *Le Lavandou,* E: *Berlin, Abschrift (BBA)*

Liebe Helli,
wann fahrt Ihr ab in Berlin?

Das Wetter hier ist jetzt besser, aber ich schlafe auch schlechter jetzt – wie voriges Jahr!

Vergiß nicht den Filmapparat und laß Dir zeigen, wie man ihn füllt! Und erinnere doch noch mal den Cas!

Ich lese viel.
Morgen kommt Benjamin.[1]

Ich küsse Dich
b

1 Walter Benjamins Tagebuchaufzeichnungen aus Le Lavandou setzen am 3. Juni ein.

53 *Postkarte, 5. Juni 1931;* A: *Le Lavandou,* E: *Berlin, Babelsberger Str. 52, umadressiert nach Unterschondorf am Ammersee, hs. (Augsb.)*

Liebe Helli,
seid Ihr noch in Berlin? Warum schreibst Du nicht?

b

54 *Postkarte, 12. Juni 1931;* A: *Le Lavandou,* E: *Unterschondorf am Ammersee, hs. (Augsb.)*

Liebe Helli,
erfuhr von meinem Vater, daß Ihr in U. Sch. angekommen seid. Ungefähr Montag setze ich mich hier in Bewegung.[1] Gruß an Steff und Mari[2]!

b

1 Am 15. Juni fahren Brentanos, Benjamin, Brecht und Carola Neher nach Marseille.
2 Maria Hold, genannt Mari oder Marie, ist seit 1923 Haushälterin bei Brechts Vater. Ab 1928 führt sie Brechts Haushalt in Berlin.

Im November 1931 lernt Brecht die Amateurschauspielerin Margarete Steffin kennen, mit der sich eine Liebesbeziehung entwickelt. Margarete Steffin wird seine wichtigste Mitarbeiterin im Exil in Dänemark, Schweden und Finnland. Helene Weigel sieht durch die Tbc-Erkrankung Steffins eine Gefahr für die Familie. Sie zieht 1932 mehrmals um und erwägt Ende des Jahres eine Scheidung.

55 1. Januar 1933; A: *Berlin,* E: *Berlin, masch. (Augsb.)*

Liebe Helli,
ich schreibe, statt zu sprechen, weil das leichter ist, gegen das Sprechen habe ich eine solche Abneigung, das ist immer ein Kämpfen. Für gewöhnlich ist es bei uns so: aus kleinen psychischen Verstimmungen, die viele Ursachen haben können und meist unaufklärbar sind, teils Mißverständnisse zur Ursache haben, teils nur die Müdigkeit oder Gereiztheit, die durch die Arbeit, also von außerhalb kommt, entsteht dann eine große undurchdringliche Verstimmung. Ich komme dann nicht heraus aus einem unlustigen und sicher quälenden Ton und Du machst abweisende oder tragische Gesichter. Ich habe nun oft gemeint, man sollte sich bemühen, das Körperliche nicht nach dem Psychischen zu richten, da es die naivere und unbelastetere Verständigung ergibt. Und auch ist es fast immer ein Mißverständnis, wenn man das Körperliche (wenn einmal etwas nicht klappt) als Ursache nimmt. Ich weiß von mir, daß ich Dir immer nah stehe darin, auch über Verstimmungen hinweg, auch während derselben. Wenn es nicht so scheint, vergiß nicht, ich lebe gerade (und meistens) in schwieriger Arbeit und schon dadurch ohne rechte Möglichkeit, mimisch usw. mich auszudrücken, und fürchte Privatkonflikte, Szenen usw., die mich sehr erschöpfen. Nicht aber lebe ich ausschweifend. Davon ist keine Rede. Ich weiß, daß fast alle Leute darauf bestehen, den Tag ihrer Geburt ausdrücklich zu feiern, wenn sie gehen, sich ausdrücklich zu verabschieden (auch wenn es nur für Stunden ist), wenn sie kommen, sich ausdrücklich zu begrüßen, wenn sie sterben, ausdrücklich letzte Worte zu sprechen, wenn sie etwas auf dem Herzen haben, es sich ausdrücklich vom Herzen zu reden, wenn sie fröhlich sind, es zu betonen, ebenso wenn sie mißgestimmt sind, kurz, alles

ausdrücklich zu erledigen, in Worten festzuhalten, Punkte zu setzen, neue Sätze mit großen Buchstaben anzufangen – auch wenn sie wissen, daß es gar nicht in ihrem Interesse noch Wunsch liegt, etwas wirklich zu verändern. Es ist so allgemein, daß man es wirklich nicht jemand vorwerfen kann, wenn er das gewohnt ist, aber anders wäre es viel angenehmer. Was meinst Du?

b.[1]

1 Die Datierung dieses Briefes stammt von einem dem Original beiliegenden Zettel, dessen Herkunft und Verfasser unbekannt sind. Auch fünf weitere Briefe sind so datiert.

56 2. Januar 1933; A: *Berlin,* E: *Berlin, masch., zweites Postskriptum hs. (Augsb.)*

Liebe Helli,
hier ist eine Moritat, die ich für den »Uhu« machte. Sie geht nach der Melodie von »Heinrich schlief bei seiner Neuvermählten« und müßte vor einer primitiven Tafel gesungen werden, auf der die Bilder mit dem Stock gezeigt werden.[1] Die Bilder könnte Otto oder der kleine Roth machen, dem es sehr schlecht geht.[2]

Gruß
b

Dann habe ich noch ein Lied in der letzten »Roten Post«, das ich aber nicht zeichnen will. »Marsch ins Dritte Reich«.[3] Melodie »It's a long way«. Auch dieses könnte vor projizierten Fotos mit dem Stock gesungen werden.

Wegen Grete mußt Du keine Sorge mehr haben, sie ist in der Charité zur Beobachtung.[4]

1 Ein Abdruck des Gedichts *Zehr und Patschek*, das dem Brief nicht mehr beiliegt, kommt im *Uhu* nicht zustande. Das volkstümliche Lied *Heinrich schlief bei seiner Neuvermählten* stammt von Johann Friedrich August Kazner (1779), der Komponist ist nicht bekannt. Brecht hat den Text bereits um 1921 in einem für die geplante Sammlung *Des Knaben Plunderhorn* vorgesehenen Gedicht parodiert (*Heinrich schlief in seinem Wüstlingsbette*). Die Melodie unterlegt er auch seiner *Ballade vom armen Stabschef*.

2 Die Bühnenbildner Teo Otto und Wolfgang Roth.

3 *Der Führer hat gesagt*, anonym unter dem Titel *Marsch ins Dritte Reich* abgedruckt in: *Illustrierte Rote Post*, 2. Jg. (1932), Nr. 94 (November).

4 Der Krankenhausaufenthalt von Margarete Steffin fällt in die Jahreswende 1932/33. Datiert durch Notiz auf beiliegendem Zettel.

57 *2. Januar 1933;* A: *Berlin,* E: *Berlin, masch. (Augsb.)*

Liebe Helli,
wir sollten nicht ohne jeden Sinn eine nicht nötige Kluft unnötig verbreitern. Wie ich Dir sagte und wie ich es auch meinte, war die Unterbringung der Grete eine rein praktische Frage.[1] Es handelte sich keinen Augenblick darum, sie in der Nähe zu haben, sondern sie unterzubringen. Viel lieber wäre es mir gewesen und viel praktischer wäre es gewesen, wenn Du sie wo untergebracht hättest – zunächst war ja ihre Krankheit nicht ansteckend. Aber auch jetzt noch würde ich Dir vorschlagen, mir ihre Unterbringung in der Hardenbergstraße nicht vorzuwerfen, sondern dabei zu helfen, wenn es nötig werden sollte, sie wieder wo unterzubringen. Sie liegt in der Charité und soll dann nach Rußland, in die Krim. In die Hardenbergstraße kann sie nicht zurück, weil es ungesund für sie und gefährlich für mich wäre, aber wie Du weißt, möchte ich ihr gern helfen (es dürfte nur eben nicht zu viel kosten). Und vielleicht muß sie zwischen Charité und Krim noch einmal wo wohnen. Wo?

Liebe Helli, Du solltest daraus keine große Sache machen. Ich habe einen großen Widerwillen dagegen, mich von Klatsch und Rücksicht auf die Phantasie einiger Spießer beeinflussen zu lassen, das weißt Du. Aber ich habe Dich gern und nicht weniger als je.

b[2]

1 Margarete Steffin wohnt seit dem 29. September 1932 in der Hardenbergstraße 37 in unmittelbarer Nähe der Brecht-Wohnung (Hardenbergstraße 1a). Helene Weigel meldet sich am 1. April 1932 polizeilich in Zehlendorf, Am Hegewinkel 118, von dort meldet sie sich am 1. Juni 1932 nach Unterschondorf ab. Vom 10. Oktober 1932 an ist sie in Berlin, in der Leibnizstraße 108, gemeldet.

2 Datiert durch Notiz auf beiliegendem Zettel.

Nachdem mehrere Aufführungen von Brechts Stücken durch Nazis gestört wurden, sieht sich die Familie bedroht und flieht am 28. Februar 1933, am Tag nach dem Brand des Berliner Reichstages, aus Deutschland. Brecht und Weigel reisen über Prag nach Wien, wo Weigel mit den auf anderen Wegen aus Deutschland geschleusten Kindern bei ihrem Vater und ihrer Schwester Stella unterkommt, während Brecht in der Schweiz nach einem geeigneten Exilort sucht.

58 Ende März 1933; A: *Lugano,* E: *Wien, hs. (Privatbesitz)*

Liebe Helli,
in Zürich, in aller Frühe, lese ich in der Zeitung, daß Döblin nachmittags irgendwo Bücher signiert. Ich rufe ihn an. Da fragt aus dem Zimmer nebenan eine Stimme: Ist das denn Brecht? Ich sage: Nur eventuell. Da ist es Kläber Kurt.[1] Sie fahren nach Lugano vormittags, haben da ein Haus am See. Ich traf noch Döblin und die Seghers mit Mann.[2] Wir beschlossen, für alle was am Luganer See zu suchen. Klabers wollen es in die Hand nehmen. Es soll sehr billig sein. Heute gehe ich hin (ich fuhr abends nach Lugano). Feuchtwanger kommt morgen her. Bitte schreib Lugano postlagernd, das Hotel ist zu teuer, ich ziehe raschmöglichst um – vielleicht zu Kläber. Aber das ist etwas weg von Lugano, wo Feuchtwanger sein will, in Carona. Schreib gleich! Was ist mit Barbara? Ich hoffe in 2-3 Tagen was zu haben. Jedes Übernachten im Hotel usw. ist furchtbar teuer. Ihr müßt gleich in was Festes kommen! Und kaufen kann man hier auch nichts. Also lieber alles aus Berlin kommen lassen!

Und bring Steff mit!

Ich küsse Dich

b

Ratz soll Dir aus Eislers Mappe: den »Unbekannten Soldaten unter dem Triumphbogen« geben und den »§ 218«. Das gibst Du dann an die »Arbeiterzeitung« (Braunthal).[3] Weil das Geld gibt!

1 Der Erzähler und Lyriker Kurt Kläber und seine Frau, die Schriftstellerin Lisa Tetzner.

2 Anna Seghers und ihr Ehemann Johann Lorenz Schmidt, der vor der Emigration die Marxistische Arbeiterschule (MASCH) in Berlin geleitet hat.

3 Der Musikforscher Erwin Ratz ist ein Mitschüler Hanns Eislers, der das *Gedicht vom Unbekannten Soldaten unter dem Triumphbogen* und die *Ballade zu Paragraph 218* vertont hat. In der Wiener *Arbeiter-Zeitung*, zu deren Redaktion Julius Braunthal gehört, erscheinen die Gedichte nicht.

59 *Ende März/Anfang April 1933*, A: *Lugano*, E: *Wien*, *Preisübersicht masch., Brief hs. (Privatbesitz)*

Miete für 4 Zimmer in Carona oder überhaupt oberhalb des Sees (nach Lugano tgl. 3mal Postauto, hin und zurück Fr. 3) 50-100 Franken

Fleisch	
Butter	Pfund 2,20-2,40
Öl	billiger wie in Deutschland
Zucker	Pf. 20 Centimes
Brot	wie Deutschland
Kaffee	Pf. 2,20
Tee	100 Gramm 45 Centimes
Reis	Pf. 25 Centimes
Käse	100 Gramm 45 ct.
Kakao	100 Gramm 35 ct.
Spaghetti	Pf. 50 ct.
Gemüse	sehr billig[1]
Ei	15-20 ct.

Liebe Helli,
ich war heute bei Kläber. Die Wohnung wäre wunderbar, aber *sehr* entfernt von Lugano, also der Stadt, *sehr* einsam. Immer ½ Stunde Postauto und das ist teuer und abends geht keines zurück. *Mit* Auto herrlich, ohne schwer.

In Lugano ist eine sehr gute Schule, deutsch, freireligiös; aber da könnte Steff nur hin, wenn wir unten wohnen. Morgen suche ich unten weiter.

Ich bin *schon* erholt. Wie geht es? In 2-3 Tagen hoffe ich was zu haben. Adresse: Hotel Bellerive, Lugano.

Ich küsse Dich

b

1 »sehr billig«: handschriftlicher Zusatz auf der maschinenschriftlichen Übersicht.

60 *Ende März/Anfang April 1933;* A: *Lugano,* E: *Wien, masch. mit hs. Postskriptum (Privatbesitz)*

Liebe Helli,
ich bin ziemlich viel herumgelaufen. Aber als das beste scheint mir jetzt, Du kommst mit den Kindern eben doch selber her, evtl. mit Steff voraus. Ein paar Tage kann man hier irgendwo billig unterkommen und da zeige ich Dir, was ich ausfindig gemacht habe. Ohne Dich für lang was mieten hat keinen Sinn. Natürlich wüßte ich gern, wie es am Züricher See ist: dort ist Döblin und Seghers und eine deutsche Stadt. Billiger allerdings als ein paar Tage Zürich mit Familie ohne Wohnung ist, wie mir scheint, Lugano doch und man kann nachher von hier aus einmal hin. Jetzt ist es ja hier viel wärmer und schöner. *Bettwäsche sollte man dabei haben.* Hat mein Vater schon Geld geschickt? In Zürich möchte Dich die Seghers sehen. Wenn wenigstens die noch herkämen! Der Schmidt ist kein Marx, aber immerhin ...

Bei Kläbers in der Nähe in Carona ist Wohnen sehr schön und sehr billig, aber das ist nur 3mal täglich mit Autobus ziemlich teuer erreichbar, letzter abends 6 Uhr. Mit Auto wunderbar. (Vielleicht bringt Brentano das seine, aber auf den soll man sich nicht verlassen!) Ich wäre jetzt froh, wenn wir alle zusammen wären! Die Geldkontrolle ist nicht schlimm. Hier könnte auch Sternberg billig leben, von Basel schreibt Brentano, es sei sündhaft teuer.[1] Übrigens: Höllering soll Alexander ein Exemplar der »Spitzköpfe« leihen und ihm sagen, daß der Text für eine englische Ausgabe umgestaltet werden könnte.[2] Und von Kiepenheuers Auslieferung brauche ich ein Exemplar »Kapital« von Korsch.[3]

Bitte schreib mir. Ich küsse Dich

b

Lugano, Hotel Bellerive

Ich sehe jetzt, daß Wohnungsuchen eine ziemliche Arbeit war!

1 Zu Fritz Sternberg vgl. Brief Nr. 40, Anm. 7.

2 Elias Alexander betreibt in London die literarische Agentur European Books Ltd. Er vermittelt den Vertrag zwischen Brecht und dem niederländischen Verlag Allert de Lange über den *Dreigroschenroman*. Eine erste Fassung des Vertrages wird Brecht am 10. Juli 1933 zugeleitet. Am 7. August schreibt Alexander, er habe zu seinem Erstaunen erfahren, Brecht habe direkt mit dem Verlag abgeschlossen. Er bitte um eine Bestätigung »der zwischen uns getroffenen Vertretungs- und Provisionsabmachungen«. Georg Höllering ist Produktionsleiter des 1932 entstandenen Films *Kuhle Wampe oder Wem gehört die Welt?*; er emigriert über Wien nach London. *Die Spitzköpfe und die Rundköpfe*, später *Die Rundköpfe und die Spitzköpfe*, liegt seit Ende 1932 als Bühnenmanuskript bei Felix Bloch Erben vor.

3 Karl Marx, *Das Kapital. Kritik der politischen Ökonomie.* Berlin: Kiepenheuer, 1932, vgl. *Die Bibliothek Bertolt Brechts*, Nr. 2571. Der Philosoph Karl Korsch, der das Geleitwort zu dieser Ausgabe verfaßt, gehört seit 1928 zu Brechts engerem Bekanntenkreis.

Brecht reist nach Paris, arbeitet dort mit Kurt Weill am Ballett »Die sieben Todsünden« und erwägt die Stadt als möglichen Exilort. Weigel hat inzwischen bei der dänischen Schriftstellerin Karin Michaëlis eine Unterkunft auf der Insel Thurø organisiert.

61 Mitte April 1933; A: *Paris,* E: *Carona, hs. (Privatbesitz)*

Liebe Helli,
ich bin gut hergekommen und schon mitten in der Arbeit mit Weill.[1] Das wird, hoffe ich, schnell gehen. Wenn es klappt, bekomme ich von der Londoner Aufführung noch Tantiemen. – Hier ist es sehr warm, alles schon grün. Bekannte noch niemand getroffen. – Wohnungen sind billig, nur unmöbliert, morgen gehe ich mir welche ansehen. Wenn man wüßte, wieviel es kostet, die Möbel herzuschaffen? Die Stadt ist eben wenigstens groß, Kinos, Theater, Einwohner, Autos usw. Und auch Gelegenheit zu verdienen. Balletts, Film, Theater. Das Leben (Haushalt) *sehr* billig. Man müßte so im Oktober hergehen. – Geld hoffe ich sehr, Dir morgen schicken zu können. *Spätestens* übermorgen. (Der Geschäftsmann ist noch in London.) – Wie geht es Euch? Schade um die schönen Abende in Carona! Steff müßte Französisch lernen!

Ich küsse Dich
b

Schreib mir!
Hotel Splendide Etoile

1 Mitte April 1933 reist Brecht von Carona aus für etwa eine Woche nach Paris, um mit Weill an dem Ballett *Die sieben Todsünden der Kleinbürger* zu arbeiten. Der Auftrag kommt von Edward James, einem vermögenden englischen Kunstliebhaber, der seiner Frau, der aus Deutschland emigrierten Tänzerin Tilly Losch, 1933 in Paris eine Auftrittsmöglichkeit mit der von Georges Balanchine und Boris Kochno begründeten Truppe Les ballets verschaffen will. Die Uraufführung findet am 7. Juni 1933 im Théâtre des Champs-Elysées statt, daran schließt sich vom 28. Juni bis zum 15. Juli ein Gastspiel im Londoner Savoy Theatre an. Die Choreographie stammt von Georges Balanchine, das Bühnenbild von Caspar Neher, die musikalische Leitung übernimmt Maurice de Abravanel.

In den Hauptrollen treten Lotte Lenja, die Frau des Komponisten (Anna I), und Tilly Losch (Anna II) auf.

62 *Billett, Mitte April 1933;* A: *Paris,* E: *Carona, hs. (Privatbesitz)*

Liebe Helli,
unter den Briefen ist einer von Pappa. Darin steht die Züricher Adresse seines Vertreters. Dorthin kannst Du schreiben, wenn was Besonderes los ist. Aber vor allem schreib mir die Adresse nach Paris! Alles an Pappa oder Mari an G. Pfanzelt, Klauckestr. 20!

Ich küsse Dich
b[1]

1 Auf dem Brief notiert Helene Weigel »nach Carona«.

63 *Postkarte, 10. Juni 1933;* A: *Paris,* E: *Thurø, hs. (Privatbesitz)*

Liebe Helli,
das Ballett ging ganz hübsch, war allerdings nicht so bedeutend.[1] Ich denke in etwa 8 Tagen zu kommen; vielleicht bekomme ich Filmauftrag[2] (auch eventuell Rolle für Dich für Herbst, es ist nicht unmöglich!). Dann verhandle ich mit Aufricht wegen »Spitzköpfe« in Paris.[3] Wann kommen Ottwalts?[4] Das Auto?[5] Wie ist es in Thurø?[6] Schreib bitte! Ich küsse Dich

b

Pension de Famille, 269 rue de Saint Jacques

Gruß an Marie, Steff und Barbara, auch an M. Lazar und Karin Michaëlis![7]

1 Die Pariser Uraufführung des Balletts *Die sieben Todsünden der Kleinbürger* fand am 7. Juni 1933 statt.

2 Die Verhandlungen führen u. a. zu einem Optionsvertrag für *Happy End* mit der Firma Hakim Frères; der Film wird aber nicht realisiert.

3 Ernst Josef Aufricht, der 1928 die Uraufführung der *Dreigroschenoper* herausgebracht hat und ebenfalls emigriert ist, bemüht sich vergeblich, Geldgeber sowohl für eine Theaterproduktion als auch für eine Verfilmung des Stückes zu finden.

4 Ernst Ottwalt und seine Frau Waltraut, beide Schriftsteller, halten sich von Juni bis August in Dänemark auf.

5 Gemeint ist der Ford, den Brecht überführen läßt.

6 Seit Ende Mai/Anfang Juni 1933 lebt Helene Weigel mit den beiden Kindern Stefan und Barbara als Gast der dänischen Schriftstellerin Karin Michaëlis auf Thurø, einer kleinen, Fünen vorgelagerten Insel. Brecht folgt am 20. Juni. Hier findet die Familie eine vorläufige Unterkunft, bis Brecht ein eigenes Haus in Svendborg erwirbt (der Kaufvertrag wird am 31. Juli bzw. endgültig am 9. August 1933 unterzeichnet).

7 Maria Hold ist der Familie nach Dänemark gefolgt. Die Schriftstellerin Maria Lazar, wie Helene Weigel ehemalige Schülerin der Schwarzwald-Schule in Wien, ist zu dieser Zeit ebenfalls Gast bei Karin Michaëlis auf Thurø, später lebt sie in Stockholm.

64 *Postkarte, 19. Juni 1933;* A: *Paris,* E: *Thurø, bei Karin Michaëlis, hs. (Privatbesitz)*

Liebe Helli,
ich fahre also Dienstag früh hier los.[1] Mit dem Gepäck mache ich es wie ausgemacht. Freue mich sehr auf Thurø. Gruß an Steff, Barbara, Mari, Ottwalts!

Ich küsse Dich
b

1 20. Juni 1933.

Die Familie Brecht siedelt sich in Dänemark an und kauft im August 1933 ein Haus in Svendborg. Im September reist Brecht über Paris nach Sanary-sur-Mer in Südfrankreich, wo er zusammen mit Margarete Steffin am »Dreigroschenroman« arbeitet, und wieder zurück nach Paris. Währenddessen reist Weigel zu einer Rundfunk-Rezitation nach Moskau. Dort erkrankt sie und muß operiert werden.

65 Postkarte, 11. September 1933; A: *Paris,* E: *Thurø, hs. (Privatbesitz)*

Liebe Helli,
Fahrt gut (und lang). Visum (belgisches) schon ungültig, aber überflüssig. Paris heiß und umständlich. Fahre bald weiter zu Lio, dem Löwen.[1] Schicke bitte den 2. Band »Versuche«![2] Am besten gleich nach dort unten! (Die Übersetzung kann ich in Arbeit geben.) Was ist mit Barbara? Laß die Wände nicht zu gulf[3] werden! Schreib hierher unter poste restante, Paris XXV, rue de Danton, das 1. Hotel, wo ich abstieg, ist zu heiß.

Ich küsse Dich
b

1 Lion Feuchtwanger, der Brecht wiederholt zu einem Besuch eingeladen hat, lebt zu dieser Zeit in Sanary, wo sich viele Emigranten wie Bruno Frank, Alfred Kerr, Thomas Mann, Ernst Toller, Franz Werfel, Friedrich Wolf, Arnold Zweig aufhalten. Nach einem Notizbucheintrag Margarete Steffins kommt Brecht am 10. September in Paris an, und sie fahren am 17. September gemeinsam aus Paris ab.

2 In Paris bemüht sich Brecht um eine Aufführung und Verfilmung seines Stückes *Die Spitzköpfe und die Rundköpfe*. Es sollte in Heft 8 der *Versuche* bei Kiepenheuer erscheinen, wurde aber, obwohl bereits ausgedruckt, nicht mehr ausgeliefert. Brecht besitzt ein Exemplar, das er mit den vorangegangenen Heften so zusammenbinden läßt, daß sie zwei Bände ergeben.

3 Vermutlich ist das dänische Wort »gulv« (Fußboden, Diele) gemeint. Helene Weigel richtet zu dieser Zeit das Haus in Svendborg ein.

66 *17. September 1933;* A: *Paris,* E: *Thurø, masch. mit hs. Postskriptum (Privatbesitz)*

Liebe Helli,
ich konnte die Übersetzung in Schwung bringen und fahre heut abend weiter, nach S[anary-sur-mer]. Bei der Herfahrt von Antwerpen aus waren noch 4 Leute im Coupé, die miteinander in einem eigentümlichen Französisch sprachen. Der eine sagte z. B.: »Pardon, monsieur, savez-vous peut-être, quelle heure est-il maintenant?« Worauf der andere antwortete: »Je crois, qu'il est un heure, mais je ne le sais pas sure.« Der erste, höflich: »Merci beaucoup! Mon horloge n'est pas en ordre, monsieur!« Der zweite: »Oui, oui!« Jetzt kam der dritte ins Gespräch mit einem Fräulein: »Quand venons-nous à Paris, mademoiselle?« Das Fräulein: »Oui, monsieur!« – Nach einiger Zeit stellte es sich heraus, daß es natürlich lauter Deutsche waren, und sie waren recht enttäuscht. Am Fenster saß ein junger, bärtiger Jude in schwarzem Anzug, mit schwarzem Käppchen, der sagte zu dem Fräulein: »I bin nämlich a Bayer!« – Ein Franzose (Ausländer) war auch da. Er genoß die Annehmlichkeit, die Sprache nicht zu verstehen.

Hier sind noch nicht genug Leute, d. h. Koch und Renoir[1] machen einen Film und sind beschäftigt und andere kommen erst. Ich kann also gut hinunter fahren. – Hoffentlich war es bei Barbara wirklich die Ohrfeige! Sind die Masken dabei und die Teppiche? Schreibe mir über das Haus!

Ich küsse Dich

b

Gruß an Steff, Barbara, Maria[2]
Ottwalts
Ostermoor[3]
Karin

1 Der französische Regisseur und Drehbuchautor Jean Renoir, Sohn von Auguste Renoir.
2 Maria Hold.
3 Der deutsche Schriftsteller Alfred Ostermoor ist nach Dänemark emigriert. Hier übersetzt er später die Autobiographie Martin Andersen-Nexøs.

67 *28. September 1933;* A: *Sanary-sur-Mer,* E: *Thurø, masch. (Augsb.)*

Liebe Helli,
hast Du meinen Brief und das Geld (10.000 Francs) bekommen? Ich habe noch keine Antwort, auch nicht die »Versuche«! Hier am Mittelmeer ist es langweilig. Ich bin im Hotel La Plage (Sanary). Die Emigration hier ist nicht besonders angenehm zu sehen. In Paris entsetzte mich Döblin, indem er einen Judenstaat proklamierte, mit eigener Scholle, von Wallstreet gekauft. In Sorge um ihre Söhne klammern sich jetzt alle (auch Zweig hier) an die Terrainspekulation Zion.[1] So hat Hitler nicht nur die Deutschen, sondern auch die Juden faschisiert. Die eigentlichen Angelegenheiten Deutschlands interessieren hier niemand. Heinrich Mann imitiert Victor Hugo und träumt von einer zweiten Weimarer Republik.[2] – Wie stehts mit dem Haus? Ich freue mich darauf, ich glaube, ich werde nicht sehr lang wegbleiben. Mit dem Roman komme ich vorwärts, ich habe in der ersten Hälfte noch allerhand geändert wegen des Schlusses. – Eigentlich solltest Du schon abgereist sein, aber ich kann mir nicht denken, daß das so klappte.[3] Wenn es gar nicht klappt, dann reisen wir später zusammen. Illés habe ich als Dramenband vorgeschlagen: »Mannistmann«, »Dreigroschenoper«, »Spitzköpfe«.[4] Am liebsten möchte ich die Übersetzung, vielleicht sagst Du es drüben, ich habe es

nicht geschrieben, so, daß es deutsch gedruckt wird und darunter oder auf der Seite daneben das Russische, dann können die Leser gleich dabei ein wenig Deutsch lesen, und die es können, vergleichen. Und die Deutschen drüben können Russisch daraus lernen. – An Tretjakow und Reichs habe ich Deinetwegen geschrieben.[5] – Was macht Barbara? Wer lernt mit Steff weiter Dänisch? Hast Du was von Martha gehört? Von dem Professor?[6] Hat Ottwalt Vertrag? – Du kannst Dir viele Freunde erwerben, wenn Du für 50 Mark Sachen mitnimmst. Und das ist die Hauptaufgabe, Freunde zu bekommen, bitte, streit nicht und laß Dich auf kein Disputieren ein! Es wäre gut, wenn Du bei Tretjakows oder Reichs wohnen könntest. Tretj. kannst Du einladen, wenn er mit einem russischen Schiff fährt, braucht er keine Valuten. –

Liebe Helli, ich küsse Dich

b[7]

1 Die auf Theodor Herzl zurückgehenden Bestrebungen, in Palästina einen selbständigen jüdischen Staat zu etablieren, werden zu dieser Zeit besonders von den deutschen Emigranten wieder verstärkt aufgenommen, wobei man auf Unterstützung durch die US-amerikanische Hochfinanz hofft; vgl. auch Alfred Döblins Buch *Jüdische Erneuerung*, Amsterdam 1933.

2 Heinrich Mann arbeitet an dem Roman *Die Jugend des Königs Henri Quatre* (1935).

3 Ende August/Anfang September 1933 hat Brecht Olga Tretjakowa den Besuch Helene Weigels angekündigt: »Aber meine Frau wird kommen, und zwar um den 24. September herum« (GBA 28, 384).

4 Das mit Béla Illés, dem Generalsekretär der Internationalen Vereinigung Revolutionärer Schriftsteller (IVRS), erörterte Projekt wird in dieser Form nicht realisiert. Am 11. Juli 1933 schreibt Brecht an Sergej Tretjakow, der Plan, einen Sammelband mit der *Maßnahme*, der *Mutter* und der *Heiligen Johanna der Schlachthöfe* sowie einem Einleitungsartikel Tretjakows herauszugeben, mache Fortschritte. Der Band erscheint 1934 unter dem Titel *Epitscheskije dramy* im Staatsverlag für künstlerische Literatur, Moskau und Leningrad.

5 Vgl. den Brief an Olga Tretjakowa (Anm. 3); ein Brief Brechts an die Regisseurin Asja Lacis und ihren Mann, den seit 1926 in der UdSSR tätigen Dramaturgen, Regisseur und Schriftsteller Bernhard Reich, ist aus dieser Zeit nicht überliefert.

6 Martha Franke, die Hausangestellte Helene Weigels in Berlin. Als »Professor« bezeichnet Brecht Karl Korsch.

7 Datiert durch Notiz auf beiliegendem Zettel.

68 29. Oktober 1933; A: *Paris,* E: *Thurø, masch. (Augsb.)*

Liebe Helli,
ich habe Deine Briefe erst heute und alle zusammen (3) von Borchardt bekommen, da er krank lag und etwas verblödet ist.[1] Das Geld habe ich genau nach O[ttwalt]s Anweisungen angewiesen, also über die Staatsbank. Ich schrieb nach Zürich extra, daß man es so schicken soll, daß Du es nicht in Rubeln bekommst! Nur: ist es n o c h nicht angekommen? Das Telegramm bekam ich auch erst spät, die Post ist hier nicht besonders über das letzte Jahrhundert hinausentwickelt, wie so manches. – Es ist ein schreckliches Pech, das Ganze und ich käme gern, aber eben knüpfen sich die ersten dünnen Fäden hier und dann haben mir die Leute von der alten Studiengesellschaft eine kleine, aber wichtige Arbeit[2] aufgehalst: am besten wäre es, wenn Tret[jakow] Dich begleitete und gleich ein wenig bliebe dann. Hat eigentlich die Asja Lacis und der Reich sich nicht gemeldet? Denen habe ich geschrieben. – Vor allem darfst Du nicht zu viel machen und mußt Dich sehr schonen. Ich bin immer noch beschäftigt mit dem Gedanken, wie ich selber hinkommen könnte, wenn es nur nicht so weit wäre, und ich hätte Paris gern hinter mir. Noch einmal hierher zurück; es graust mir etwas davor. Hoffentlich ist das Fieber nichts Blödes, das Du wieder bekommen hast! Es wäre gut, wenn Du mir immer schriebest. Liebe Helli.

Von Mari hörte ich, daß es ihnen gut geht. Dem Professor[3] habe ich geschrieben, ich schicke auch viel Zeitungen hin. Du müßtest sehen, daß Du einen ganzen Lenin und Marx bekommst, auch die 3 oder 4 Jahrgänge des »Banner des Marxismus«.[4]

Ich küsse Dich

b[5]

Bist Du sehr mager geworden? Die Bahnwärterhäuschen sind angenehm, aber tückisch.

1 Der deutsche Schriftsteller Hermann Borchardt, der an einigen Stücken Brechts mitgearbeitet hat, lebt ab 1933 in der Schweiz, später in Minsk, von wo er in ein Konzentrationslager deportiert wird.

2 Brecht arbeitete mit am *Braunbuch*. Im Herbst 1933 erscheint in Basel (anonym) unter Mitwirkung zahlreicher Wissenschaftler, Journalisten und Schriftsteller eine Dokumentation über den Leipziger Reichstagsbrandprozeß (22. September bis 24. Dezember 1933) unter dem Titel *Braunbuch über Reichstagsbrand und Hitler-Terror*. Nach einem Londoner Gegenprozeß der englischen Rechtsgesellschaft (Law Society) vom 14. bis 20. September 1933 planen exilierte Kommunisten in Paris, ein zweites Dokument herauszubringen (1934 erschienen unter dem Titel *Braunbuch II. Dimitroff contra Göring. Enthüllungen über die wahren Brandstifter*, Paris). Im Nachlaß Brechts sind sieben Sammelmappen mit Prozeßprotokollen und Zeitungsausschnitten überliefert. Eines der Protokolle hat Brecht mit zahlreichen Randbemerkungen versehen. Ob er sich mit einem Beitrag am ebenfalls anonym publizierten *Braunbuch II* beteiligt hat, ist nicht bekannt.

3 Aus Vorsicht überschreibt Brecht den Namen »Korsch«, den er zunächst getippt hat, und fügt über der Zeile »Dem Professor« ein.

4 Die theoretische Zeitschrift *Unter dem Banner des Marxismus* (Wien/Berlin) erscheint ab 1933 in Moskau und Leningrad.

5 Datiert durch Notiz auf beiliegendem Zettel.

69 Anfang November 1933; A: *Paris,* E: *Moskau, hs. (Augsb.)*

Liebe Helli,
es ist schrecklich, daß Du so gequält wurdest und daß es so weit weg ist! Bitte, sag Ottwalts immer genau Bescheid, daß sie mir schreiben![1] Halte Dich ja und versuch, die beste Verpflegung zu bekommen. Wenn Du neues Geld brauchst, dann schreib gleich! Ich küsse Dich, liebe, alte Helli, es ist sehr schlimm, daß ich nicht da bin!

b

Der Roman ist fast ganz fertig – im Rohen!

1 Waltraud und Ernst Ottwalt, die in Svendborg zu Besuch gewesen sind, leben im Exil in der UdSSR. Briefe von ihnen aus dieser Zeit sind nicht erhalten.

70 Anfang/Mitte November 1933; A: *Paris;* E: *Moskau, masch. mit hs. Postskriptum (Augsb.)*

Liebe Helli,
ich wohne jetzt endlich. Zimmer angenehm, Blick über Dächer, Telefon, in großem Hotel, Preis pro Tag – 2,20 (Mark). Länger als 3 Wochen denke ich nicht mehr hier zu sein. Hoffentlich kommen wir zu gleicher Zeit heim. Die Operation hat mich sehr erschreckt, trotz Ottwalts vorsichtiger Ausdrucksweise. – Der Roman ist fast fertig. (Im Rohbau.) – Geld habe ich schicken lassen. Hoffentlich kannst Du gepflegt werden. Sag doch Ottwalts, sie sollen mir so oft wie möglich schreiben, wie es Dir geht. Wenn Du kannst, schreib selber! Ich bin ein wenig unruhig. Steff hat mir geschrieben, hoffentlich macht er im Dänischen nicht so viele

Schreibfehler. – Übrigens fehlt mir Motesitzkys neue Adresse.[1] Hast Du sie? – Wir sind recht weit auseinander. Ich küsse Dich, Helli.

b

Eisler wird noch ein paar Kompositionen schicken!

1 Vermutlich Karl Motesicki, ein Bekannter von Lulu Ziegler und Per Knutzon.

71 28. November 1933; A: *Paris,* E: *Svendborg, masch. mit hs. Zusätzen (Augsb.)*

Liebe Helli,
Du schreibst, ich soll schon nach Svendborg schreiben. Konntest Du denn so schnell schon reisen? Ich wäre sehr froh, wenn das gegangen wäre: Du könntest Dich dort ja viel besser erholen. Jetzt gleich eine Frage: innerhalb welcher Zeit, glaubst Du, könntest Du unter Umständen hierher kommen. Es soll etwa am 10. Dezember eine Veranstaltung[1] sein, wo Du rezitieren könntest. Ich kann mir eigentlich nicht vorstellen, daß es ginge. Du wirst nicht erholt genug sein. Eine »Mutter«-Aufführung wird für Ende Januar oder Mitte Februar geplant; das wird vielleicht eher gehen.[2] Schreibe mir, wenn Du Dich wohl genug fühlst, für jeden Fall, wieviel Schauspieler für die »Mutter« nötig sind, ich weiß es nicht mehr. – Außerdem habe ich mir die »Medea«-Idee mit Eisler zusammen überlegt und denke, es wird gehen.[3] Auch das Aufführen. Ende der Woche gehe ich für ein, zwei Tage nach Belgien deshalb. Heimkommen tue ich bald. Bitte, teile mir sogleich mit, wie es Dir geht. Hoffentlich war die Heimfahrt nicht zu schlimm!

Ich küsse Dich

b

Gruß an alle!

Der Mari[4] danke ich für die »Regel und die Ausnahme«[5]

1 Nicht ermittelt.
2 Aufricht plant eine Produktion, kann aber das Projekt nicht realisieren.
3 Im Nachlaß Brechts findet sich nur eine kurze Skizze zu diesem Stoff. Vgl. auch das Gedicht *Die Medea von Lodz*.
4 Wohl Maria Hold; unsichere Entzifferung.
5 Datiert durch Notiz auf beiliegendem Zettel.

72 *Mitte Dezember 1933;* A: *Paris,* E: *Svendborg, masch. (Augsb.)*

Liebe Helli,
ich bin schrecklich beunruhigt. Auf Deinen letzten Brief hin habe ich nur mehr nach Svendborg geschrieben, wie Du mir geraten hast. Du wolltest am 12. fahren. Als da nichts kam von Svendborg und auch nichts mehr von Moskau (Du hattest meinen letzten Brief noch nicht dorthin, als Du mir schriebst!), telegrafierte ich hin. Aber die telegrafieren jetzt, sie haben auch keine Nachricht, Du seiest vermutlich auf der Reise oder »bei Pitz« (was kann das heißen?).[1] Heute telegrafiere ich nach Moskau. Wenn etwas los ist, komme ich. Ich habe Tag für Tag gewartet und dann kommt man gar nicht darauf, außer dem Warten noch selber was zu tun, dummerweise. Jetzt bin ich aber so unruhig, daß ich am liebsten abreiste, ich weiß nur nicht wohin. Hoffentlich hattest Du nicht einen Rückfall und liegst jetzt weiß Gott wo. Aber dann hätte ja Olga geschrieben![2]

Ich küsse Dich
b

1 Vermutlich Hörfehler für »Pis«, also Erwin Piscator, der das Deutsche Staatstheater in Engels, der Hauptstadt der Wolgadeutschen ASSR, zu einem Zentrum des deutschsprachigen Emigrationstheaters ausbauen will.
2 Olga Tretjakowa, die Ehefrau von Sergej Tretjakow.

73 *Mitte Dezember 1933;* A: *Paris,* E: *Svendborg, masch. (Augsb.)*

Liebe Helli,
ich war sehr froh, als das Telegramm einlief. Mittwoch[1] werde ich also auch einlaufen. Korsch werde ich wohl nicht mehr sehen, aber ich rechne darauf, daß er von Schweden wieder zu uns zurückkommt.[2] Hier ist es ziemlich trist, scheußliches Wetter seit Monaten und wenig Bewegung. Theater gleich null. Vielleicht ist im Februar die »Mutter« zu machen (deutsch und französisch). Alle Verhandlungen dauern endlos. Ein paar Sachen muß ich abbrechen, das ginge noch Monate. Und ich habe genug. Hoffentlich hast Du Tretjakows schon beruhigt, ich habe sie, als ich so lang nichts von Dir hörte, etwas verrückt gemacht mit Telegrafieren.

Ich küsse Dich

b

1 Vermutlich der 13. Dezember.
2 Karl Korsch macht auf der Durchreise nach Schweden bei Karin Michaëlis auf Thurø Station; er reist weiter, bevor Brecht nach Dänemark zurückkehrt.

74 *Mitte Dezember 1933;* A: *Paris – Strasbourg,*
E: *Svendborg, hs. (Augsb.)*

Liebe Helli,
heute wollte ich nach Dünkirchen, da ließ gestern Walters Vater[1] hier anrufen, er wolle mich in Straßburg treffen, so daß ich jetzt im Zug nach Straßburg sitze. Ich komme also erst am 18.[2] – Ist übrigens eine Sendung mit Geschirr aus Berlin bei Karin eingetroffen? Da sind Manuskripte drin, die Ihr hoffentlich gefunden habt. –

Ich küsse Dich
b

1 Gemeint ist Brechts Vater, Walter ist Brechts Bruder; die Umschreibung ist eine Vorsichtsmaßnahme, da Briefe von Frankreich nach Dänemark über Deutschland gehen konnten.
2 Brecht und Margarete Steffin treffen am 19. Dezember 1933 in Dünkirchen ein; von dort aus reisen sie mit dem Schiff nach Dänemark, wo sie am 20. Dezember ankommen. Margarete Steffin bleibt zunächst in einem Hotel in Kopenhagen.

Im August 1934 hält sich Weigel mit den Kindern, um einer Kinderlähmungsepidemie zu entgehen, längere Zeit im Badeort Dragør bei Kopenhagen auf. Im Oktober 1934 fährt Brecht zu Filmarbeiten nach London, von wo er erst am 20. Dezember zurückkehrt. Auch Weigel sucht nach Arbeitsmöglichkeiten und reist im November in die Schweiz und nach Österreich.

75 *Ende August 1934;* A: *Skosbostrand,* E: *Dragør, hs. (Privatbesitz)*

Liebe Helli,
es ist scheußlich, daß es auch in Kopenhagen jetzt Fälle gibt[1]. Dennoch ist es in Faaborg eben eine Epidemie und hier ist gestern ein weiterer Fall da. Vielleicht solltest Du also noch etwas bleiben, da ja das Bahnfahren auch so eine Sache ist. Nur solltest Du die Kinder *nicht direkt nach Kopenhagen* hereinlassen. Wichtig nur, daß Du selber zu Lund gehst und wegen des Ausschlags ebenfalls fragst.[2] – Hier ist es öde ohne die Kinder, die Schaukeln schauen trostlos aus. Sonntag geben wir Mari frei und essen kalt. Die restlichen Korrekturen des Romans sind eingelaufen.[3] Es sind 483 Seiten, ganz stattlich. Eisler muß in London bleiben, kehrt also nicht zurück. – Borberg hat einen Preis für ein Drama bekommen.[4] Gratuliere ihm mal per Telefon!

Ich küsse Dich
b

1 Die Kinderlähmungsepidemie tritt zuerst in Faaborg auf, einer Hafen- und Industriestadt im Süden der Insel Fünen.
2 Robert Lund, der Mann von Ruth Berlau, ist Arzt.
3 Es handelt sich um die Korrekturfahnen des *Dreigroschenromans*, deren Erhalt Brecht dem Verlag Allert de Lange am 26. August 1934 in einem Schreiben bestätigt (GBA 28, 433).
4 Svend Borberg, der dänische Dramatiker und Kritiker der Zeitung *Politiken*, erhält einen geteilten zweiten Preis für sein satirisches Stück *Cirkus juris*, das im Januar 1935 am Königlichen Theater uraufgeführt wird.

76 *Ende August 1934;* A: *Svendborg,* E: *Dragør, hs. (Privatbesitz)*

Liebe Helli,
die Grete will also am 4. fahren; aber da von Moskau[1] noch nicht Antwort da ist, nimm die Fahrkarte so spät *als möglich*. Vielleicht kaufst Du noch einen solchen kleinen Kocher mit ein paar Reinigern! Und kannst Du die Amelang-Bücher zu Amelang schicken?[2] – Es ist fade hier. Was sagt der Lund zu Deiner Stirnhöhle? Versäume das ja nicht!

Ich küsse Dich
b

1 Margarete Steffin reist am 11. September über Leningrad nach Moskau. Sie ist zur Kur und zu Behandlungen im Kaukasus und in Tiflis und trifft im Mai 1935, einige Tage nach Brechts Rückkehr aus Moskau, wieder in Kopenhagen ein.
2 Noch heute befinden sich einige Bücher aus Amelangs Leihbibliothek in Berlin Charlottenburg, Kantstraße 164, in Brechts Nachlaßbibliothek.

77 *Anfang September 1934;* A: *Svendborg,* E: *Dragør, hs. (Privatbesitz)*

Liebe Helli,
ich komme also am Samstag, aber zunächst ohne Benjamin (Korsch ist noch nicht eingelaufen).[1] Könntest Du sehen, daß Gretes Paßvisum unbedingt verlängert wird? Sie hat sonst sofort die Lauferei in Moskau, wo es außerdem *viel schwieriger* ist. Den Paß kannst Du bei Per Knutzon deponieren.[2]

Hoffentlich seid Ihr alle in Ordnung. Faaborg ist zu

scheußlich. Von hier nichts Neues! Ich freue mich auf Kopenhagen.

Ich küsse Dich
b

1 Der Samstag ist der 8. September. Walter Benjamin bleibt zunächst in Svendborg, Korsch kommt einige Tage später dorthin.
2 Der Regisseur und Schauspieler Per Knutzon, Ehemann der Schauspielerin Lulu Ziegler, leitet das Teatret Riddersalen, ein der KP Dänemarks nahestehendes Theater, in Kopenhagen.

78 Anfang Oktober 1934; A: *Svendborg,* E: *Dragør, masch. (BBA)*

Liebe Helli,
leider ist das holländische Geld nicht da.[1] Ich habe sofort depeschiert, muß aber darauf warten. Scheußlich!

Ich schicke Dir die »Rundköpfe« für Per.[2] Sie sind das einzige, geänderte Exemplar. Da ich es auch für England brauche, muß es wie ein rohes Ei behandelt werden. Vielleicht läßt Per zunächst die ganz neue 7. Szene deutsch abtippen, damit sowohl für die Übersetzung als auch für mich Exemplare da sind (ich brauche mindestens 5).

Sag Per auch die Idee mit den Tafeln rechts und links von der Bühne. Er muß, das ist sehr wichtig, noch einmal den ganzen dänischen Text mit dem meinen vergleichen. Da ist viel geändert.

Mari meint, Du kannst noch diese Woche zurückkommen. Es gibt fast keine Fälle, und wenn, nur ganz schwache (ohne Lähmung). Ich glaube auch, Du kannst zurück. Geld schicke ich Dir sogleich, wenn es kommt.

Ich küsse Dich
b

1 Der Amsterdamer Verlag Allert de Lange kündigt mit Brief vom 19. September die Überweisung einer weiteren Rate der Vorauszahlung für den *Dreigroschenroman* an; er teilt auf Brechts Nachfrage vom 13. Oktober mit, die Überweisung sei aufgrund eines Mißverständnisses noch nicht erfolgt.

2 Mit Per Knutzon plant Brecht die Uraufführung von *Die Rundköpfe und die Spitzköpfe* in Kopenhagen. Sie findet erst am 4. November 1936 unter der Regie Knutzons im Kopenhagener Teatret Riddersalen statt. Die Musik schreibt Hanns Eisler, die Übersetzung besorgen Borge Houmann und Otto Gelsted. In den Hauptrollen spielen unter anderem Asbjorn Andersen (Iberin), Lulu Ziegler (Nanna), Astrid Schmahl (Isabella), Tove Brang (Frau Cornamontis), Sigurd Langberg (Callas) und Per Knutzon (Vizekönig). Stück und Inszenierung werden besonders von der rechtsstehenden bürgerlichen Presse stark angegriffen.

79 Postkarte, 12. Oktober 1934; A: *London,* E: *Dragør, Badehotel, umadressiert nach Svendborg, hs. (Privatbesitz)*

Liebe Helli,
eben habe ich mit de Lange telefoniert.[1] Das Geld sei gestern oder vorgestern abgegangen, aber *nicht* telegrafisch, wie ich wollte. Adresse: Svendborg, Skovsbostrand. Es ist scheußlich, daß Du so in die Sackgasse kommst. Inzwischen habe ich auch in der Schweiz Geld bestellt. Hier alles all right, vielleicht sogar Geschäfte.

Ich küsse Dich
b

Gruß an Steff und Barbara!
Adresse: 24 Calthorpe Street WC 1

1 Siehe Brief 79, Anm. 1.

80 *Postkarte, 13. Oktober 1934;* A: *London,* E: *Dragør, Badehotel, umadressiert nach Svendborg, hs. (Privatbesitz)*

Liebe Helli,
bitte, schick doch die Szene aus den »Rundköpfen«, die nur getippt ist. – Hoffentlich hast Du das Geld inzwischen. Mit Amsterdam habe ich telefoniert. – Was machen die Kinder? – Das Schach? – Ich fühle mich ganz gut, Siebbein all right. – Ich wohne in einer Pension, ohne Essen, Korsch wohnt über mir. – Die Theater sind vorsintflutlich.

Ich küsse Dich
b

24 Calthorpe Street
London WC 1

81 *Postkarte, 22. Oktober 1934;* A: *London,* E: *Svendborg, hs. (Privatbesitz)*

Liebe Helli,
bitte, schick mir eine »Hauspostille« und ein »Lieder Gedichte Chöre«![1] War in der Kiste auch die Nehersche Zeichnung »Herr der Fische« aus Unterschondorf, die immer über dem Manuskriptschränkchen hing?[2] Wie gehts den Kindern? Schreib mir!

Ich küsse Dich
b

1 *Bertolt Brechts Hauspostille.* Mit Anleitungen, Gesangsnoten und einem Anhange. Berlin: Propyläen, 1927, und Bertolt Brecht/Hanns Eisler, *Lieder Gedichte Chöre.* Mit 32 Seiten Notenbeilage. Paris: Carrefour, 1934.

2 Es handelt sich um die Zeichnung, die Brecht mit Zigarre und chinesisch anmutendem Bart vor einem Gewässer – dem Ammersee? – zeigt. Erstmals publiziert wird sie in Brecht, *Studien*. Buenos Aires 1945, später erscheint sie wiederholt auf Einbänden, u. a. von Bertolt Brecht, *Kalendergeschichten*. Berlin: Gebr. Weiß, 1949, und der Lizenzausgabe Bertolt Brecht, *Kalendergeschichten*. Halle: Mitteldeutscher Verl., 1948.

82 Postkarte, 29. Oktober 1934; A: *London,* E: *Svendborg, hs. (Privatbesitz)*

Liebe Helli,
Dank für Brief. Finde den Preis der Bie wahnsinnig hoch und unerschwinglich.[1] – Küsse die Barbarische von mir. Ist der Katarrh weg? – Steff schreib ich selber noch zum Birthday.[2] Hat er meine Karte bekommen? Es standen viele Fragen drauf. Hier ist es nicht allzu wirtlich, aber die Stadt ist groß. Vielleicht holst Du mich ab?

Ich küsse Dich
b

1 Der Brief von Paula Banholzer ist nicht erhalten. Sie möchte, daß der gemeinsame Sohn Frank, der eigentlich Schauspieler werden will, eine Ausbildung als Dentist erhält. Am 29. Mai 1935 schreibt Brecht an sie: »Unter den jetzigen Umständen sind meine Vermögensverhältnisse so, daß ich Dir eine so große Summe, wie sie für den Dentistenberuf nötig wäre, unmöglich zur Verfügung stellen kann; ganz abgesehen davon, daß dieser Beruf sich für Frank kaum eignet« (GBA 28, 502). Frank geht in eine kaufmännische Lehre und wird von Brecht regelmäßig unterstützt. Er wird im Oktober 1939 zur Wehrmacht eingezogen und fällt am 13. November 1943.

2 Stefan Brecht wird am 3. November 1934 zehn Jahre alt.

83 Postkarte, 31. Oktober 1934; A: *London,* E: *Svendborg, hs. (Privatbesitz)*

Liebe Helli,
Bis Angebot ist nicht annehmbar. *Viel* zu teuer. – Ich brauche das Exemplar der »Rundköpfe«, in dem die ganzen Korrekturen sind. Wenn es bei Per ist, soll der es schicken. (Für den Druck bei Malik.)[1] Er soll es hierher schicken. Die einzelne Szene *hat* er geschickt. – Und Du: kannst Du mir 10-20 Pfund schicken? Etwa 400 Kronen?

Ich küsse Dich
b

Morgen geht Brief an Steff ab.[2]

1 Ein Einzeldruck kommt nicht zustande.
2 Nicht überliefert.

84 Oktober/November 1934; A: *London,* E: *Svendborg, hs. (BBA)*

Liebe Helli,
ich ging heute sofort auf das Konsulat. Anbei das Gewünschte. Diese Formalitäten sind schon ekelhaft![1]

Bitte, schick doch noch 2 Exemplare des »3groschenromans« hierher![2]

Und die neue Gerichtsszene aus »Rundköpfe«. Womöglich auch das Exemplar, in dem ich die Änderungen verzeichnet habe. Es liegt in Skovsbostrand.

Befinden gut. Etwas Langeweile. Leute nett. Etwas langweilig.

Ist eigentlich Frln. Mari auf dem Weg?[3]

Ich kratze Dir den Rücken
b

1 Möglicherweise für die geplante Reise Helene Weigels in die Sowjetunion.
2 Der *Dreigroschenroman* erscheint im Oktober 1934 in Amsterdam.
3 Maria Hold heiratet den Fleischermeister Jørgen Henrik Ohm. Brecht schickt ihr sein *Dankgedicht an Maria Hold zum 5. Oktober 1934*.

85 Postkarte, 7. November 1934; A: *London,* E: *Svendborg, umadressiert nach Zürich, hs. (Privatbesitz)*

Liebe Helli,
ich würde es viel lieber haben, wenn Du erst *nach* Weihnachten reistest.[1] Jetzt ist für Frühjahr und nächste Saison sowieso die schlechteste Zeit. Hol mich lieber hier ab. Ich bin kaum noch ganze 4 Wochen hier in London. – De Lange muß noch Geld schicken, wenn er erst 1.800 Kronen geschickt hat.[2] Kannst Du mir wenigstens 200 Kronen schicken? – Hat Mari noch das Gedicht bekommen?[3] Und Steff den Brief? Pappa hab ich geschrieben und auch Maris Gedicht geschickt.

Ich kratze Dir den Rücken

b

1 Helene Weigel befindet sich zu diesem Zeitpunkt in Zürich.
2 Am 6. November 1934 schreibt Brecht an den niederländischen Verlag Allert de Lange: »Zu meinem Erstaunen höre ich aus Svendborg, daß die letzte Rate meines Vorschusses von 2.000,– immer noch nicht voll an meine Bank abgegangen ist. Ich bitte Sie dies, nachdem schon einmal ein Versehen des Verlages vorgekommen ist, endlich bereinigen zu wollen« (GBA 28, 455).
3 Vgl. Brief 84.

86 *Postkarte, 12. November 1934;* A: *London,*
E: *Svendborg, umadressiert nach Zürich, Hotel St. Peter, hs. (Privatbesitz)*

Liebe Helli,
schreib mal wieder! Wie wars mit Mari? Mit Steffs Geburtstag? Kamen meine Briefe rechtzeitig? Gefiel Mari das Gedicht? Kam von de Lange noch Geld? Er schuldet 2.000 Mark.* Wenn alles da ist, dann depeschier mir, damit ich nicht umsonst Krach mache. Ich brauche noch 2 Exemplare »3 Soldaten« und 1x die »Heilige Johanna«.[1] Wenns Dir langweilig wird, dann komm her! Übrigens habe ich nur noch 10 Schillinge! Was kam für die Hauptmann?[2] Was für mich?

Ich küsse Dich
b

* (Und hat, scheints, nur 1.800 Kronen geschickt?)

1 Heft 6 der *Versuche* enthält *Die drei Soldaten. Ein Kinderbuch*, illustriert mit Zeichnungen von George Grosz, und Heft 5 der *Versuche: Die heilige Johanna der Schlachthöfe*. Schauspiel, beide erschienen 1932.
2 Elisabeth Hauptmann übersiedelt – nach einem Aufenthalt von einigen Monaten in Paris – im Februar 1934 nach St. Louis/Missouri, wo seit 1921 ihre Schwester Irma Warmber lebt.

87 *Mitte November 1934;* A: *London,* E: *Wien, masch. mit hs. Zusätzen (BBA)*

Liebe Helli,
ich bekam ziemlich spät Deine erste Nachricht, daß Du abgereist bist, und die Adresse. Vielleicht kannst Du ein paar

Leute für Svendborg keilen unterwegs. (Kläbers, Brentanos.)[1] Hast Du Sternberg gesehen? Was ist mit den »Rundköpfen«? Gasbarra?[2] Schändlich, daß er niemals schreibt! In Wien wirst Du sicher Kraus treffen. Geh ihm nicht aus dem Wege, er erfährt es doch.[3] Er soll ziemlich krank (gewesen?) sein. Venenentzündung. Ich würde an Deiner Stelle nett zu ihm sein. Von mir kannst Du ihm erzählen, daß ich eben bekümmert gewesen sei, weil er gegen Arbeiter Stellung genommen hat, die sich wehrten (und für die Beauftragten von Unternehmern, Bankiers und Grundbesitzern). Frag ihn, ob er die Gedichte bekommen hat, die ich an Jaray für ihn schickte.[4] Frag auch in Wien, ob es wahr ist, daß man eventuell tschechischer Staatsbürger werden kann.[5] Das habe ich hier gehört. Ich kenne allerdings nur Camille Hoffmann in Berlin.[6] Die Freunde von Kraus kennen wohl noch mehr Leute. Ich hätte gern die Shakespeareübertragungen von K., die man bei Lányi bekommt.[7] – Die 10 Pfund sind eingelaufen, ebenso 2 »Dreisoldaten«. Danke. Bräuchte noch die »Johanna«. Kauf gleich mehr Exemplare. – Grüß Deinen Vater herzlich von mir. Lad ihn ein.[8] Grüß auch Frank.[9] – Wie wirst Du zurückfahren? Wenn übers Saargebiet, dann schick ich Dir die letzten Arbeiterlieder von mir und Eisler mit Musik. (Sehr einfach, Marschlieder.)[10] Hier geht alles langsam, aber es geht. Ich versuche Filmstories zu verkaufen, das würde einbringen.[11] Habe aber langsam genug von London. Schreib auch meinem Vater von unten.

Ich küsse Dich

b

Bekomme eben Telegramm und Brief. Weiß nicht die Wiener Adresse. Kiepenheuer[12] hat die Rechte *mir* zurückgegeben. Niemand anders hat Rechte. Geh bitte hin! Wenn es einen einzigen Nachdruck gibt, muß man klagen.

Den Brief an George hab ich nicht hier. Dammert hat ihn. (Er wird in Paris sein.)[13]

1 Kurt Kläber und Lisa Tetzner, Bernard und Margot von Brentano.
2 Der frühere Dramaturg der Piscator-Bühnen Felix Gasbarra.
3 Brecht meint, Karl Kraus werde erfahren, daß Helene Weigel in der Stadt ist. Brecht hat gerade das Gedicht *Über den schnellen Fall des guten Unwissenden* geschrieben, in dem er sich kritisch damit auseinandersetzt, daß der geschätzte Kollege den vom sozialdemokratischen Schutzbund initiierten Aufstand am 12. Februar 1934 gegen die autoritäre österreichische Regierung Dollfuß ablehnt. Ob sich das Gedicht zu diesem Zeitpunkt in Wien verbreitet hat, ist nicht bekannt.
4 Welche Gedichte Brecht Kraus über dessen Vertrauten Karl Jaray sandte, konnte nicht ermittelt werden.
5 Anna Seghers und Heinrich Mann werden z. B. 1934 tschechische Staatsbürger.
6 Wohl der österreichische Schriftsteller und Übersetzer.
7 In Brechts Bibliothek befindet sich: *Shakespeares Dramen*. Für Hörer und Leser bearbeitet, teilweise sprachlich erneuert von Karl Kraus. Band I: König Lear. Der Widerspenstigen Zähmung. Das Wintermärchen. Wien: Richard Lanyi, 1934, vgl. *Die Bibliothek Bertolt Brechts*, Nr. 1295.
8 1934 stirbt Helene Weigels Schwester Stella; ihre Mutter ist bereits 1927 gestorben.
9 Frank Banholzer besucht die Hauptschule in Wien.
10 Brecht spielt auf *Das Saarlied* und *Krieg eurem Krieg* an. Die von Hanns Eisler vertonten Lieder entstehen im Zusammenhang mit der Volksabstimmung im Saarland – seit 1919 stand es für 15 Jahre unter der Treuhänderschaft des Völkerbundes – über den Anschluß des Saarlandes an Frankreich oder das Deutsche Reich (13. Januar 1935).
11 Brecht arbeitet u. a. mit Leo Lania an dem Filmstoff *Semmelweis*.
12 In einem Schreiben an Brecht hat der Gustav Kiepenheuer Verlag am 3. Oktober 1934 den Vertrag für gelöst erklärt: »Die Rechte der bei uns veröffentlichten Bücher fallen an Sie zurück, da wir nicht mehr in der Lage sind, dieselben zu vertreiben.«
13 Brechts *Offener Brief an den Schauspieler Heinrich George*. Hans Dammert soll für eine wirksame Verbreitung des im Auftrage des Bundes Proletarisch-Revolutionärer Schriftsteller geschriebenen Traktats sorgen.

88 *Mitte/Ende November 1934:* A: *London,* E: *Wien, hs. (Privatbesitz)*

Liebe Helli,
Zeitungsausschnitt von Mittwoch abend. Privat nichts Neues gehört. –

Könntest Du in der Buchhandlung Reitzel 10 Exemplare der »Johanna« kaufen? Such zu handeln!

2 Exemplare »Mutter« / 3 »Mahagonny«

10 Exemplare »Maßnahme«[1]

Und wenn Du mal ein *gebrauchtes* großes Schach siehst! Es muß aber billig sein!

Hoffentlich bleibt alles in Ordnung mit den Kindern!

Ich küsse Dich

b

1 Die genannten Stücke sind enthalten in den Heften 5, 7, 2 und 4 der *Versuche*.

89 *Anfang/Mitte Dezember 1934;* A: *London,* E: *Paris, hs. (Privatbesitz)*

Liebe Helli,
an Kläber habe ich eben geschrieben. Es wäre angenehm, wenn er käme. Sonst wird es etwas still oben. Dudow sollte auch kommen, den ollen Einakter[1] kann er doch in Kopenhagen auch herumreichen. – Wenn Du noch über London kommen willst, mußt Du Dich beeilen. Ich fahre spätestens am 20. ab. Und man muß Schiffskarten vorher bestellen, wegen Weihnachten! – Hast Du meine 2 Briefe nach Wien, Berggasse,[2] bekommen? Der letzte mit Flugpost. Was macht Brentano? Sternberg? Kesser?[3]

Hier geht alles sehr zäh, aber nicht aussichtslos.

Ich küsse Dich

b

Setz Dich, bitte, in Paris mit Charles Wolff in Verbindung, 29 rue Boulard – Paris XIV.

Er tut etwas für den »3groschenroman« beim Verlag Grasset.[4]

1 Vermutlich sein Film *Der Seifenbläser*; Dudow gelingt es, die Arbeitskopie vor dem Zugriff der Gestapo über die Grenze zu bringen. Brecht bemüht sich, Dudow über Svend Borberg und Ruth Berlau ein Einreisevisum nach Dänemark zu verschaffen.

2 Adresse von Helene Weigels Vater Siegfried Weigl.

3 Der Schriftsteller, Journalist und Theaterkritiker Armin Kesser, den Brecht aus Berlin kannte, lebt in Zürich.

4 Zunächst ist Charles Wolff, der für Grasset Heinrich Manns *Professor Unrat* übersetzt hat, für diese Arbeit vorgesehen. Als Schwierigkeiten auftreten, versucht Walter Benjamin, in der Übersetzungsangelegenheit zu vermitteln. Der *Dreigroschenroman*, für dessen Übersetzung Grasset 3.000 Francs Vorschuß gezahlt hat, erscheint erst 1952 bei den Éditions Correa.

Am 3. Januar 1935 reist Brecht nach Kopenhagen, im März fährt er über Stockholm und Helsinki nach Moskau, nimmt dort an mehreren Veranstaltungen teil und sieht sich nach Arbeitsmöglichkeiten um. Er kehrt am 21. Mai zurück nach Svendborg. Am 8. Juni 1935 wird Brechts Ausbürgerung bekanntgegeben; Helene Weigel und die Kinder werden am 3. April 1937 ausgebürgert.

90 *Ansichtskarte (Fotografie eines uniformierten Reiters), 3. Januar 1935;* A: *Kopenhagen,* E: *Svendborg, hs. (Augsb.)*

Liebe Helli,
ich wohne im Hotel Annex am Bahnhofsplatz, da im Gemle Morison Hotel nicht ein Zimmer frei ist![1]

Ich küsse Dich
b

Gruß an Steff und Barbara!

1 Brecht trifft in Kopenhagen mit Wieland Herzfelde zusammen, der eine Werkausgabe Brechts plant und an eine Verlegung des in Prag ansässigen Malik-Verlags denkt.

91 *Postkarte, Anfang März 1935;* A: *Kopenhagen,* E: *Svendborg, hs. (Augsb.)*

Liebe Helli,
ich fahre also Dienstag[1] früh 5^{25}. Tee gibts im Hotel vom Nachtportier. Bitte, wechsle die Kronen auf der Bank in Francs um, sie sinken so sehr. (Man kann überall wechseln.) »Ritter Harolds Pilgerfahrt« all right.[2] Schön, daß er *dadurch* statt auf 15 auf 2½ kam![3] Ich war so erfreut, daß ich Asja doch noch den Sweater kaufte! Hoffentlich kommen Steffs Augen in Ordnung. Er darf nicht soviel lesen. Habe 2 Kriminalromane eingehandelt, die ich *zurückbringe*.

Gib Barbara noch den Abschiedskuß vom

alten bidi!

1 12. März.
2 *Childe Harold's Pilgrimage*: Versepos von Lord Byron, 1812 bis 1818 erschienen.
3 Vermutlich sind Steffs Schulnoten gemeint.

92 *13. März 1935;* A: *Helsinki (Kopfbogen Hôtel Societeshuset, Helsingfors),* E: *Svendborg, hs. (Privatbesitz)*

Mittwoch

Liebe Helli,
ich werde ins *Kapitol*[1] gehen (»Bengalische Lanzenreiter«). Im Theater wird »Minna von Barnhelm« gespielt, das kenne ich ja. Der Dampfer fuhr ganz manierlich durch die Eisschollen.[2] Und hier spricht man mehr Deutsch als in København.

Durch Stockholm fuhr ich durch, meldete mich also bei Korsch nicht an.[3]

Hoffentlich sind Steffs Augen wieder in Ordnung.

Ich küsse Dich
b

1 Kino in Helsinki.
2 Brecht fährt von Svendborg nach Kopenhagen, von dort mit dem Schiff nach Helsinki (Helsingfors), von da aus mit der Eisenbahn weiter nach Leningrad, wo ihn Margarete Steffin abholt, weiter nach Moskau.
3 Hedda, die Frau Korschs, unterrichtet in einer Reformschule bei Stockholm.

93 *Mitte März 1935;* A: *Moskau,* E: *Svendborg, hs. (Augsb.)*

Liebe Helli,
die Fahrt ging ganz glatt. Hier von Tretjakow empfangen. Sie schicken viele Grüße. Betten der Art gibt es hier für wenig Rubel, sie wunderten sich ganz naiv, daß wir glaubten,

sie wohnten in einem wilden Lande. Tatsächlich bin ich erstaunt, wieviel Sachen es hier jetzt gibt. Ich habe ein Zimmer im *Hotel Nowo Moskowskaja* bekommen durch die MORT[1] (Piscator), der sehr nett ist. Mittagstisch im Klub der russischen Schriftsteller. Ich sah schon eine Menge Theater und Film. Ziemlicher Trubel. Mei Lan-fang ist hier, der größte chinesische Schauspieler.[2] Bitte schreib mir doch wirklich jede Woche! Ist K[orsch] noch da?[3]

Den finnischen Brief vergaß ich wirklich einzuwerfen.

Die Aussichten auf ein deutsches Theater sind da, aber schwächlich.[4] Vielleicht kann ich sie stärken. An Karin telegrafieren wir. Sie ist aber nach Almanach *63* Jahre alt.[5] Wir lassen die Zahl einfach weg.

Es ist nicht kalt hier. Es wär gut, für den Herbst hier etwas zu arrangieren, so daß Du auftreten kannst, ich vielleicht Regie führen oder etwas mit Film.

Ich küsse Dich

b

Was machen Steffs Augen?

Danke für den Brief.

Kannst Du K. fragen nach dem Namen des Verfassers des amerikanischen Buches über die Gewalt (Fall Ottawa[6])? Grüße ihn!

1 Oder MORP; Meshdunarodnoe obedinenie revoljucionnych pisatelej (Internationale Vereinigung Revolutionärer Schriftsteller – IVRS) bzw. Meshdunarodnoe obedinenie revoljucionnych teatrow (Internationaler Revolutionärer Theaterbund – IRTB).

2 Brecht zeigt bereits in den zwanziger Jahren eine Vorliebe für asiatische Theaterformen (vgl. *Der Weg zu großem zeitgenössischem Theater*). Erst bei seinem Moskau-Besuch sieht er originales chinesisches Theater: den Schauspieler und Regisseur Mei Lan-fang und dessen Theatertruppe. Am 19. März 1935 gibt Mei Lan-fang eine private Vorstellung im Haus des chinesischen Botschafters, und einen Tag später findet für die Leiter und Schauspieler der Moskauer Theater nachts eine Sondervorstellung statt, in der

ein chinesischer Theaterwissenschaftler einen Vortrag über das chinesische Theater hält und Mei Lan-fang dazu Exerzitien darbietet. Danach gastiert das Theater für drei Wochen in Moskau und Leningrad; Ende April ist das Gastspiel beendet. Mei Lanfang tritt in zwei chinesischen Stücken auf: *Kuei-fei tsui-chiu* (Die betrunkene Schönheit), eine Alltagsgeschichte aus dem Leben von Yang Kuei-fei, einer der berühmtesten Konkubinen in den chinesischen Legenden, und *Ta-yü sha chia* (Die Rache des Fischers), ein populäres unterhaltsames Stück mit Songs. Sergej Tretjakow, der den chinesischen Schauspieler und seine Truppe betreut, verschafft Brecht Zugang zu den Sonderveranstaltungen, den Aufführungen, zu Begegnungen und zu einer abschließenden Diskussionsrunde am 14. April 1935. Die Aufführungen und Gespräche machen auf Brecht einen nachhaltigen Eindruck. In Moskau entstehen zahlreiche Notizen zu den Besonderheiten des chinesischen Theaters und das Spiel Mei Lan-fangs, die Brecht in seiner Theorie des epischen Theaters verarbeitet. Eine erste Zusammenfassung dieser Gedanken bildet der vermutlich noch während des Aufenthalts in Moskau oder kurz danach geschriebene Text *Bemerkungen über die chinesische Schauspielkunst*; vgl. auch *Verfremdungseffekte in der chinesischen Schauspielkunst*.

3 Karl Korsch hält sich von Januar bis April 1935 mit Unterbrechungen in Svendborg auf.

4 Vgl. Brechts Brief an Erwin Piscator von Mitte/Ende Juni 1936, in dem er schreibt: »Im übrigen ist es grau hier. Theater gibt es nicht« (GBA 28, 556).

5 Karin Michaëlis ist am 20. März 1872 geboren. Ein Glückwunsch zum 63. Geburtstag ist nicht überliefert, vgl. jedoch Brechts Brief zum 70. Geburtstag (GBA 29, 224 f.).

6 Brecht bezieht sich auf das Schiff *Oskawa* und die Untersuchung von Louis Adamič, *Dynamite. The Story of Class Violence in America*. New York Viking Press, 1931. Vgl. das Gedicht *Abbau des Schiffes Oskawa durch die Mannschaft*, das im Juli 1935 in der Zeitschrift *Internationale Literatur* erscheint.

94 Ende März 1935; A: *Moskau,* E: *Svendborg, hs. (Privatbesitz)*

Liebe Helli,
Dank für Postsendung. Ich habe an Dich 7 eingeschriebene Pakete mit Büchern schicken lassen, schreib mir, wenn nicht alle ankommen, bitte die Nummern der angekommenen. Leider habe ich ein rheumatisches Kopfweh hinten links, das sehr lästig ist. Ich sehe den chinesischen Schauspieler Mei Lan-fang mit seiner Truppe. Er spielt Mädchen und ist wirklich herrlich.[1] Nur tut mir jede Kopfwendung weh. Im Hotel hier wohnen Ottwalts. Ottwalt ist wieder Dampf in allen Gassen, verdient viel und hat nichts. Tretjakow managed Mei Lan-fang, hat also wenig Zeit, ist aber sehr nett. Alle fragen nach Dir, ich sage, Du kommst spätestens im Herbst mit mir. Jetzt aber sehe ich in meinem wilden Kampf um eine Filmrolle für Dich zwar nur eine alte Frau, aber in einem Dimitroff-Film (unter der Regie von Ivens, Manuskript leider Wangenheim) und in deutscher Sprache.[2] Die Rolle soll besonders schön sein. Vielleicht willst Dus nicht machen, aber ich will, daß sie Dir angeboten wird. Dann müßtest Du gleich herkommen. Mit deutschem Theater steht es faul. Wenige Schauspieler, nur schlechte, außer der Neher[3], die aber nicht besonders geschätzt wird. (Ihr Kind ist kräftig, sie selbst ziemlich dick und recht nervös.)

Bitte, schreib mitunter, über die Kinder und Dich!

Ich küsse Dich

b

Hast Du den »Me-Ti« schon geholt? Ist er hübsch geworden?[4]

Gruß an Korsch, er soll *erst* wagen, *dann* wägen!

Und klopf mir meine Maschine nicht in Trümmer!

1 Im klassischen chinesischen Theater wie in der Oper werden alle weiblichen Rollen von Männern dargestellt.

2 Der Film, in dem sich Dimitroff selbst spielt, kommt 1936 unter dem Titel *Kämpfer* heraus. Weitere Mitwirkende sind unter anderem Ernst Busch, Alexander Granach und Heinrich Greif. Regie führt der niederländische Filmregisseur Joris Ivens, das Drehbuch stammt von dem Dramatiker, Regisseur und Schauspieler Gustav von Wangenheim.

3 Carola Neher.

4 *Mê Ti des Sozialethikers und seiner Schüler philosophische Werke.* Zum ersten Male vollständig übersetzt, mit ausführlicher Einleitung, erläuternden und textkritischen Erklärungen versehen von Alfred Forke, Berlin: Kommissionsverl. der Vereinigung wissenschaftlicher Verleger, 1922. Helene Weigel hat das Buch bei der Firma E. Koch-Christensen in Svendborg in schwarzes Leder einbinden lassen, vgl. *Die Bibliothek Bertolt Brechts*, Nr. 2414. Die Texte sind Grundlage für Brechts *Buch der Wendungen.*

95 Ende März 1935; A: *Moskau,* E: *Svendborg, hs. (Augsb.)*

Liebe Helli,
ich liege noch, mit dickem Kopf und Fieber.
Tue nicht zu viel und stolpere nicht.
Ich küsse Dich

Bert

96 Mitte April 1935; A: Moskau, E: Svendborg, hs. (BBA)

Liebe Helli,
ich habe Dir schon 3 (drei) Briefe geschrieben und wundere mich, daß Du noch nichts bekommen hast. Vor paar Tagen depeschierte ich nach den »Mutter«- und »Mannist-Mann«-Fotos. (Wegen eventuellem Film, wenn auch mit

schwacher Aussicht.) Bitte, schick doch an Eisler *noch mal* die »Mutter« und, wenn Du hast, die »Rundköpfe« (letzte Fassung). Hierher die Novelle »Der Arbeitsplatz«[1] (oberste Schublade im Manuskriptschränkchen). Eislers Adresse: New York City 13. Gay Street Basement.

Ich hatte eine Woche lang eine dumme Grippe, hauptsächlich Kopfweh, so vom Genick herauf zur Schläfe. Jetzt ist es besser. Denke in etwa 2 Wochen zurückzugondeln.

Ich bin froh, daß Steffs Augen wieder all right sind. Hoffentlich bekommen jetzt nicht alle die Angina!

Liebe Helli, magere nicht ab, so wie es ist, ist es richtig. Grüße den Steff, küsse von mir die Barbarische und ich küsse Dich

b

Gruß an K[orsch]

Freut mich, daß er noch da! Er darf aber nicht abfahren, wenn ich komme!

Briefe Luftpost + eingeschrieben dauern am längsten. Also nur eingeschrieben (oder wenn nicht viel los) nur Luftpost!

1 Bertolt Brecht, *Der Arbeitsplatz oder Im Schweiße Deines Angesichts sollst Du kein Brot essen.*

97 *Mitte/Ende April 1935;* A: *Moskau,* E: *Svendborg, hs. (Privatbesitz)*

Liebe Helli,
danke für Sendung und Brief. Ich hatte eine kleine Grippe und lag über 2 Wochen im Bett, damit keine Weiterungen kommen konnten. Jetzt ist es wieder in Ordnung, bis auf einen Rest gelegentlichen Kopfwehs. Nur habe ich so eben

wenig gesehen. Ich denke anfangs Mai (3. oder 4.) hier abzufahren. – Die Fotos wollte ich, weil eine (vage) Aussicht auf eine Filmrolle bei Ivens bestand; da jedoch Wangenheim das Manuskript schrieb, wird nichts daraus werden. Er benimmt sich saumäßig und unvergeßlich. – Wegen des Antrags[1] nach der deutsch-russischen Stadt (ich höre, Trepte[2] schrieb Dir deswegen): Ich sagte ihnen, Du könntest höchstens auf etwa 8 Wochen (August/September) so wo hinkommen, die Sache begucken, die »Mutter« einstudieren, eventuell noch was. Mehr schon wegen der Familie nicht. Man weiß ja auch nicht, wie so was ist da unten, und es ist natürlich keine erstklassige, kaum eine drittklassige Sache. Aber hier ist gar nichts los mit Spielen. Die Neher hat überhaupt keine Chancen. Trotzdem wird vom deutschen Theater gesprochen, ev. für den Herbst! Da wäre denn Pis drinnen und wir könnten also mitmachen. – Dein Mantel hängt schon bei mir. – Ich kann nicht über Österreich fahren, zu großer + teurer Umweg! Warum will Marianne nicht nach Dänemark kommen?[3] – Wegen Dudow[4]: hat Ruth[5] denn nicht beim Kgl. Theater etwas versucht? Sie hat es versprochen und sie hat auch einen Brief von mir deshalb in Händen. – Natürlich müßte man was tun in der Sache, es ist sehr wichtig. Nur *was*? – Heute abend spreche ich zum 2. Mal im Radio, vielleicht hörst Du es, aber es ist nicht der große Sender.[6] – Ich freue mich wieder auf die grüne Insel

und küsse Dich, liebe Helli

b

Was macht der Rücken?

1 Es bestehen weiterhin Pläne, Helene Weigel und Brecht in die Sowjetunion zu holen. Brecht fragt Erwin Piscator in einem Brief von Mitte/Ende Juni 1936: »könntest Du nicht etwas machen, daß die Weigel sich die Verhältnisse ansehen kann? Für einige Monate könnte ich immer allein hinüberkommen, aber für länger müßte man wissen, wie es mit den Kindern geht usw.« (GBA 28, 555) Pis-

cator antwortet am 3. Juli 1936 an Helene Weigel: »Brecht schrieb damals, Du wolltest Dir die Wolga ansehen, um Eueren Daueraufenthalt dort nachzuprüfen. Es ist also Zeit, sich zur Reise fertig zu machen.« Das von Piscator und Reich verfolgte Projekt, das seit 1931 existierende Deutsche Staatstheater in Engels zu einem Zentrum des deutschsprachigen Emigrationstheaters auszubauen, wird aufgrund der innenpolitischen Entwicklung nicht realisiert.

2 Der Schauspieler, Regisseur und Theaterleiter Curt Trepte.

3 Brechts geschiedene Frau Marianne hält sich zu dieser Zeit in Österreich auf.

4 Slatan Dudow teilt Brecht am 5. Februar 1935 mit, er sei aus Paris ausgewiesen und müsse Frankreich innerhalb von 24 Stunden verlassen. Dänemark sei seine »letzte Rettung«. Er erhält jedoch, wie aus einem Brief an Brecht vom 18. Februar hervorgeht, eine »Ruhepause«, in der er versuchen wolle, seinen noch in Berlin begonnenen Film fertigzustellen und zu verkaufen.

5 Die dänische Schauspielerin, Regisseurin, Schriftstellerin und Fotografin Ruth Berlau. Brecht lernt sie 1933 kennen, ab 1935 wird sie seine Mitarbeiterin, und es entwickelt sich eine Liebesbeziehung.

6 Nach einer Ankündigung der *Deutschen Zentral-Zeitung* (Moskau) vom 12. April liest Brecht am 13. April 1935 *An die Gleichgeschalteten* und weitere »revolutionäre Gedichte« in der *Moskauer Abendstunde für deutsche Arbeiter und Spezialisten*, Unionssender RCS.

98 Ende April 1935; A: *Moskau,* E: *Svendborg, hs. (Augsb.)*

Liebe Helli,
den Film habe ich erhalten. Gut, daß Du ihn mir geschickt hast – er ist für die Sache eher ungeeignet. Der Kampf um die Berufung geht noch weiter (gegen Wangenheim), aber ich glaube nicht daran, ich mache es mehr dem Prinzip wegen. Jetzt noch was: bitte, schreib mir die Nummern der Leninbände, damit ich die fehlenden nachbesorgen kann.[1] Und dann: könntest Du die letzte (Staatstheater-)Fassung von

»MannistMann« abschreiben?[2] Das bräuchte ich sehr. (Die Fassung war unter den Papieren der Hauptmann!) Hier gehen die Sachen nicht schlecht. In der »Prawda« stand ein sehr guter Artikel.[3] Ich bringe alles mit. Es geht nur alles sehr langsam, aber lang bleibe ich jetzt nicht mehr. Olga und Tanja sind immerfort krank (Grippe usw.).[4] Sie lassen sehr grüßen, da hast Du dicke Freunde.

Rauch nicht zu viel!

Ich küsse Dich

b

Gruß an Steff und die Barbarische!

Und an Karin!

1 Brecht besitzt verschiedene Lenin-Ausgaben, in seiner Nachlaßbibliothek ist keine von ihnen vollständig. Wahrscheinlich bezieht sich sein Wunsch auf die zwölfbändige deutschsprachige Edition der *Ausgewählten Werke*, die nach der russischen Ausgabe des Marx-Engels-Lenin-Instituts in Moskau bei der Verlagsgenossenschaft ausländischer Arbeiter in der UdSSR erscheint. In der Nachlaßbibliothek sind die 1932/33 erschienenen Bände I bis VI; mittlerweile liegt Band VII und vermutlich auch schon Band VIII vor, vgl. *Die Bibliothek Bertolt Brechts*, Nr. 2512-2517.

2 Die zweite Berliner Inszenierung des Stücks hat am 6. Februar 1931 an den Preußischen Staatstheatern im Schauspielhaus am Gendarmenmarkt Premiere. Das Programmheft nennt keinen Regisseur; Ernst Legal tritt von der Regie zurück. Es spielen Peter Lorre (Galy Gay), Helene Weigel (Begbick), Paul Bildt (Fairchild) sowie Theo Lingen, Wolfgang Heinz, Alexander Granach und Leo Reuss (die vier Soldaten). Diese Inszenierung kommt auf nur sechs Aufführungen.

3 Vgl. *Bert Brecht v Moskve*. In: *Prawda*, 23. April 1935.

4 Olga Tretjakowa und ihre Tochter.

99 *Ende April/Anfang Mai 1935;* A: *Moskau,* E: *Svendborg, hs. (Augsb.)*

Liebe Helli,
bitte, schick den beiliegenden Brief an K[orsch] (ich weiß seine Adresse nicht).[1] Ich überlege mir, ob Du nicht herfahren sollst und werde morgen mit der Meshrabpom[2] verhandeln. (Ich möchte nur vermeiden, daß es eine Pro-forma-Aufforderung ist.) – Ich sehe viel Theater jetzt.

Ist der Brief an Steff und der an Barbara angekommen?[3]

Rauch nicht zu viel!

Ich kratze Dir im Geist
den Rücken und ich küsse Dich
b

1 Der Brief ist nicht überliefert. Korsch hält sich zu dieser Zeit in London auf.

2 (Russ.) Meshdunarodnaja rabotschaja pomostsch (Internationale Arbeiter-Hilfe).

3 Brecht schreibt an seine Tochter: »Liebe Barbara, / wie geht es Dir? Hast Du schon angefangen, den Garten herzurichten? Werden die Bäume schon ein wenig grün? Hier ist es noch nicht sehr warm. Hoffentlich ißt Du viel, damit Du rund und dick bist, wenn ich komme. Ich komme in ungefähr 2 Wochen. / Es grüßt Dich Dein alter / bidi / Sag auch Helli, daß sie richtig ißt und nicht zu viel raucht!« (Vgl. GBA 28, 500) Der Brief an Stefan Brecht ist nicht überliefert.

Zwischen dem 15. und 26. Juni 1935 hält sich Brecht in Paris auf, um am »I. Internationalen Schriftstellerkongreß zur Verteidigung der Kultur« teilzunehmen. Der Kongreß wird von 250 Autoren aus 27 Ländern besucht. Am 23. Juni hält Brecht die Rede »Eine notwendige Feststellung zum Kampf gegen die Barbarei«.

100 *Ansichtskarte (Paris, Boulevard du Montparnasse, La Closerie des Lilas), Ende Juni 1935;* A: *Paris,* E: *Svendborg, hs. (Augsb.)*

Liebe Helli,
furchtbar heiß, Rückkehr Mittwochabend. Karin eifersüchtig auf Dudow.

Ich küsse Dich b

[Karin Michaëlis:]
Hellylein, er macht sich einfach grandios, nach und nach verliebe ich mich *ernstlich* in ihn. *Also!* Deine Karin.
[Erwin Piscator:]
Liebe Helly! Hier ist wirklich nichts los. Herzlich, Pis.
[Slatan Dudow:]
Am Kongreß bin unschuldig, denn ich bin nur einfacher Zuhörer
S. Dudow

Brecht und Weigel beteiligen sich an der dänischen Inszenierung von »Die Mutter« durch Ruth Berlau. Die Titelrolle spielt Dagmar Andreasen. Brecht reist am 7. Oktober 1935 von Kopenhagen aus in die USA ab und überläßt Weigel die weitere Arbeit. In New York nimmt er an den Proben der Theatre Union zu »Die Mutter« teil. Im Februar 1936 reist er zurück nach Dänemark.

101 *Ansichtskarte (Dänemark, Lillebæltsbroen), 7. Oktober 1935;* A: *Bahnpost Kopenhagen-Fredericia,* E: *Kopenhagen, p. A. Ruth Berlau, Kronprinsensgade 18, hs. (Augsb.)*

Liebe Helli,
Danke für Notizbuch! Gute Arbeit![1]

Ich küsse Dich
b

Gruß an Ruth und Lund!

1 Helene Weigel, die sich in Svendborg buchbinderische Fähigkeiten angeeignet hat, stellt Notizbücher her und hat eines davon Brecht auf die Reise mitgegeben.

102 *Mitte Oktober 1935;* A: *New York (Kopfbogen The Theatre Union),* E: *Svendborg, hs. (Augsb.)*

Liebe Helli,
Überfahrt zuerst etwas bewegt, dann schön.[1] Hereinkommen leicht. Deine jüdische Abkunft rentiert sich sehr.[2] Hier alles recht gut. Leute nett. Proben hatten noch nicht begonnen.[3] Text der meine. Nur: die Mutter; furchtbar. Wird schon umbesetzt. Haben aber noch keine neue. Gibts hier noch weniger als in Berlin. Wird Dir auf diesem Planeten nicht leicht nachgespielt werden. Trotz gleichem Arrangement nichts wiederzuerkennen! *Du solltest d o c h Englisch lernen.*

Ich wohne im gleichen Haus wie Eisler, in eignem kleinem Appartement, nicht zu teuer. Essen auch billig. Kleidung zu warm. Luft hier wie in Neapel. Schade, daß die

Reise so teuer ist. Hier wäre es erschwinglich, da Essen billig.

Wie ging es in Kopenhagen?[4]

Was machen die Halbwüchsigen?

K[arl] K[orsch]s Buch?[5] Sind die Sätze noch schön kurz?

Die »Rundköpfe« brauche ich *sehr, sehr.*[6]

Adresse: Union Theatre, da ganzen Tag hier. (Adresse zu Haus: W 69th Street, 225 Wilsonhouse.)

Ich küsse Dich, Helli

b

Hauptmann kommt über New York nächste Woche. Fährt dann weiter nach USSR.[7]

1 Brecht kommt mit der Aquitania am 15. Oktober in New York an.

2 Angesichts der steigenden Aktivitäten kommunistischer und kommunistisch beeinflußter Gruppierungen verschärfen die USA ihre Einwanderungsbestimmungen.

3 Brecht bietet der Theater Union an, gegen Erstattung der Reisekosten für die Überfahrt die Regie einer Inszenierung von *Die Mutter* selbst zu übernehmen. Dies wird jedoch abgelehnt. Nach einer Unterredung, bei der es zu keiner Einigung kommt, gibt man dem Wunsch Brechts nach und lädt ihn zur Mitarbeit an der Inszenierung ein.

4 Helene Weigel unterstützt Ruth Berlau, die mit der Kopenhagener Agitpropgruppe R.T. (Revolutionær Teater) *Die Mutter* inszeniert. Die Premiere ist im Herbst.

5 Korsch kommt während der Abwesenheit Brechts nach Svendborg, um an seiner Marx-Monographie zu arbeiten, die in englischer Sprache 1938 in London erscheint (innerhalb der Reihe *Modern Sociologists*).

6 Typoskript bzw. Umbruchexemplar von Heft 8 der *Versuche*. Schon im Sommer unternimmt Eisler wegen einer eventuellen Aufführung der *Rundköpfe* in den USA erste Schritte, die aber zu keinem Ergebnis führen.

7 Elisabeth Hauptmann bemüht sich um eine Anstellung in der Sowjetunion, die aber nicht zustande kommt. Brecht schreibt für sie eine Beurteilung; vgl. *Über Elisabeth Hauptmann*.

103 Anfang November 1935; A: *New York,* E: *Svendborg, hs. (Privatbesitz)*

Liebe Helli,
bin tief in den Proben. Alte Fassung wieder restlos hergestellt. Ganz hübsche kleine Diktatur. Aber die »Kräfte« sind sehr, sehr schwach. »Mutter« noch nicht entschieden, wie sie sein wird. Alte Frau, sehr intelligent. Danke für »Rundköpfe«. Werd mir bitte nicht zu mager! Premiere am 19. Aber vorher schon 4 Tage vor Publikum.

Ich küsse Dich

b

Du solltest doch auch Englisch lernen!

Grüß K[arl]K[orsch]. Was macht das Buch? Kann ich nichts davon bekommen?

Wann kommt Hanne[1]?

1 Brechts Tochter kommt wiederholt nach Dänemark zu Besuch.

104 Telegramm, 15. Dezember 1935, 8:05; A: *New York,* E: *Svendborg (Privatbesitz)*

+ NEWYORK SVG 1 8 14 8 16 WU =
BRECHT SKOVSBOSTRAND SVENDBORGDENMARK

= KOMME MITTE JANUAR GRUSS =

BERT +

105 Mitte Dezember 1935; A: *New York,* E: *Svendborg, hs. (Augsb.)*

Liebe Helli,
ich habe *alle* Anstrengungen gemacht, hier wegzukommen, aber es wäre eine *zu* große Dummheit gewesen, da noch einige Verhandlungen über Roman und »Rundköpfe« »schweben«.[1] Also kann ich erst in etwa 2 Wochen weg, allerhöchstens in 3, so daß ich Mitte Januar in Svendborg bin. Es gibt also ein tristes New Yorker Weihnachten im Schoße der Eislerfamilie.[2] Das Svendborger Weihnachten holen wir natürlich nach, die Sachen bringe ich mit. Steff und Barbara gehen mir sehr ab, schon jetzt, und an Christbäume ohne Dich kann ich mich nicht mehr erinnern; es war immer ein guter Abend und eine gute Nacht, *liebe Helli.* Hier ist es sowieso nicht übermäßig wohnlich und dann auch noch Otto![3] Er *muß* im Januar kommen!

Issest Du genug? Rauch nicht zu viel und heiz gut. Und behalte mich in der Erinnerung (und schreib mir »Deine« unter die Briefe).

Ich küsse Dich
b

[Vermutlich Beilage:]
Lieber alter Steff,
Du mußt also heuer das Familienoberhaupt spielen und streng sein. Helli mußt Du in meinem Auftrag küssen und Barbara eine kleine Geschichte erzählen (vielleicht die von Joseph in Ägypten). Vor dem Einschlafen. Ein paar Sachen bringe ich mit. Groszens lassen grüßen.[4]

Ich schüttle Dir die Hand

bidi

New York, Dez. 35

1 Brecht verhandelt mit dem New Yorker Verlag Simon & Schuster über den *Dreigroschenroman*. Der Roman erscheint in den USA 1938 in der Übersetzung von Desmond I. Vesey bei Hillman & Curl, Inc., New York.
2 Lou und Hanns Eisler.
3 Es ist unklar, wer hier gemeint ist.
4 Eva und George Grosz.

106 Telegramm, 24. Dezember 1935; A: *New York,*
E: *Svendborg (Privatbesitz)*

NEWYORK M580
BRECHT
SKOVSBOSTRAND
SVENDBORG

= LIEBE HELLIE STEFF BARBARA GRITE[1] WEIHNACHTEN BIDI

1 Wohl Kontamination aus »Grete« und »Gute«.

107 Ende Dezember 1935; A: *New York,* E: *Svendborg,*
masch., erstes Postskriptum hs. (Privatbesitz)

Liebe Helli,
danke für Telegramm und Brief und Steffs Zeichnung (sehr schön). Die arme Barbara. Das glaube ich, daß man ihr Schlüsselbein bis nach Odense knacken hörte. Ich habe es mir auch einmal gebrochen. Ich fahre jetzt endgültig am 29. (habe schon das Billett). Es ist langweilig hier, meist spiele ich Schach mit Eisler, und jeden Tag sind wir im Kino, was

hier sehr billig ist – 15 Cents. Ich freue mich sehr nach Hause. Man kann hier nur sehr schwer arbeiten, und es ist langweiliger als in Skovsbostrand. Weihnachten war scheußlich. Ich war mit Eisler bei Leuten, die keine Kinder hatten, und dann sang jemand schottische Balladen[1] ohne Ende.

Ich hätte Dich gern zu Bett gebracht, Helli, wie jedes Jahr.

Ich küsse Dich

b

Grüße Steff und Barbara!

Könntest Du an *Weill, Hotel Sankt Moritz, Centralpark South, New York,* eine *Abschrift* meines Vertrags über die »Dreigroschenoper« mit Bloch Erben schicken?[2] Also nicht den Generalvertrag, sondern den ersten, früheren, nur über die »Dreigroschenoper« – wenn der noch da ist.

Und vielleicht aus dem andern (Generalvertrag) noch die Stelle über die »Dreigroschenoper« (wo steht, daß sie außerhalb des Generalvertrags stehen soll).

1 Dazu zählt vermutlich die Seeräuberballade *Henry Martin* aus dem 16. Jahrhundert, die Brecht später Paul Dessau für die *Puntila*-Musik vorschlägt.

2 Durch einen am 17. Mai 1929 abgeschlossenen Gesellschaftsvertrag hat Brecht sich verpflichtet, sämtliche Stücke, die er bis zum 1. Juli 1936 schreiben würde (mit Ausnahme von musikalischen Werken), Bloch Erben zum Vertrieb anzubieten. Dafür erhält er eine monatliche Vorschußzahlung auf die zu erwartenden Tantiemeneingänge. Da der Verlag sich durch die Vorgänge in Deutschland nur noch von Aufführungen der *Dreigroschenoper* im Ausland Tantiemen verspricht, macht er den Versuch, die auf den Gesellschaftsvertrag gezahlten Vorschüsse durch eventuelle Einnahmen aus der *Dreigroschenoper* abzudecken, für die aber ein gesonderter Vertrag vom 26. April 1928 besteht. Auch in der Folge kommt es zu keiner Einigung, und der Verlag stellt seine Vorschußzahlungen ein, ohne von seinen Ansprüchen auf die *Dreigroschenoper* abzugehen. Die Verträge Brechts mit Bloch Erben werden 1949 gelöst.

Vom 6. März bis zum 28. Juli 1936 ist Brecht in London, wohin er von Fritz Kortner zu Filmarbeiten eingeladen wurde.

108 Anfang März 1936; A: *London,* E: *Svendborg, hs. (Augsb.)*

Liebe Helli,
Dank für Briefe und Karinbücher + Kipling.[1] Ich bin – vorläufig – untergekommen in einem (kleinen) Zimmer in der Abbey Road 148, ein £ die Woche. Kamin. Die Arbeit bei Kortner ist ganz angenehm. Es ist der »Bajazzo«, zu dem auch Eisler hergerufen wurde.[2] – Den Frühjahrsmantel könnte ich *sehr* gut brauchen, es *ist* hier Frühjahr. Und dann: mir fehlt ein *grauer Rock*, d. h. die Hosen sind da, auch die Weste. Kannst Du ihn vergessen haben beim Einpacken? Sonst müßtest Du bei der Dampfschiffgesellschaft nachfragen. (Boot England, Abgang Donnerstag, 5. März, glaube ich, 1. Klasse.) – Wegen der Sprachstunden schreibt Dir Hanna Kortner Näheres. Schicke an Bi noch einmal Geld! – Wie geht es der Pfote? Überanstrenge sie nicht zu früh, das kann sonst chronisch werden!

Ich küsse Dich, liebe Helli,

b

Grüß Frau Bergström![3]

1 Es konnte nicht ermittelt werden, um welche Titel von Karin Michaëlis und Rudyard Kipling es sich handelt. In Brechts Nachlaßbibliothek befinden sich von Karin Michaëlis die Bücher *The Dangerous Age* (New York 1912), *Das gefährliche Alter* (Berlin 1928), *Die sieben Schwestern* (Potsdam 1924), *Familie Worm* (Potsdam 1928) und *Mor* (Kopenhagen 1936), vgl. *Die Bibliothek Bertolt Brechts* Nr. 1121-1125. Von Kipling besitzt Brecht in Berlin die Bücher *Soldaten-Lieder und andere Gedichte* (Leipzig 1910), *Debits and Credits* (Leipzig 1926), *Puck of Pook's Hill* (Leipzig 1930), *Naulahka* (Berlin 1938; zus. mit Wolcott Balestier) und *Die schönste Geschichte der Welt* (Leipzig 1948). In London erwirbt er möglicherweise *Rudyard Kipling's verse* (London 1936), vgl. *Die Bibliothek Bertolt Brechts* Nr. 1206-1211.

2 Im März 1936 fährt Brecht nach London, um am Drehbuch für den Film *Pagliacci* mitzuarbeiten. Diese Einladung vermittelt Fritz Kortner. Während der Arbeit kommt es zu Differenzen, so daß Brecht aus dem Vertrag entlassen wird. Für den fertiggestellten Film zeichnen Roger Burford und Richard Drinkwater als Drehbuchautoren.

3 Herdis Bergström, eine Freundin von Karin Michaëlis.

109 Ende Juni 1936; A: *London,* E: *Svendborg, masch. (Augsb.)*

Liebe Helli,
danke für den Brief. Ich weiß immer noch nicht endgültig Bescheid. Es ist aber sehr wahrscheinlich, daß ich Ende der nächsten Woche heimkomme. Hier ist ein Brief von Gorelik, dem Maler, der die Dekoration zur »Mutter« in New York gemacht hat.[1] Es sind nette Leute. Und die Frau könnte Dir noch etwas Englisch beibringen. Das Kind ist erst ein paar Monate alt.[2] G a n z nahes Wohnen ist also nicht gerade das beste. – Was ist mit Korsch?[3] Hoffentlich kommt er.

Dieses Warten hier ist langweilig. Aber ein paar Chancen liegen noch vor (nicht sehr viele). Hat Steff sein Rad schon? Ich freue mich auf Svendborg.

Und ich küsse Dich

b

Hat Steff Barbaras Erziehung gut in die Hand genommen?

1 Gorelik berichtet am 25. Juni von einem Besuch bei Karl Korsch in Viggbyholm, der ihm viel über Svendborg und seinen bevorstehenden Besuch bei Brecht erzählt habe, so daß er beabsichtige, im Sommer mit der Familie nach Svendborg zu reisen.

2 Frances Gorelik, Eugene Gorelik.

3 Da Korsch aus London ausgewiesen worden ist, hält er sich, unterbrochen von mehreren Reisen, von Juli 1935 bis Oktober 1936 als Gast in Svendborg auf.

110 *4. Juli 1936 (Poststempel);* A: *London,* E: *Svendborg, hs. (Augsb.)*

Liebe Helli,
sei nicht bös, daß ich nicht schreibe: ich meine jeden andern Tag fahren zu können (mühe mich noch um mein Honorar). Mittwoch[1], denke ich, fahre ich jetzt aber bestimmt.

Ich küsse Dich
b

Ich habe London schon bis obenhin und freue mich sehr auf Skovsbostrand.

1 8. Juli.

111 *14. Juli 1936 (Poststempel);* A: *London,* E: *Svendborg, hs. (Augsb.)*

Liebe Helli,
es wird doch wieder Ende der Woche.[1] Bitte, sei nicht böse, aber es wäre sehr dumm, wegzufahren, ohne die Geldsache geordnet zu haben. Daß Korsch so schnell wieder weggeht, ist scheußlich.

Ich habe auch das erste Mal nicht geschrieben, weil ich jeden Tag dachte, meine Abreise anzeigen zu können. Verzeih.

Ich küsse Dich, Helli

b

Für Grete mußt Du noch nicht mieten. Sie fährt erst nach Kopenhagen.[2]

Gruß an die Korschs.

Habe das Buch eben ausgelesen. Finde es *sehr* gelungen.[3]

Die Engländer lesen es wohl dann am besten deutsch!

Telefon Maida Vala 8466

1 Brecht kehrt am 28. Juli nach Svendborg zurück.
2 Margarete Steffin ist am 16. Mai aus Moskau abgereist und am 21. Mai in London angekommen.
3 Konstantin Stanislawski, *My Life in Art*, 1924 (dt.: *Mein Leben in der Kunst*), erschien zusammen mit anderen Texten in deutscher Übersetzung von Alexandra Meyenburg unter dem Titel *Das Geheimnis des schauspielerischen Erfolges* im Scientia Verlag Zürich o.J. [1940].

Anfang 1937 erkundigt sich Helene Weigel bei Erwin Piscator nach Arbeitsmöglichkeiten in Spanien. Sie wolle einer Einladung katalanischer Sozialisten in Barcelona folgen. Die Pläne zerschlugen sich, was Helene Weigel sehr enttäuscht. Am 12. September 1937 reisen Brecht und Weigel gemeinsam nach Paris. Weigel probt dort für »Die Gewehre der Frau Carrar« in der Titelrolle, während Brecht die Proben zur Aufführung der »Dreigroschenoper« besucht und weiter nach Sanary-sur-Mer fährt. Während Brecht am 20. Oktober 1937 nach Svendborg zurückkehrt, reist Weigel nach Wien und Prag, bemüht sich dort um Projekte und Abstand zu Brecht. Am 17. November ist auch sie wieder in Svendborg.

112 Billett, Ende September/Anfang Oktober 1937;
A: *Sanary-sur-Mer,* E: *Paris, hs. (Augsburg)*

Liebe Helli,
ich fahre morgen früh zu Feuchtwanger.[1] Bin gespannt, ob die Proben schnell anfangen.[2] Aber ich finde doch, daß es gut ist, wenn man spielt, und freue mich auf die kleine Arbeit.

Ich küsse Dich
b

1 Brecht fährt auf Einladung Lion Feuchtwangers zusammen mit Maria Osten, die in Paris eine Außenredaktion der Zeitschrift *Das Wort* einrichtet, für einige Tage nach Sanary-sur-Mer. Am 9. Oktober kehrt er nach Paris zurück.
2 Die Uraufführung von *Die Gewehre der Frau Carrar*, für die der Schutzverband Deutscher Schriftsteller (SDS) das Protektorat übernimmt, findet am 16. Oktober 1937 unter der Regie Slatan Dudows in der Salle Adyar statt. Für das Bühnenbild zeichnet Heinz Lohmar. Neben Helene Weigel spielen unter anderem Steffi Spira, Hans Altmann und Günther Ruschin.

113 Postkarte, 6. Oktober 1937; A: *Sanary-sur-Mer,*
E: *Paris, 114 rue de l'Abbé Groult, chez Spira-Ruschin, hs. (Privatbesitz)*

Liebe Helli,
meine Erkältung ist fast ganz weg und bis auf die scheußliche Ansichtspostkartenlandschaft ist es hier erträglich.

F[euchtwanger] erzählt sehr lustig. Ich bin also Samstag früh in Paris. Wie laufen die Proben? Schreib mir!

Ich küsse Dich
b

Schick die Post an Feuchtwanger, d. h. schick zum letzten Mal Donnerstag ab!

Was macht die »3groschenoper«?[1]

1 Die Premiere der von Ernst Josef Aufricht produzierten Inszenierung findet am 28. September 1937 im Théâtre de l'Étoile unter der Regie Francesco von Mendelssohns statt. In den Hauptrollen: Raymond Rouleau (Macheath), Renée Saint-Cyr (Polly), Yvette Guilbert (Mrs. Peachum), René Bergeron (Peachum), Suzy Solidor (Jenny) u. a.

114 28./29. Oktober 1937; A: *Svendborg,* E: *Wien, masch. mit hs. Zusätzen (Privatbesitz)*

Liebe Helli,
hier ist alles in Ordnung, glaube ich. Barbara ist sehr zufrieden mit ihrem Hotel[1], sie hat einen hübschen Geburtstag gehabt. Hierher kommt sie sehr, sehr selten und nur für Sekunden, sie hat zu viele Verpflichtungen. Steff kommt jeden Nachmittag und spielt mit mir Billard, die neue Sensation. Über die Myersbände ist er sehr entzückt, auch die Darwins schätzt er.[2] Sein Kopenhagener Aufenthalt scheint angenehm verlaufen zu sein, aber, Du weißt, er ist diskret. Der Garten ist schön jetzt, gelb und durchsichtig.

Ein Exemplar des Stückes schicke ich heut an Dr. Lieb in Basel.[3] Eines an Burian, Prag, eines an Wieland Herzfelde (für die gesammelten Dramen), eines ging an einen französischen Übersetzer, Grünberg in Paris.[4] Von Breitenbach habe ich noch kein Foto bekommen, leider.[5] Ich dachte, ob man nicht in Kopenhagen eine Aufführung in deutsch machen könnte mit der Hodann usw., ganz einfach, mit der Dekoration der dänischen Aufführung?[6] Es ist wirklich eine klassische Arbeit von Dir und ich bin sehr froh darüber.

Schreibe mir doch über das Datum der Pariser Wiederholung und wann Du also kommst.[7] Zu schade, wenn Du nicht in Prag spielen könntest.[8] Aber es würde ja viel zu lange dauern, wenn sie nicht sofort anfangen. Und irgendwann will ich Dich ganz gern wiedersehen.

Grüß Deinen Vater.

Ich küsse Dich, Helli

b

Paris war schön.

Sieh auch zu Hannes Großmutter![9] Vergiß das nicht!

Soll ich Dir noch Exemplare schicken?

1 Während der Abwesenheit ihrer Mutter sind Barbara und Stefan vorübergehend im Nachbarhaus untergebracht, bei Frau Andersen, der Schwiegermutter der Haushälterin Mie Andersen. Im Hause ihres Vaters lassen sie sich regelmäßig sehen. Barbaras Geburtstag ist der 28. Oktober.

2 Gustavus Myers, *Geschichte der großen amerikanischen Vermögen* (2 Bände, Berlin 1916; engl.: *History of the Great American Fortunes*, 3 Bände, Chicago 1910). Brecht zählt die Darstellung bereits 1926 zu den »besten Büchern des Jahres 1926« und benutzt sie als Quelle u. a. für sein Stückfragment *Jae Fleischhacker in Chikago*. Vermutlich Charles Darwin, *Der Ausdruck der Gemüthsbewegungen bei dem Menschen und den Thieren*. Stuttgart: E. Schweizerbart'sche Verlagshandlung (E. Koch), 1872 und 1877, vgl. *Die Bibliothek Bertolt Brechts*, Nr. 3069 und 3070.

3 Der Theologe Fritz Lieb, ein enger Bekannter Walter Benjamins, sondiert Aufführungsmöglichkeiten von *Die Gewehre der Frau Carrar* in der Schweiz. Eine Aufführung kommt nicht zustande.

4 Emil Frantisek Burian leitet das progressive Theater D 34 in Prag. Ob Isak Grünberg, der Célines *Voyage au bout de la nuit* übersetzt hat, das Stück bekommen und eine Übersetzung angefertigt hat, konnte nicht ermittelt werden.

5 Der nach Paris emigrierte Fotograf Joseph Breitenbach fertigt eine Anzahl Porträtfotos von Brecht und Helene Weigel sowie Szenenfotos von Dudows *Carrar*-Inszenierung an (vgl. Brief 112).

6 Die dänische Aufführung von *Die Gewehre der Frau Carrar*, eine Inszenierung des Arbejdernes Teater, hat am 19. Dezember 1937

in Kopenhagen Premiere. Regie führt Ruth Berlau, die Titelrolle spielt Dagmar Andreasen, das Bühnenbild stammt von Heinz Lohmar. Zu der von Brecht angeregten deutschen Aufführung kommt es am 14. Februar 1938 in Borups Højskole in Kopenhagen. Es spielt eine Gruppe deutscher Emigranten mit Helene Weigel in der Titelrolle. Ob Traute Hodann, die Frau des nach Kopenhagen emigrierten deutschen Arztes Max Hodann, mitwirkte, ist nicht ermittelt; das Programmheft nennt lediglich Helene Weigel.

7 Es findet nur eine einzige Wiederholungsvorstellung in Paris statt (am 19. Oktober).

8 Eine Inszenierung des Stückes mit Helene Weigel kommt nicht zustande. In Prag gibt es am 21. Mai 1938 eine deutschsprachige Aufführung im Kleinen Saal der Unitaria, bei der u. a. Charlotte Küter (Carrar) und Erwin Geschonneck (Pedro) mitwirken. In tschechischer Sprache wird das Stück nach einer Übersetzung von Jarmila Haasová am 12. Februar 1938 von der Laiengruppe Svitáni gegeben.

9 Zdenka Zoff, die Mutter Marianne Zoffs.

115 30. Oktober 1937; A: *Svendborg,* E: *Prag, masch. mit hs. Postskriptum (Privatbesitz)*

Liebe Helli,
bekomme eben Deinen Brief aus Prag.[1] Ich dachte schon, die Vorstellung in Paris sei morgen, Sonntag, und schrieb dorthin, über Dudow. Einen Brief voller Pariser Aufträge. Ich finde es ein wenig lang bis Anfang Dezember, aber Du mußt es machen, Prag ist das zweite Zentrum der Emigration und Deine Arbeit ist zu gut, um versteckt zu werden. Sie ist das einzige, was eine Weiterentwicklung im Exil zeigt. Dumm ist nur, daß die Pariser Wiederholungen sich nicht später legen lassen. Warum eigentlich nicht? Das ist viel Fahrerei. Die tschechische Übersetzung ist mir recht, an Burian habe ich das Stück schon geschickt (auch an Lieb in Basel). Burian

mußt Du in Prag ins Theater laden und überhaupt mit ihm sprechen. Vergiß nicht, daß ich damals, bei seinem Kongreß, die Kiefergeschichte hatte und darum nicht fahren konnte. – In Zürich müßtest Du auf die Bank gehen, Credit Suisse, und fragen, wieviel noch dort für uns liegt. Du hast damals mit mir unterschrieben. – In Wien geh bitte zur Universal-Edition und sieh, ob Geld für mich dort liegt.[2] M.[3] könntest Du fragen, wie wir für unsere Leica einen Vergrößerungsapparat bekommen können, es kann ein einfacher sein, aber Vergrößern ist in den Geschäften so sehr teuer. – Und gibt es bei Lányi noch die »Heilige Johanna« und die »Mutter«? Die »Drei Soldaten«?[4] Da sollte man noch ein paar kaufen. – Und schreib noch mal an Professor Dr. Fritz Lieb, Basel, Aescherstraße 25, ob er mit seinen Freunden von der Arbeiterbühne sprechen konnte wegen des Spanienstückes.[5] –

Hier die Kinder sind in Ordnung, Barbara sehe ich immer nur für Sekunden, sie ist gesellschaftlich überbürdet. Steffs Erziehung muß ausreichen. Mie kocht ganz nett, aber den ganzen Haushalt könnte sie nicht führen, ich lasse also die Kinder bei Frau Andersen. Wenn Du es anders für besser hältst, schreib mir gleich. Steff kommt nachmittags und wir spielen Billard, was ihm ungeheuren Spaß macht. (Dir wird es auch Spaß machen, er beschreibt schon, wie er es Dir beibringen will.)

Du mußt freilich furchtbar herumkutschieren, sieh nur zu, daß Du nicht *zu* dünn wirst, besonders, Du weißt schon wo. Und benimm Dich sittlich. Ich denke sehr gern an Paris und bin Dir sehr gewogen.

Dein
b

Grüß Deinen Vater!

[Stefan Brecht:]

Ich habe heute Vormittag schon einen Brief geschrieben,

habe aber vergessen zu schreiben, daß ich doch keine Brillen haben soll.

Grüße
Steff. Feuerwerk[6]

1 Von diesem Brief scheint lediglich der Umschlag erhalten zu sein, Poststempel: Prag, 28. Oktober 1937.
2 Der Verlag besitzt laut Generalvertrag sämtliche Rechte für die Musiken Kurt Weills.
3 Nicht ermittelt.
4 Wiener Verlagsbuchhandlung, bei der die Bücher von Karl Kraus erscheinen. Brecht meint die Hefte 5, 6 und 7 der *Versuche*.
5 Eine Aufführung von *Die Gewehre der Frau Carrar* wird nicht realisiert.
6 Dem Brief liegt ein Zeitungsausschnitt mit einer Karikatur von Robert Storm Petersen bei, vgl. Brief Nr. 119.

116 Ende Oktober/Anfang November 1937; A: *Svendborg,* E: *Paris, masch. (Privatbesitz)*

Liebe Helli,
wenn Du den Scheck auf der Rückseite unterschreibst, kann ich ihn eingelöst bekommen und kann die Pfund sparen. Du mußt ihn aber eingeschrieben zurückschicken.

Sieh doch, daß Breitenbach die Szenenfotos (den Satz während des Spiels) fertigmacht. Die in Kopenhagen brauchen ihn dringend.[1]

Hoffentlich ist in Paris von der Aufführung nicht zu viel verrutscht. Kannst Du nicht versuchen, Renoir und Koch hereinzukriegen?[2] (Koch wohnte mal Paris 8 und 9 rue des saules.)

Hetz Dich nicht zu sehr ab, aber schreib mir.

Die Krimis sind gekommen, Steff und ich vertilgen sie. Ebenso sind hübsche Holzteller gekommen.

Wenn Du in Wien Th. Mommsens »Römische Geschichte« auftreiben könntest, wäre das sehr wertvoll, wegen dem Caesarstück.[3]

Ich bin gespannt auf das Universal-Edition-Nachthemd.[4]

Ich küsse Dich

b

Nochmals Hals- und Beinbruch

Und Gruß an Dudow!

1 Für die Modellaufführung der *Carrar*.
2 Jean Renoir und Carl Koch.
3 Für das Stück *Die Geschäfte des Herrn Julius Caesar* arbeitet Brecht mit Theodor Mommsens *Römische Geschichte*, Berlin: Weidmannsche Buchhandlung, 1854-1885, Erster Band: Bis zur Schlacht von Pydna, Zweiter Band: Von der Schlacht bei Pydna bis auf Sullas Tod, Dritter Band: Von Sullas Tod bis zur Schlacht von Thapsus, Vierter Band: Nicht erschienen, Fünfter Band: Die Provinzen von Caesar bis Diocletian, vgl. *Die Bibliothek Bertolt Brechts*, Nr. 2781-2783. Brecht wertet – trotz seines negativen Urteils über den Historiker – vor allem Mommsens dritten Band aus, darin wiederum besonders das elfte Kapitel *Die alte Republik und die neue Monarchie*. Er kann eine Vielzahl an Details verwenden: zur Besoldung und Armenversorgung, zu den Verdiensten der Tagelöhner und der gemeinen Soldaten, zu Preisen, Mieten und Zinsen, zu Caesars Schulden, zu »Pferde- und Hundeliebhabern«. Das geplante Stück wird nicht fertiggestellt, später will Brecht einen Roman daraus machen, der jedoch ebenfalls Fragment bleibt.
4 Ein mit Tantiemen von der Universal-Edition gekauftes Nachthemd.

117 Ende Oktober/Anfang November 1937; A: *Svendborg,* E: *Paris (Privatbesitz)*

RESOLUTION

Werte Genossin,
der Gatten- und Söhnerat hat beschlossen, Dich aufzufordern, nach Erledigung Deiner Obliegenheiten ohne Verzug zurückzukehren und Deine Tätigkeit hier wieder aufzunehmen. Du hast Dich also baldmöglichst bei Untigen zu melden.

Mit rev. Gruß
Steff
bidi

118 Anfang November 1937; A: *Svendborg,* E: *Prag, masch. mit hs. Zusätzen; Anlage: masch., Widmung hs. (Privatbesitz)*

Liebe Helli,
ich schicke Dir, als kleines Angebinde, ein Gedicht. Abgesehen davon, daß es ein Schmuckstück meiner Arbeiten über Schauspielkunst sein wird, könnte es nützlich sein, wenn es vor der Premiere in Prag dort (mit einem Foto) irgendwo erschiene; das richtet die Aufmerksamkeit des Zuschauers ein.*

Daß Du erst gegen Weihnachten kommst, hat uns ein wenig erschreckt, aber natürlich mußt Du in Prag spielen.[1] Sieh nur zu, daß es nicht zu anstrengend wird, und *rauch nicht zu viel!* Das ist wirklich sehr wichtig.

Bis Du kommst, hoffe ich, die paar kleinen Stücke über

Deutschland fertig zu haben.[2] Vielleicht können wir sie im Frühjahr in Paris uraufführen? Ich habe große Lust, wieder so etwas zu machen, jetzt nach Paris; am meisten von allem dazu. So kann man besser als irgend sonst die epische Spielweise weiterbilden. Ich bin sehr stolz auf Dich, wie Du siehst.

Mie kocht ganz nett und der Haushalt geht halbwegs, wenn auch ein wenig provisorisch. Die Kinder sind lustig. Steff kam heute mittag herein und sagte: »Hast du im Schlaf gesprochen? Mir war, als sagtest Du: Steff *muß* heute nachmittags ins Kino, weil sein Freund Kaj auch geht.« Er drückte sich natürlich etwas gewählter aus. Im übrigen wächst er und gehört jetzt schon zu den Größten in der Klasse.

Ich weiß nicht, ob ich Deine Ration verdoppeln kann. Vielleicht, wenn Du dafür nicht rauchst?

Ich küsse Dich
b

Wo ist der Schlüssel zu dem kleinen Schrank? Ich finde ihn nicht und habe vergessen, wo er liegt.

* Ich werde es an Wieland schicken.[3]

[Anlage:]

DIE SCHAUSPIELERIN IM EXIL

(Helene Weigel gewidmet)

Jetzt schminkt sie sich. In der weißen Zelle
Sitzt sie gebückt auf dem ärmlichen Hocker
Mit leichten Gebärden
Trägt sie vor dem Spiegel die Schminke auf.
Sorgsam entfernt sie von ihrem Gesicht

Jegliche Besonderheit: die leiseste Empfindung
Wird es verändern. Mitunter
Läßt sie die schmächtigen und edlen Schultern
Nach vorn fallen, wie die es tun, die
Hart arbeiten. Sie trägt schon die grobe Bluse
Mit den Flicken am Ärmel. Die Bastschuhe
Stehen noch auf dem Schminktisch.
Wenn sie fertig ist
Fragt sie eifrig, ob die Trommel schon gekommen ist
Auf der der Geschützdonner gemacht wird, und ob das große Netz
Schon hängt. Dann steht sie auf, kleine Gestalt
Große Kämpferin
In die Bastschuhe zu treten und darzustellen
Den Kampf der andalusischen Fischersfrau
Gegen die Generäle.

1 Vgl. Helene Weigel an Walter Benjamin, 3. November 1937: »Ich bin am 12. November wieder in Paris, wahrscheinlich auch wieder im Hotel Messidor, werden Sie etwas Zeit haben? Am 17. soll ich höchstwahrscheinlich zurück nach Prag, um das Stück dort zu spielen. Meine Rückreise wird erst 10. Dezember sein, können wir gemeinsam fahren? Sie wissen, ich brauche Sie für den Weihnachtsbaum.« Das Vorhaben einer Aufführung in Prag läßt sich nicht verwirklichen.

2 Szenen zu *Furcht und Elend des III. Reiches*.

3 Das Gedicht erscheint am 14. November 1937 in der *Pariser Tageszeitung* und 1938 im Einzeldruck von *Die Gewehre der Frau Carrar* in Wieland Herzfeldes Malik-Verlag.

119 4. November 1937; A: *Svendborg,* E: *Prag, masch. (Privatbesitz)*

Liebe Helli,
eine solide Osloer Bank soll Norske Kreditbank, Oslo, sein. Die Kinder, ich glaube, ich schrieb es Dir inzwischen, sind noch bei Frau Andersen, Mie könnte ganz allein doch wohl nicht so gut mit dem Haushalt fertig werden. So kocht sie ganz nett. Und die Kinder sind gern bei Frau Andersen. Steffs Geburtstag war befriedigend.[1] Essen und Kuchen bekam er bei Frau Andersen, hier bekam er Deinen Buchumschlag, Bücher (»Brot und Wein« von Silone[2] usw.), ein Notizbuch, 5 (fünf) Kronen bar, 2 kleine Bälle usw. Dein Schokoladen-Kistchen fraß er stehenden Fußes auf, um seinem »schwachen Magen etwas aufzuhelfen«. Von einer Rolle Schokoladeplätzchen gewann ich einiges im Billard für Barbara.

Hast Du meinen Brief bekommen, in dem ich Dich bat, in Zürich im Credit Suisse festzustellen, wieviel dort noch auf dem Konto Frau Mary Fränkel liegt? Die Gedichte kann ich erst schicken, wenn sie wieder neu abgetippt sind.[3]

Vor der Regie in Prag mußt Du Dich nicht fürchten, Du kannst das sehr gut. Gib vor allem acht, daß Tempo herrscht. Gerade wenn immer Pausen sein müssen, verschleppt sich das sehr. Zwischen den Pausen muß Tempo sein. Und sie dürfen nicht laut werden bei Tempo. Schreib auch dem Breitenbach (Paris 6, 70 bis, rue Notre Dame des Champs), er soll dorthin einen Satz der Szenenfotos schicken, und schreib auch das genaue Datum der Aufführung.

Das Bildchen von Storm Petersen ist für Burian in Prag.[4]

Hast Du das Gedicht bekommen?

Ich küsse Dich

b

Donnerstag

[Stefan Brecht:]

Gruß, Steff. Brief folgt nach, in Eile.

1 Mittwoch, 3. November.

2 Die deutsche Übersetzung des Romans erscheint 1936 in der Übersetzung von Adolf Saager bei Olbrecht, Zürich.

3 Vermutlich Satzvorlagen für die im Rahmen der *Gesammelten Werke* geplante Gedichtausgabe. Mit dem Verleger Wieland Herzfelde beginnt Brecht, seine Werke herauszugeben. Die ersten beiden Bände erscheinen 1938, zwei weitere Bände liegen bereits ausgedruckt bzw. im Satz vor, können aber infolge des Einmarsches der deutschen Truppen in die Tschechoslowakei nicht mehr fertiggestellt bzw. ausgeliefert werden. Korrekturabzüge befinden sich im Nachlaß Brechts.

4 Die Karikatur von Robert Storm Petersen liegt heute dem Brief vom 30. Oktober 1937 (Nr. 115) bei. Sie stammt aus einer dänischen Zeitung (vermutlich dem konservativen Boulevardblatt *B. T.*) und zeigt zwei ältere Männer mit wenig Kopfhaar in einem engen, merkwürdigen Zimmer; der eine, der eine bis zum Boden reichende Wasserpfeife in der Hand hat, sagt dem anderen etwas ins Ohr. Die Bildunterschrift lautet in deutscher Übersetzung: »Das stille Haus. Sagen Sie dem neuen Mieter, er sollte eine weichere Zahnbürste benutzen.« Dieser Satz wird indirekt aufgegriffen in dem Stückprojekt *Alle wissen alles*, an dem Brecht und Ruth Berlau arbeiten (Auskünfte von Hans Christian Nørregaard). Storm Petersen hat eine Zeichnung für die dänische Ausgabe des *Dreigroschenromans* gemacht.

Helene Weigel fährt Anfang Mai 1938 zu Proben der Szenenfolge »Furcht und Elend des III. Reiches« nach Paris. Acht Szenen werden am 21. Mai 1938 in der Salle d'Iéna uraufgeführt.

120 Anfang Mai 1938; A: *Paris,* E: *Svendborg, hs. (BBA)*

Lieber Bert,
es ist Dienstag 1 ½ Uhr nachts nach der Probe[1], und eigentlich kann ich immer noch nichts Rechtes sagen. Die »Rechtsfindung« war nach der Arrangierprobe, ebenso »Die Bäkker«. »Der Bauer füttert die Sau« ist noch nicht begonnen, wird wohl wegfallen. Dudow meinte, ich solle die Bäuerin noch zu spielen. In der »Winterhilfe« spielt Altmann den einen SA-Mann, es ist greulich.[2] Er spielt noch furchtbarerweise auch den Inspektor in der »Rechtsfindung«, ich bin ganz unzufrieden. Es gibt wahrscheinlich keine besseren, aber der Schönlank ist ein schwächerer Chargierer und sieht sehr jüdisch aus.[3] Mit Dudow steuer ich immer, aber auch nur knapp am Krach vorbei. Über alles. Als ich in der ersten Probe was sagte, begab er sich in den Schmollwinkel, bat mich dann, mich nicht einzumischen, zog mich also zurück und rede nicht. Zweitens verlangt er kategorisch, daß kein Mensch in die Probe darf. Piscator nicht, Benjamin nicht. Es stört ihn. Ich hab eine Wut. Ich schicke Dir die verschickten Ankündigungen und Reklamen. Der Untertitel »Zyklus« ist scheußlich und verbreitet den Eindruck »Gesamtstück«. Im Programm werde ich noch versuchen, etwas schreiben zu lassen, aus dem hervorgeht, daß von 27 Stükken 7 gespielt werden, nur hast Du leider an Dudow keine Formulierung dieser Art geschickt und mir leider auch nicht. Morgen soll das Programm korrigiert werden, da könnte noch so was rein, aber wer kann es formulieren. Dudow sagt, er kann es nicht, ihm falle nichts ein, weil er es nicht für richtig hält und außerdem schädlich für die Aufführung. Ich weiß nicht, was ich tun soll. Soll ich nur »Jüdische Frau« und »Arbeitsbeschaffung« spielen, ich wage es nicht, sonst wird das keine Vorstellung, ich kann mir nicht

vorstellen, wie irgendetwas fertig sein soll, wenn ich »Spitzel« und »Kreidekreuz« gesehen habe. Grüße von Benj[amin], der mich mit Nelken begrüßte und bei mir hamsterte, was er nur von Deinen neuen Sachen erwischen könnte, er ist begeistert über »Emigration des Dsching Tse«.[4] Und schimpft wie ein Rohrspatz, weil in »Mahagonny« das Kranichgedicht vergessen wurde.[5] Gruß von Sternberg, ich wohne hier, 42, rue de Danzig. Pis. Grüße erst am Telefon. Koch nicht erreicht. Leb wohl, schreib, ich bräuchte Dich unter allen Umständen zu allen Dingen und allen Zeiten.

Helli

1 Helene Weigel nennt die Titel einzelner Szenen von *Furcht und Elend des III. Reiches.*
2 Der Schauspieler und Regisseur Hans Altmann.
3 Der Schauspieler und Regisseur Erich Schönlank.
4 Die *Legende von der Entstehung des Buches Taoteking auf dem Weg des Laotse in die Emigration;* deren Entstehung datiert Margarete Steffin auf den 7. Mai 1937.
5 Bei welcher Aufführung oder welchem Druck das Dialoggedicht *Terzinen über die Liebe* (»Sieh jene Kraniche in großem Bogen!«), auch *Die Liebenden*, vergessen wurde, ist nicht ermittelt. In der Malik-Ausgabe steht es wie im Erstdruck im XIV. Bild.

121 22. Mai 1938; A: *Paris,* E: *Svendborg, hs. (BBA)*

Lieber Bert,
bis jetzt geschlafen. Premiere war: scheint's großer Erfolg.[1] Ich war nicht gut, weil übermüdet. Meine Schuld. Sah sehr gut aus. Ich habe nur »Jüdische Frau« und »Arbeitsbeschaffung« gespielt. Ich war unzufrieden im Ganzen, aber es klappte und war zusammengerissen. Die Leute lachten sehr viel. Applaudierten sehr viel nach jedem Stück. Die Umbauten dauerten viel zu lang. Die Musik war fad[2] und die Worte

unverständlich. Jetzt holt mich Erwin ab und heute nacht oder morgen früh schicke ich Dir Berichte von einzelnen Stern[berg] Pis[cator]

Helli läuft ins Theater[3]

[Erwin Piscator:]

Lieber Bert, Helli wird Dir eine Menge Neuigkeiten mitteilen – Gratuliere zum großen Erfolg! Heute bekomme ich Dein Stück – freue mich mächtig!

Herzlichst –
Dein alter Erwin

[Maria Piscator:]

Gratuliere! Gratuliere! Schade daß Sie nicht hier sind!
Herzlichst Ihre

Maria Piscator

1 Die Premiere von *Furcht und Elend des III. Reiches* findet am 21. Mai 1938 in der Salle d'Iéna statt. Auf Vorschlag des Regisseurs Dudow wählt man als Titel (in Anspielung auf die von der NSDAP bei den Reichstagswahlen manipulierten Ergebnisse) *99 %. Bilder aus dem Dritten Reich*. Die Musik schreibt Paul Dessau (unter dem Pseudonym Peter Sturm), die Bühnenbilder stammen von Heinz Lohmar. Gespielt werden acht Szenen: *Das Kreidekreuz*, *Winterhilfe*, *Der Spitzel*, *Die jüdische Frau*, *Zwei Bäcker*, *Rechtsfindung*, *Der Bauer füttert die Sau* und *Arbeitsbeschaffung*. Unter anderem spielen Helene Weigel, Nora Reißmann, Steffi Spira, Hans Altmann, Günther Ruschin, Ludwig Turek und Erich Schönlank.
2 Helene Weigel schreibt zunächst: »Die Musik war laut und«.
3 Zusatz am linken oberen Seitenrand der Vorderseite.

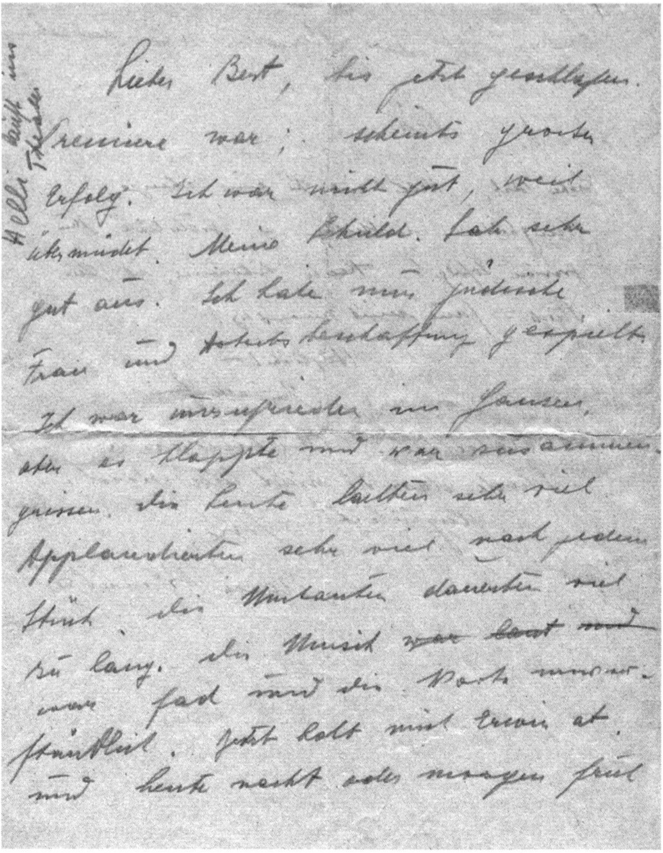
Lieber Bert, bis jetzt geschlafen. Premiere war; scheints großer Erfolg. Ich war nicht gut, weil übermüdet. Meine Schuld. Sah sehr gut aus. Ich habe nun jüdische Frau und Arbeitsbeschaffung gespielt. Ich war unzufrieden im Ganzen, aber es klappte und war zusammengerissen. Die Leute lachten sehr viel Applausstellen sehr viel nach jedem Stück. Die Musikanten dazwischen viel zu lang. Die Musik ~~war laut und~~ war fad und die Worte unverständlich. Jetzt holt mich Erwin ab und heute nacht oder morgen früh

Helli [illegible]

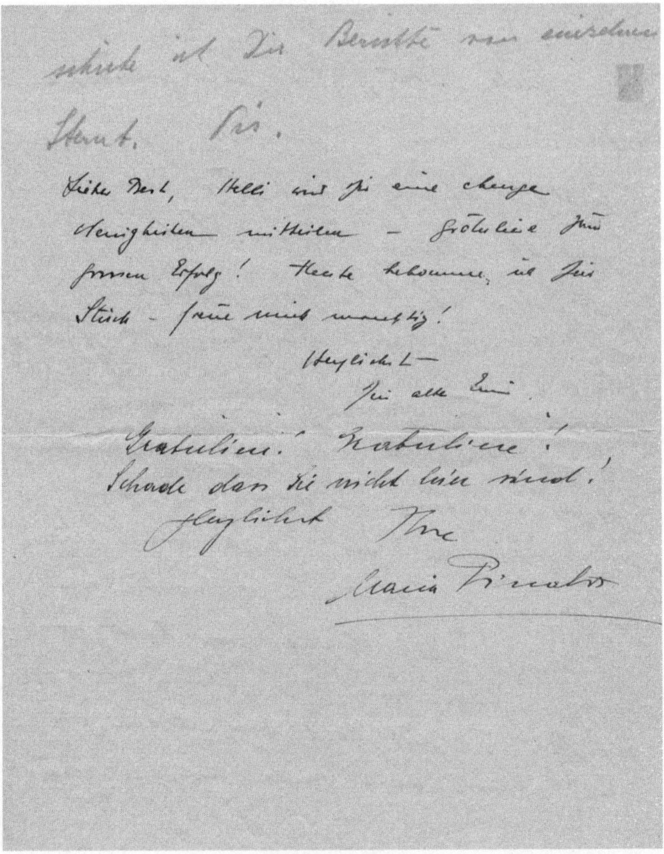
schicke ich Dir Berichte von einzelnen
Stadt. Dir.

Liebe Bert, Helli wird Dir eine Menge
Neuigkeiten mitteilen – Gratuliere zum
grossen Erfolg! Heute bekomme ich Dein
Stück – freue mich mächtig!

Herzlichst –
Dir alle Ihr

Gratuliere! Gratuliere!
Schade dass Sie nicht hier sind!
Herzlichst Ihre
Maria Piscator

Da die politische Lage nach der Sudetenkrise und der Reichspogromnacht 1938 auch in Dänemark immer gefährlicher wird, versuchen Brecht und Weigel, eine Einreisegenehmigung für die USA zu erhalten. Im April 1939 verläßt Familie Brecht Dänemark, um sich für ein Jahr in Lidingö und Stockholm anzusiedeln. Nach einer Hausdurchsuchung der Polizei fliehen sie weiter nach Finnland, wo sie auf das Visum für die USA warten. Ein weiteres Jahr verbringen Brechts in Helsinki und auf dem finnischen Landgut Marlebäck. Am 3. Mai 1941 erhält Brecht die Einwanderungsvisa für sich und seine Familie, am 16. Mai reist die Familie über Leningrad, Moskau und Wladiwostok nach San Pedro in Kalifornien. Dort siedeln sie sich in Santa Monica an. In den Jahren des amerikanischen Exils reist Brecht sechsmal nach New York: Februar bis Mai 1943, November 1943 bis März 1944, Mai bis Juli 1945, Februar bis März 1946, September bis Dezember 1946 und Oktober 1947. In New York arbeitet er an dem Stück »Der kaukasische Kreidekreis«, an der »Galilei«-Übersetzung und an seiner Webster-Bearbeitung »The Duchess of Malfi«, besucht Proben zur Aufführung seines Stücks »The Private Life of the Master Race« (»Furcht und Elend des III. Reiches«), bemüht sich um Übersetzungen und Drucke seiner Werke, versucht, Filmstoffe zu verkaufen, und debattiert mit Freunden und Bekannten über den Kriegsverlauf und die Zukunft Deutschlands.

122 Etwa 14. Februar 1943; A: *New York,* E: *Santa Monica, hs. (BBA)*

Liebe Helli,
die Fahrt war ganz angenehm, das Zimmer, das ich habe, ist *warm*, und ich kann gut arbeiten. Korsch habe ich noch getroffen, er reist aber Dienstag ab, kommt in 2 Wochen wieder. Ist ziemlich dick geworden und spricht noch mehr Fußnoten im Text mit als früher.[1] Piscator ist der alte. Eine Chance für das »Sezuan«-Stück im nächsten Winter bei der Guild.[2] Die »Simone« schickte ich Max Reinhardt, zeigte sie Bergner noch nicht.[3] Ihr und Czinner helfe ich bei dem russischen Stück, vielleicht kommt mein Aufenthalt dadurch finanziell heraus.[4] Könntest Du mir die 6cts Zigarren (Corona) schicken lassen? Hier gibts für das Geld nichts so Gutes. Und die Schnur zum Rasierapparat. – Die Krawatte brauche ich sehr, man ist hier feiner als in Kalifornien.

Was ist mit dem Schmerz im Bein? Arbeit nicht zu viel im Garten, sonst wirst Du dünn. Hier liegt Schnee. Es wäre schön, wenn Du die Nachbarin im »Sezuan«-Stück spielen könntest hier.

Schreib mir und grüß Steff und Barbara.

Ich küsse Dich, Helli
b

124 East 57th Street, N. Y. C., (Telefon: Wickersham 2/3709)
Gib das Stück auch *Eisler* sogleich![5]

1 Vgl. Brechts *Journal*-Eintrag vom 14. Februar 1943: »Erwische noch Korsch, der übermorgen weg muß. Dicker geworden, noch etwas mehr Fußnoten mitsprechend, eigentlich im Typ ganz verändert.«

2 Brecht läßt das Stück *Der gute Mensch von Sezuan* bei der *Screen Writers' Guild* registrieren, damit es übersetzt oder verfilmt werden kann. Das Vorhaben wird nicht realisiert.

3 Die Idee zu dem Stück *Die Gesichte der Simone Machard* geht auf Juli 1940 zurück. Die erste Niederschrift erfolgt zwischen Oktober 1942 und Januar 1943 in Zusammenarbeit mit Feuchtwanger. Vor der Abreise nach New York haben sie den Text überarbeitet. Brecht hat Max Reinhardt, den er von seiner Zeit am Deutschen Theater in Berlin kennt, im kalifornischen Exil wiedergetroffen.

4 Der Theater- und Filmregisseur Paul Czinner ist der Ehemann von Elisabeth Bergner. Um welches Stück es sich handelt, ist nicht ermittelt. Das Projekt wird bald fallengelassen.

5 Hanns Eisler vertont im Mai 1943 den *Ersten Traum der Simone Machard*. Der größte Teil seiner Bühnenmusik zur *Simone* entsteht erst 1955.

123 Zweite Hälfte Februar 1943; A: *New York,* E: *Santa Monica, masch. mit hs. Zusätzen (BBA)*

Liebe Helli,
könntest Du mir eingeschrieben und expreß die Fotos mit den Epigrammen schicken, Du weißt: die Vierzeiler zu den Zeitungsausschnitten.[1] Und von Eisler bräuchte ich (ich habe seine Adresse nicht im Augenblick) einige von den neueren Kompositionen der finnischen Gedichte »Mein Sohn fragte mich« und die Grabschriften usw. Sie sollen an einem Abend gesungen werden, am 6. März, womöglich schon. Weiß er einen Sänger oder eine Sängerin? Es müßte ein guter sein. Lorre liest und Bergner.[2] Damit aber die Sendung der Fotoepigramme nicht aufgehalten wird, sollte er das lieber getrennt abschicken. – Ich habe noch nichts von Dir erhalten, hast Du meinen Brief aus dem Zug und den von hier bekommen? Ich traf Karin, sie ist munter, aber es geht ihr finanziell elend. Schön wäre es, wenn sie im Sommer zu uns könnte.[3] – Bitte, schreib mir. – Ich helfe Bergner, aber das Stück ist Scheiße. – Vielleicht kann ich für den Herbst was im Theater arrangieren, wenn auch nur bei Pis,

und dann müßtest Du mit her. – Dem Homolka habe ich depeschiert, weil ich auf einer Grosz-Ausstellung war mit herrlichen Bildern, und wir (Homolka und ich) besprachen in Santa Monica, er müßte was kaufen, wenn gut. Da sind herrliche Stilleben und sehr billig. Ruf Florence an, ob er das Kabel bekam. Es ist nicht nur wegen Grosz, er verkauft gut, aber ich weiß, Homolka wird es nicht bereuen.[4] – Bitte, gib acht auf Dich, ich brauche Dich.

Und ich küsse Dich
b

Grüß Feuchtwanger, ich hab das Stück Reinhardt geschickt, Weill und der Bergner. Sie findet es sehr gut, auch fürn Broadway, aber die Rolle sollte ein Kind spielen, sagt sie. Oder sie, nach einem großen Erfolg.

1 Aus den Foto/Text-Collagen entsteht die *Kriegsfibel*.
2 Am 6. März 1943 findet in der New School for Social Research, veranstaltet von der »Tribune for Free German Literature and Art in America«, ein Brecht-Abend statt. Zur Einleitung spricht Wieland Herzfelde; Elisabeth Bergner, Peter Lorre, Elisabeth Neumann, Ludwig Roth u. a. lesen Gedichte und Szenen, Marjory Hess singt Vertonungen von Eisler, Paul Dessau singt eigene Lieder nach Brecht-Texten.
3 Karin Michaëlis folgt der Einladung und hält sich mehrere Wochen bei Brechts in Kalifornien auf. Brecht trifft sie auch später immer wieder in New York.
4 Die Ausstellung ist im Februar 1943 zu sehen in den Associated American Artists Galleries, die das Werk von Grosz auch vertreten.

124 März 1943; A: *New York,* E: *Santa Monica, masch. (BBA)*

Liebe Helli,
danke für Zigarren und den Brief. Könntest Du noch einen schreiben?

Das russische Stück, das die Bergner spielen wollte, wird nichts rechtes. Wie es ist, ist es nichts, Ändern will man nicht zulassen. So sind sie in einer Sackgasse. Jetzt denken sie an ein elisabethanisches Stück, das würde ich ihnen nicht ungern machen, es hat auch Chancen.[1] Hoffman Hays, der meine Sachen übersetzt, könnte es mit mir machen. So werden es noch 2 Wochen werden, bis ich entweder sehe, es hat Zeit bis zum Herbst, d. h. ich kann es zu Hause machen oder es wird gar nicht gemacht oder ich habe die Hauptsache unterm Dach.

Die Rohübersetzung der »Simone« bräuchte ich sehr.

Jetzt wird »Furcht und Elend« und »Sezuan« übersetzt.

Die Unwirschheit ist gut, bitte bleib unwirsch. Macht es etwas aus, wenn ich sage, daß ich darauf baue? Ich baue darauf.

Und ich küsse Dich
b

Karin läßt grüßen und Korsch, der für 2 Wochen hier ist.

Geld zu schicken, ist technisch kompliziert, ich habe nur einen großen Scheck mit, ich mache es aber. Du hast es in etwa 8 Tagen.

Frage Homolka nach dem Göringfilm, den er mir verkaufen wollte. Etwas darüber, daß er ihn spielen will, fand ich in der Zeitung.[2]

Grüße Steff und Barbara. Ich vermisse Euch drei. Und auch das Haus. Und wo bist Du fetter?

1 Erste Erwähnung des Vorhabens *The Duchess of Malfi*, der Bearbeitung von John Websters Stück *The Tragedy of the Dutchesse of Malfy*, an der, neben Elisabeth Bergner, Hoffman Reynolds Hays und W. H. Auden beteiligt sind. Brecht schreibt mal »Malfi«, mal »Malfy«, auch wenn er seine Bearbeitung meint; die Schreibweise ist hier zu »Malfi« vereinheitlicht.

2 Nicht ermittelt.

125 *19. November 1943 (Poststempel des vermutlich dazugehörigen Briefumschlags);* A: *New York (Kopfbogen New York Central System),* E: *Santa Monica, hs. (BBA)*

Donnerstag

Liebe Helli,
Fahrt unangenehm, die Kriminalromane schlecht. Hab vergessen, Adressen von Korsch und Reyher[1] mitzunehmen. Bitte, schreib mir. Bräuchte auch ein englisches Exemplar der »Simone« (letzte Fassung, wo zum Schluß der Engel noch einmal auftritt). Hat übrigens Rainer die letzte (in deutsch)?[2] Steff muß das Öl mitunter kontrollieren, auch car schmieren lassen.

Grüß Karin, ich vermisse schon sehr, daß ich sie nicht mehr tyrannisieren kann. Gruß von Liesl Neumann, sie war auf dem Chicagoer Bahnhof und hat mir ein Bier gekauft.[3]

Schreib.

Ich küsse Dich, Helli
bidi

Wenn Barbara ausgeht, bitte, Steff, hol sie im Auto ab!

Und, bitte mich beim draft board abmelden![4]

Viertel sollte dem Broch schreiben, ob er mich nicht,

wenn er nach N Y kommt, aufsuchen oder mir seine Adresse + Telefonnummer schreiben will.[5]

In den Mappen mit Gedichten ist ein Gedicht (ich glaube ein Sonett) »Aurora«.[6]

Kannst Du das abschreiben und die Kopie schicken?

1 Brecht lernt Ferdinand Reyher, einen amerikanischen Autor deutscher Abkunft, 1927 in Berlin kennen. Reyher setzt sich für Brechts Stücke in den USA ein, übersetzt einige Texte und arbeitet mit Brecht zusammen an verschiedenen Stoffen.

2 Die österreichische Schauspielerin Louise Rainer, die Brecht in Kalifornien kennengelernt hat, regt ihn zu dem Stück *Der kaukasische Kreidekreis* an.

3 Die Schauspielerin Elisabeth Neumann, die später Berthold Viertel heiratet.

4 Die lokale Einberufungsbehörde, bei der sich Männer im militärfähigen Alter abmelden müssen, wenn sie die Stadt verlassen.

5 Der Regisseur Berthold Viertel soll dem Schriftsteller Hermann Broch schreiben; Kontakte zwischen Broch und Brecht sind nicht bekannt.

6 Brecht hat dieses Gedicht Wieland Herzfelde gesandt, der Brechts Vorschlag, den neuen Verlag Aurora zu nennen, im Juni 1943 aufgreift.

126 29. November 1943; A: *Santa Monica,* E: *New York (FBI-Akten)*

Nov. 29, 1943

Dear Bert,

Please excuse it, my letter wasn't ended or signed, but I just had a chance for someone to take it to Hollywood and it went to you much quicker. The journalist, Lochner, called me and said he received a letter from Procopé in answer to his, saying nothing, Finnish humanity and something similar, he asked what one could undertake further, I allow myself to give his address.[1] 6726 Milner Road, Hollywood 28. Perhaps you will write him, he would surely undertake something else. He also told me that a friend of his who works in OWI is continuing to work and apparently has gotten in touch with Willkie.[2] Write me what I can do from here, Odets and Clurman will surely want to help. And write what is being done in New York. Nothing new is wrong here. Yesterday I was at a very respectable celebration for Max Reinhardt with Karin, Kortner was very good. The whole thing had a respectable, not uncritical air, dignified (?).[3] I believe Karin feels well. Tomorrow she is going to the doctor. Barbara had had another cold, I will have another X-ray made. It is another half year. The car is greased and overhauled, a new battery was necessary and apparently a new distributor in a short time. Many people ask about you. I haven't heard anything new about the film from Goldschmidt, who will begin in January, and your cooperation belongs in this.[4] I ask that you give information about your coming or not coming Christmas. I am a bad waiter. There isn't anything new otherwise. Goodbye.

HELLI

Korsch's complete address: 337 Charles St., Boston, Mass.

Thompson address: 237 East 48th Street[5]

8315 Virginia 9-1732 118th Street, Kew Gardens, Long Island. Independent Subway, Union Turnpike, bus to Metropolitan Avenue.[6]

1 Dieser und der folgende Brief sind Ergebnisse der Postüberwachung, beigebracht von Confidential Informant T-2 des FBI. Die ins Englische übersetzten Brieftexte finden sich in Brechts FBI-Akten. Die Originale der Briefe sind verschollen, im Anhang erscheinen deutsche Rückübersetzungen.
Beide Schreiben beziehen sich auf Bemühungen um die Freilassung der estnisch-finnischen Schriftstellerin Hella Wuolijoki.

Die Freundin ist im Mai 1943 verhaftet worden, man wirft ihr Kontakte zu der NKWD-Agentin Kerttu Nuorteva, die Annahme eines Honorars für Spionagedienste und den Verrat militärischer Geheimnisse vor. Im September ist Brecht beim schwedischen Konsul in Los Angeles. Um die Freilassung bemüht sich ein großes Bündnis, zu dem neben Helene Weigel und Brecht der Journalist Louis Paul Lochner, Chef von Associated Press in Berlin, sowie die Theaterleute Clifford Odets und Harold Clurman gehören. Der finnische Botschafter in den USA, Hjalmar Procopé, ist Adressat von Anfragen im Falle Wuolijoki. Hella Wuolijoki wird wegen Hochverrats zunächst zum Tod und später zu einer lebenslänglichen Freiheitsstrafe verurteilt; 1944, nach dem Ende des Krieges zwischen Finnland und der Sowjetunion, wird sie begnadigt.

2 Das *Office of War Information* (OWI) ist eine Agentur des Geheimdienstes, für die auch Ruth Berlau zeitweise tätig ist. Der Anwalt und Politiker Wendell Willkie ist 1940 republikanischer Gegenkandidat zu Präsident Roosevelt.

3 Max Reinhardt ist am 31. Oktober 1943 gestorben.

4 Bei diesem Filmprojekt handelt es sich offenbar um eine Bearbeitung der »Lysistrate«, über die Brecht mit dem aus Österreich stammenden Filmproduzenten Isidor Goldschmidt im Gespräch ist. Goldschmidt, der vor 1933 für verschiedene europäische Verleiher arbeitet, wird aus Deutschland vertrieben und ist jetzt bei Columbia und nennt sich Goldsmith.

5 Das ist seit 1941 die Adresse der Journalistin Dorothy Thompson, Stellvertretende Vorsitzende des *Council for a Democratic Germany*, vgl. Brief Nr. 149, Anm. 3.

6 Es ließ sich nicht ermitteln, zu wem diese Adresse und die Wegbeschreibung, beides auf der Rückseite des Blattes notiert, führen.

127 Erste Hälfte Dezember 1943; A: *Santa Monica,* E: *New York (FBI-Akten)*

Dear Bert,
I was called up by the Joint Anti-Fascist Refugee Committee, they informed the New York Central of Hella's case, but they think it would be important for you to get in touch with them there. Address: 425 4th Avenue, with Mrs. Helen Bryan.[1]

I am typing off the statement in case you need it.[2]

Explanation: my co-worker, the Dane Margarete Steffin, had translated Andersen Nexoe's memoires from the Danish into German and the Moscow State Publishing Company got the translation and published it. Mrs. Steffin needed the fee for a planned trip to America and at my advice asked Mr. Terentjew of the Russian Commercial Agency to procure it for her.[3] Since her title was clear and her trip couldn't be postponed until the 800 Finnish Marks[4] for the translation arrived in the usual slow way, Mr. Terentjew borrowed the sum from Mrs. Hella Wuolijoki with the promise of paying her back as soon as possible. So Mrs. Steffin received her fee and could leave with us.

Mrs. Wuolijoki didn't tell me that Mr. Terentjew of the Commercial Agency also owed Mrs. Wuolijoki money for dinners. Anyway, I can't remember that.

Santa Monica, August 1.

Explanation: Mrs. Hella Wuolijoki told me often that she used to arrange dinners at the wish of Finnish government. At these Finnish and Russian commercial agents got in contact. She told me that the Russians are also interested in this contact and that Mr. Terentjew (Soviet) of the Commercial

Agency promised her wines for the dinners, but couldn't get them so that she had to buy wines herself. However, Mr. Terentjew promised, as Mrs. Wuolijoki told me, to provide her with these expenses. Mrs. Wuolijoki never told me that Mrs. Wuolijoki was promised any sort of fixed sums from the Commercial Agency of the Soviet. I don't recall the particulars of the settlement as to how Mr. Terentjew was to pay the money set aside for Mrs. Steffin and the money for the wines.

I found the »Aurora« poem just yesterday, it is going along at the same time. But please write what you are doing, under all circumstances, because the Screen Writers' Guild here should also be interested and for this I must know what is happening from New York out.

Goodbye, greetings from many people, you are missed everywhere

HELLI

1 Das Vereinigte antifaschistische Flüchtlingskomitee, eine wegen ihrer Nähe zu Kommunisten in den USA verdächtige Organisation, bemüht sich, Flüchtlinge aus Europa, vor allem aus Spanien, herauszubringen. Offenbar setzt sich das Komitee auch für Hella Wuolijoki ein.

2 Die beiden folgenden Erklärungen sind auf Bitten des schwedischen sozialdemokratischen Reichstagsabgeordneten Georg Branting entstanden. Weigel und Brecht versuchen, Hella Wuolijoki zu entlasten, indem sie die inkriminierte Geldübergabe an sie als Rückzahlung einer Schuld erklären. Im Brecht-Archiv haben sich die Erklärungen auf deutsch erhalten und, inhaltlich etwas abweichend, auf englisch als Eidesstattliche Erklärungen (»Affidavit«). Die im Brief zuerst wiedergegebene, auf den 1. August 1943 datierte Erklärung geht auf Brecht zurück, während die zweite – nicht datierte, aber wohl vom selben Tag stammende – von Helene Weigel abgegeben wurde. Die Affidavits sind nicht datiert. Die deutschen Fassungen werden in der Übersetzung des Briefes im Anhang wörtlich wiedergegeben.

3 Unter dem Namen Terentjew verbirgt sich Wassili Jakowlew, der Führungsoffizier von Kerttu Nuorteva, der die Tätigkeit des NKWD in Finnland organisiert.

4 In beiden Fassungen der Erklärung im Brecht-Archiv ist von 8.000 Finnmark die Rede, laut Verhörprotokoll übergab Nuorteva bei ihrer ersten Begegnung Wuolijoki 10.000 Finnmark.

128 Zweite Hälfte Dezember 1943; A: *New York,* E: *Santa Monica, hs. (BBA)*

Liebe Helli,
die Reservation hatte ich für den 20. Dezember, aber ich bin natürlich nicht fertig, Bergner ist schuld, ich kriege sie zu selten zu sehen, und dann soll Auden die Verse polieren, und der kommt erst die Feiertage her, wenn überhaupt.[1]

Eben habe ich auch acht Tage Grippe hinter mir, an den ersten Tagen hatte ich 39° Fieber, aber das ist hier üblich, höre ich. Diese Zeit ist auch verloren. Bitte, denk nicht, daß ich nicht *sehr* gern bei Dir (und Euch) säße, Helli. Ich tue was ich kann, diese Malfisache fertig zu kriegen; es ist immerhin eine Chance. Wenn Bergner das macht, bedeutet es *viel* Geld. Als ich das Fieber hatte, wollte ich Dich anrufen, aber dann dachte ich, Du erschrickst nur. Bitte sei keine zu schlechte Warterin.

Ich küsse Dich, Helli

bidi

Und grüß Steff und Barbara und Karin.

(Ich danke Steff für seinen Brief, der mich gefreut hat. Korsch soll gegen den 20. hierherkommen.)

Ich hoffe, *Mitte Januar* heimzukommen.

Schade, daß Goldschmidt den Vertrag nicht macht!

1 Am 5. Dezember 1943 fragt Brecht Wystan Hugh Auden, ob er bereit wäre, die neuen Szenen und Verse der für Elisabeth Bergner geschriebenen Adaption von *The Duchess of Malfi* gemeinsam mit ihm zu überarbeiten. »I have been treating Webster's text with great care, but I had to add a few new scenes and verses« (GBA 29, 319).

129 *Zweite Hälfte Dezember 1943;* A: *New York,* E: *Santa Monica, hs. (BBA)*

Liebe Helli,
ich bin heut, Montag, zum erstenmal richtig auf von der Grippe, fieberfrei seit vorgestern, aber etwas wacklig von den 10 Tagen (und davor war mir auch nicht besonders). *Einen* Brief aber gab ich der Erna Pustau[1] mit an Dich. Hoffentlich hast Du wenigstens den gekriegt. Es geht alles so langsam. Bergner will noch Auden dazu haben, dazu sind Verhandlungen nötig mit Hays usw. Die »Schweyk«-Sache geht auch sehr sehr langsam, da muß Kreymborg weg.[2] Ich bin sehr grau, diese Stadt kann besonders scheußlich sein. Und ich wäre gern Weihnachten bei euch, Helli.

Bitte, sei nicht bös.

Ich küsse Dich bidi

Ich bin vorhin doch noch heruntergegangen. Hoffentlich kommen die Luftpostbriefe noch an!

Nimm das Tüchlein mit hinauf, ja! b[3]

1 Helene Weigel und die Schriftstellerin Erna von Pustau, die mit Fritz Sternberg verheiratet ist, sind befreundet.

2 Brecht hat im Juni 1943 ein Stück nach der Vorlage von Jaroslav Hašeks *Schwejk*-Roman geschrieben. Der Lyriker Alfred Kreymborg hat das Stück übersetzt; Brecht ist jedoch mit dem Ergebnis nicht ganz zufrieden.

3 Auf einem beiliegenden schmalen Zettel.

130 Telegramm, 2. Januar 1944, 6:13 am; A: *New York,*
E: *Santa Monica (BBA)*

SA20 NL=NEWYORK NY 31
MRS BRECHT=
=1063 26 ST SM=

=AM HEALTHY AGAIN PLEASE SEND STAGE VERSION FEAR AND MISERY CALLED PRIVATE LIFE AND REYHERS TRANSLATIONS OF CONNECTING VERSES LOVE=
=BIDI.
BIDI.

131 24. Januar 1944 (Poststempel des vermutlich dazugehörigen Briefumschlags); A: *New York,* E: *Santa Monica, hs. (BBA)*

Liebe Helli,
es ist so schwierig zu schreiben, weil ich weiß, Du denkst es Dir nur einfach vergnüglich für mich hier. Es ist aber nicht so. Ständige Arbeit, wenig befriedigend, unendlich langsam vorwärtsgehend, immerfort Chancen, die dann verfliegen oder hängen bleiben. Bergner habe ich gesagt, daß ich jetzt nur noch 2 Wochen geben kann.

Ich wollte so gern, daß Du weißt, wie gern ich heimkomme.

Es ist schwierig hier und ich vermisse Dich.

b

132 *Etwa 1944*, A: *Santa Monica (?)*, E: *Santa Monica (?)*, *masch. (BBA)*

Lieber Bert,
jetzt muß ich Dir schon einen Brief schreiben, weil es mir selber närrisch vorkommt, daß ich nein sage, wenn Du mit mir schlafen willst, und außerdem erstaunt mich Dein sofort auftretendes neubelebtes Interesse, wieso, nur wegen dem Nein? Ich bekomme meine Gedanken nicht in eine richtige Ordnung, es ist auch nicht geordnet, was in meinem Kopf vorgeht, öfters schon kamst Du auf einen Punkt zurück, der so aussieht, Du kannst und willst nicht eine deklarierte mit Stempel versehene Ehe führen, das war sie auch nie und ich hab sie nie verlangt, was ich Dir neulich sagen wollte, war, daß ich sie nicht für mich verlange, weil ich annahm, daß sie nicht geht für Dich, aber ich finde auf einmal, daß Du solche Ansprüche einer andern Frau einräumst. Deine Antwort darauf ist, daß Du völlig verschwindest, schweigend drei Wochen eine völlige Änderung einführst, das ist schon ein Fußtritt von besonderer Heftigkeit. Ich bin nicht unempfindlich, wenn Du Dein Leben so ändern willst, kann ich es nicht[1]

1 Text bricht ab; vielleicht wurde der Brief nicht abgeschickt oder nicht übergeben. Die Datierung ist nicht gesichert. Möglicherweise bezieht Helene Weigel sich auf Brechts Beziehung zu Ruth Berlau, die im September 1944 ein Kind von ihm bekommen hat. Das Kind, Michel, stirbt wenige Tage nach der Geburt.

133 25. Mai 1945 (Poststempel des vermutlich dazugehörigen Briefumschlags); A: *New York,* E: *Santa Monica, hs. (BBA)*

Liebe Helli,
der Zug kam in Chicago anstatt früh 9 Uhr nachmittags 5 Uhr an. Der Zug nach N. Y., in dem wir Reservationen hatten, war schon weg. Wir hatten Schwierigkeiten, um 10 h abends weiterzukommen. Steff[1] erreichte ich telefonisch, er hatte Urlaub gehabt für den Vormittag, aber erfahren, daß der Zug nicht rechtzeitig kommen würde. Abends konnte er nicht mehr heraus, ich konnte nicht mehr hin. Aber er war außergewöhnlich *zuversichtlich* am Telefon. In der Klinik war er nur 3 Tage – aufgrund einer anonymen Anzeige, er sei homosexuell verdächtig. Dann wurde es geklärt, jedoch stellen sie fest, daß er »kein besonders gewöhnlicher Mensch« ist.

Hier ist alles Kraut und Rüben.[2] Natürlich doch Emigranten drinnen; es wird aber umbesetzt (außer Bassermann).[3] Die »Jüdische Frau« habe ich gestrichen.

Ich küsse Dich, Helli
b

Schreib.

1 Stefan Brecht ist am 26. September 1944 zur Armee eingezogen worden.

2 Brecht bezieht sich auf die Proben für *The Private Life of the Master Race* (*Furcht und Elend des III. Reiches*), zu denen Brecht gemeinsam mit Hanns Eisler aus Kalifornien angereist ist.

3 Der 78jährige Albert Bassermann, ehemals am Deutschen Theater bei Max Reinhardt, lebt in den USA, seit er mit seiner jüdischen Frau, der Schauspielerin Else Schiff, 1938 Wien verlassen hat.

134 2. Juni 1945 (Poststempel des vermutlich dazugehörigen Briefumschlags); A: *New York,* E: *Santa Monica, hs. (BBA)*

Liebe Helli,
danke für den Brief. Du mußt meinen inzwischen bekommen haben (über Steff und hier).

Ich schreibe während der Probe von »Informer«.[1] Bassermann ist da wirklich ein kleines Wunder, enorm scharf und bösartig.

Pis ist draus, ich holte Viertel.[2]

Lieg nicht zu viel in der Sonne. Ich denke mitunter daran.

Und ich küsse Dich

b

Ich komme Ende Juni, wie gedacht.

(Am 15. kommt Bergner hierher zurück.)

Lania erfährt morgen über Washington.[3]

1 Szene aus *The Private Life of the Master Race*: *Der Spitzel.*

2 Berthold Viertel hat die Regie übernommen, da Erwin Piscator nach Differenzen mit Brecht davon zurückgetreten ist. Allerdings ermöglicht Piscator auch dann noch die Produktion, weil er die Schauspieler des von ihm geleiteten Theatre Workshop an der New School for Social Research mitwirken läßt.

3 Der Drehbuchautor Leo Lania, mit dem Brecht wiederholt zusammenarbeitet, ist, ebenso wie, zeitweise, Ruth Berlau, für das *Office of War Information* (OWI) tätig. Worauf sich dieser Satz bezieht, ist nicht ermittelt; eventuell geht es um Stefan Brecht, vgl. Briefe Nr. 135 und 137.

Umschlag von Brief 134

135 8. Juni 1945 (Poststempel des vermutlich dazugehörigen Briefumschlags); A: *New York,* E: *Santa Monica, hs. (BBA)*

Liebe Helli,
danke für die Briefe.

Hier großer Sauhaufen. Bin natürlich von früh neun an bis nachts 2 Uhr mitten drinnen. Den Deutsch (Julius) kann ich wohl nächste Woche treffen (wegen Wien).[1]

Für Steff versuche ich über Lania alles, was möglich ist. Das dauert alles endlos.

Das schreibe ich in einer Musikprobe Schmidts, den Du noch aus Berlin kennst.[2]

Duffield (der die Rohübersetzung des »Galilei« machte) spielt auch mit.[3]

Die »Jüdische Frau« mußte ich wieder reinnehmen, da es zu dünn wurde. Ich strich alles Virtuose weg, ließ nur *1* Telefongespräch (mit den letzten Sätzen, bevor der Mann kommt) und als Hauptsache die Szene zwischen Mann und

Frau. Die Schauspielerin ist äußerst mittelmäßig, aber die Szene ja jetzt nur ein Farbfleck.

Das werden wir noch machen und gut.

Danke für die Briefe.

Nach Dienstag schreibe ich öfter. Heimkunft spätestens Ende Juni. Ich denke an Dich.

Und küsse Dich

b

1 Der ehemalige Abgeordnete zum österreichischen Nationalrat Julius Deutsch hat als General der republikanischen Truppen im spanischen Bürgerkrieg gekämpft und ist über Paris in die USA emigriert. Was Brecht und die Weigel von ihm wollen, ist nicht ermittelt. Es folgt eine gestrichene Zeile, die nicht zu entziffern ist.

2 Brecht, der es mit der Orthographie von Eigennamen nie genau nimmt, schreibt »Schmidt«, meint jedoch sehr wahrscheinlich Josef Schmid, den musikalischen Leiter beim Film *Kuhle Wampe oder Wem gehört die Welt?*, bei dem die Lewis-Ruth-Band spielt, die zuvor schon bei der *Dreigroschenoper* musiziert hat. Schmid übernimmt 1947 auch die musikalische Leitung bei der *Galileo*-Premiere im Maxine Eliott's Theatre in Beverly Hills.

3 Brecht lernt Brainerd Duffield kennen, als dieser und Emerson Crocker im Auftrag von Charles Laughton die erste Übersetzung des *Galileo* bearbeiten. Duffield spielt den Ehemann in *Die jüdische Frau* und den Bibelforscher in *Moorsoldaten*. Brecht schätzt den Schauspieler; im Herbst 1946 studiert er mit ihm die Rolle des Ferdinand aus *The Duchess of Malfi* ein.

136 15. Juni 1945 (Poststempel des vermutlich dazugehörigen Briefumschlags); A: *New York,* E: *Santa Monica, hs. (BBA)*

Liebe Helli,
diese Leute (Geldgeber) luden hinter meinem und Viertels Rücken die Presse ein, als nicht mehr als 1 (eine) Stunde Bühnenprobe der Technik gewesen war. Folge: nichts klappte und so war die Kritik schlecht (obgleich respektvoll zu dem Stück – das Buch kennt man).[1]

Viertel hat *ausgezeichnet* gearbeitet. Ich bin froh gewesen, daß ich Dich nicht in diesem Mischmasch drin hatte – im Vergleich zu Bassermann sprichst Du allerdings *pures* Englisch. Aber Du bist nicht 80.

Er war großartig, übrigens. Ich gab ihm »Galilei« (für Deutschland).

Bergner ist hier, und wir arbeiten schon. Ich habe dann ein Billett für 1. Juli eingereicht.

Eine Chance, daß ein Verlag 7 Stücke in englisch druckt.[2]

Sehr heiß.

Steff schreibe ich heut.

»Und habe ich Dich in gutem Gedenken«[3] – werd nicht zu dünn.

b

Gruß von Reyher!

Und von Karin.

Homolka kommt Sonntag ins Stück.

Die »Jüdische Frau« haben wir am 2. Abend gestrichen, es tat mir leid wegen Duffield – den alle für sehr schlecht hielten, ich nicht.

Ich habe die »Jüdische Frau« zusammengestrichen, weil nur ein Virtuose das spielen kann, aus keinem anderen Grund, aber sie konnten nicht einmal das spielen.

Gruß an Barbara.

1 Unter dem Titel *The Private Life of the Master Race* werden am 11. Juni 1945 im Theatre of All Nations in New York neun Szenen aus *Furcht und Elend des III. Reiches* aufgeführt. Unter der Regie von Berthold Viertel (Mitwirkung: Brecht) spielen Else Bassermann, Alfred Bassermann, Elisabeth Neumann, Clarence Derwent, Vilma Kurer u. a. Die Aufführung wird en suite bis zum 17. Juni gespielt. Die Musik stammt von Hanns Eisler, das Bühnenbild von Leo Kerz. Die Buchausgabe liegt seit dem 15. November 1944 vor: Bertolt Brecht, *The Private Life of the Master Race. A Documentary Play.* English Version and An Essay on the work of Brecht by Eric Russell Bentley. New York: New Directions, 1944.

2 Der Verlag Reynal & Hitchcock plant eine Ausgabe mit Stücken Brechts, zeitweise ist von drei Bänden die Rede; im Februar unterzeichnet Brecht den Vertrag. Reynal & Hitchcock reduziert sein Angebot im Juli 1947 auf einen Band, der schließlich nicht zustande kommt.

3 Die Herkunft des Zitats ist nicht ermittelt; möglicherweise ist es nur der Adressatin und dem Absender vertraut.

137 17. Juni 1945 (Poststempel des vermutlich dazugehörigen Briefumschlags); A: *New York,* E: *Santa Monica, masch. (BBA)*

Liebe Helli,
ich habe bereits angefangen, mit der Bergner die »Malfi« fertig zu machen, und bitte Dich dringend, jetzt nichts mehr dergleichen als Ausrede für Hierbleiben anzusehen, es ist heiß wie in Manila. Absolut scheußlich. Ich denke dauernd an den Garten und Dusche und mitunter an den kleinen Sonnenbadfleck.

Das Theater ist voll von den unions, trotz der Hitze, die Leute sitzen schweißübergossen, niemand versteht Bassermanns Sprache, eine Art Türkisch mit sächsischem Akzent.

Eislers Musik ist sehr gut und wird als so erkannt, sein

bestes seit langem, auf diesem Gebiet. (Verhalten hat er sich feige, er hatte sofort die Hosen voll wegen Hollywood).[1]

Von Lania habe ich noch nichts wegen Steff gehört.

Wenn zurück, werde ich diesmal, das habe ich beschlossen, mitunter mit Dir zum Meer fahren.

Ich küsse Dich (undsoweiter)

b

1 Am 20. Juli 1945 notiert Brecht in sein Journal: »*Eisler* war mit nach New York gefahren, die Musik zur ›Masterrace‹ zu schreiben und zu überwachen. In New York erwartete ihn ein Telegramm, daß er sofort zum Filmstudio zuruck müsse. In Anbetracht, daß er Urlaub bekommen hatte, fuhr er in etwas unziemlicher Hast zurück; die Musik schrieb er wartend auf die Fahrkarte. Sie war Filmkitsch, und auf mein Drängen schrieb er sie noch einmal. Dann war sie glänzende Theatermusik« (GBA 27, 226).

138 Telegramm, 11. Juli 1945, 2:45 am; A: *Hanover, New Hamsphire,* E: *Santa Monica (BBA)*

S 12 NL PD = SAO HANOVER NHAMP 10
HELENE BRECHT =
1063 26 ST SANTA MONICA CALIF =

BERGNER IN VERMONT[1] AND LEAVING NEW YORK THURSDAY 5-30 FOR SANTA MONICA LOVE =
BIDI.
5-30 MIDI.

1 In Vermont verbringen Elisabeth Bergner und Paul Czinner den Sommer in einem geräumigen Haus, in dem auch Brecht und Ruth Berlau wohnen können.

139 7. Februar 1946 (Poststempel des vermutlich dazugehörigen Briefumschlags); A: *New York (Kopfbogen The Chief, Santa Fe),* E: *Santa Monica, hs. (BBA)*

Liebe Helli,
hoffentlich haben die Zahnschmerzen schon aufgehört, wenn Du diesen Brief bekommst. Wenn Du die Frau Breiner besuchst, so kannst Du *den* Breiner mit den Dokumenten locken, die im Arbeitszimmer auf dem Sofa liegen.[1] – Ich habe vergessen, Barbara zu lehren, wie man eine Krawatte schlingt. – Maria[2] muß noch meinen Morton-Federhalter haben, sie schrieb etwas damit auf im Auto. –

Ich küsse Dich, Helli
b

Die kleinen Schlüssel in der Schublade des Schlafzimmertischs haben, wie Du sofort sagtest, doch gepaßt. So ist jetzt das eine Schloß verschlossen. Die Schlüssel legte ich, skeptisch und kleingläubig, in die Lade zurück. Schick sie mir in einem Brief, bitte!

Vergiß nicht, dem
Adler in Berlin
zu schreiben
wegen dem Paket für Cas![3]

1 Helene Weigel und Brecht begegnen Leopoldine und Egon Breiner auf der Annie Johnson, mit der sie in die USA kamen. In den Jahren in Santa Monica entwickelt sich eine freundschaftliche Beziehung. Leopoldine Breiner ist Ärztin, Egon Breiner, der als Sozialist im Gefängnis gewesen ist, arbeitet als Maschinist bei der Southern Pacific Railroad.
2 Vermutlich eine Hausangestellte der Familie Brecht.
3 Seit Oktober 1945 organisiert Helene Weigel eine ausgedehnte

Carepaket-Aktion, noch ehe die Initiative Care gegründet ist. Sie sammelt Gelder und versendet Hilfspakete an Freunde, Verwandte und unbekannte Notleidende in Deutschland. Wer Adler ist, konnte nicht ermittelt werden. Dem Brief liegt eine Porträtfotografie eines unbekannten Mannes bei.

140 9. Februar 1946 (Poststempel des vermutlich dazugehörigen Briefumschlags); A: *New York,* E: *Santa Monica, hs. (BBA)*

Dienstag

Liebe Helli,
ich habe Ruth [Berlau] besucht, ich schreibe im Zug. Es ist ohne Zweifel eine geistige Störung und sie ist von einer Art, daß es sehr schwierig ist, die Fassung einigermaßen zu behalten: Sie sieht sich in einem KZ, und die anderen Kranken sind Genossen, und man muß nicht nur sie, sondern alle befreien.

b

Sage aber allen, was ich schon Maria sagte. Daß es nur ein Nervenzusammenbruch ist.

Von Czinner kommt ein Brief. Behalt ihn zunächst, bis ich Dir schreibe, daß Du ihn dem Berke geben sollst.[1] Auch der soll ihn dann nur aufheben, zunächst. Nicht verwenden.

Gib auf Dich acht. Wie ist es mit den Zähnen? Schreib mir!

b

Hast Du die Schlüsselchen abgeschickt?

Vielleicht weiß der Butler Laughtons[2] businessmanager und Du könntest die Checks vergleichen mit ihm nach Zahl und Datum?

1 Der Regisseur und Produzent William A. Berke arbeitet mit Czinner zusammen und will offenbar die Produktion von *Galileo* übernehmen.

2 Mit Charles Laughton arbeitet Brecht an der Übersetzung von *Leben des Galilei.*

141 9. Februar 1946 (Poststempel des vermutlich dazugehörigen Briefumschlags); A: *New York,* E: *Santa Monica, hs. (BBA)*

Liebe Helli,
danke für die schnellen Schlüsselchen. Sie passen und so kam ich zu meinen Hemden. – Laughtons fahren Montag nach Hause, ich wollte, ich könnte *auch.*

Sag dem Berke, er muß gerade jetzt für Czinners Co-produktion kämpfen. Laughtons Versuch, das europäische Element (und meinen Mann in der Produktion) auszuschalten, ist *ganz* falsch. Das Stück ist von einem Europäer geschrieben und *über* einen Europäer (Galilei). Ich glaube, mit Druck jetzt ist es zu machen. Ich habe mit Welles am Beginn auf meine commitments an Czinner gesprochen, er war bereit, mit ihm als Partner zu arbeiten.

Gut ist Welles' Idee, im August die Proben in Hollywood zu starten (wenn es finanziell geht), dann in San Francisco zu öffnen.[1] Da hätte es Laughton und ich angenehm, und Du wärst dabei, ohne nach N.Y. zu müssen, wo es doch unbequem ist, in kleinen Zimmern usw. Hoffentlich geht das.

N.Y. verspreche ich Dir definitiv vor Europa. Vielleicht beir Premiere »Galileo« schon. Aber jetzt, für mich, ist es ein veritables Inferno. Ruth ist schlecht dran, hat hohes Fieber, ist konfus, ich durfte nicht mehr hinaus zu ihr. Wenn es halbwegs besser wird, könnte sie im Juni mit einer dänischen Freundin nach Dänemark fahren, weitaus das Beste für sie.[2]

Wenn jemand hierher fahren sollte, gib ihm meinen Regenmantel mit.

Karin besuche ich morgen.

Vergiß nicht den check-up bei Bauer.[3] Und mager nicht ab. (Wie es jetzt ist, ist es angenehm.)

Ich küsse Dich, Helli
b

Steff kann seine Freunde in meinem Arbeitszimmer empfangen. Mein Telefon ist in Ordnung, L. hat mich auch dann erreicht. Ich will Dich lieber in *Deinem* Schlafzimmer wissen, da bist Du besser bewacht! (Habe eben Deinen Brief bekommen, hatte Geburtstag vergessen, danke!)

1 Die Proben zu *Galileo*. Brecht ist sehr an einer Zusammenarbeit mit Orson Welles interessiert.
2 Wahrscheinlich Ida Bachmann, die mit Ruth Berlau eine Wohnung teilt und wie Berlau für das *Office of War Information* arbeitet.
3 Wohl Robert O. Bauer, Arzt in Santa Monica; Hinweis von Cheryl Wilkinson.

142 *11. Februar 1946 (Poststempel des vermutlich dazugehörigen Briefumschlags);* A: *New York,* E: *Santa Monica, hs. (BBA)*

Liebe Helli,
kannst Du die Novelle »Der Mantel des Ketzers« heraussuchen und mir schicken? (Da ist, glaub ich, *ein* korrigiertes Exemplar, von dem kannst Du vielleicht die Korrekturen in ein gewöhnliches übertragen, daß ich das Archivexemplar behalte.)

Den Orson Welles versuche ich seit Tagen zu erreichen, aber die appointments werden immerzu verschoben. *Unmöglich* daß er eine Produktion allein haben kann (wozu er nicht *nur* seine Truppe hat); wir können ihn einfach nicht erreichen. Ich sitze für ½ Stunde am Telefon und dann ist es doch nichts. Könnte ich dazu Czinners office benutzen, ginge alles 100x schneller. Laughton *kann* mich nicht dem aussetzen, weil ihm Czinners Nase nicht gefällt. Bei Cz. klappt alles auf die Minute, von den Tickets an, ich hätte ohne ihn schon längst eine Sekretärin gestellt usw.

Bitte, sieh doch noch mal nach, ob die Schmalfilmkamera in dem Fach unter den Büchern da ist, ich finde sie bisher hier nicht.

Die Arbeit mit Auden geht ganz gut, wenn er auch schwierig ist, ein Undramatiker reinsten Wassers. – Die Agenten hier, Audrey Wood und Liebling (ihr Mann), scheinen übrigens meinen Gesichtspunkt inbetreff Czinners sehr gut zu verstehen und sagten beide sofort: sie sind überaus reasonable.[1]

Den Vertrag über die »Gesammelten Dramen« in englisch habe ich heut unterzeichnet.[2]

Dem Martin schreibe ich, daß die Carrar Deine Antrittsrolle sein soll.[3] (Wenn er sich nicht darum kümmert, machen wir es noch einmal. Außer dem Mei Lan-fang[4] habe ich nichts so Gutes auf der Bühne gesehen wie Deine Carrar.)

Morgen, Samstag, ruf ich Dich an, Helli.

bidi

Meint Steff, die Gish könnte z. B. die Grusche spielen?[5]

1 Die Agenten Audrey Wood und William Liebling verhandeln für Brecht literarische Verträge (Aufführungen, Verfilmungsrechte, Drucke).

2 Bei Reynals & Hitchcock, vgl. Briefe Nr. 136 und 148.

3 Der Theater- und Filmregisseur Karlheinz Martin hat am 15. August 1945 das Hebbel-Theater in Berlin programmatisch mit Brechts *Dreigroschenoper* eröffnet. Er bemüht sich, Brecht nach Deutschland zu holen.

4 Vgl. Brief 93.

5 Lillian Gish ist durch ihre kindlichen Züge berühmt geworden, vor allem im Stummfilm. Inzwischen tritt sie bevorzugt im Theater auf.

143 11. Februar 1946; A: *New York,* E: *Santa Monica, hs. (BBA)*

Montag 11. II. 46

Liebe Helli,
ich lerne: Gläser + Tassen spülen, Boden fegen, Abfall wegschaffen, Rühreier und Suppen machen, alles als Autodidakt. Ich fühle mich Dir sehr gewogen, wenn ich Gläser spüle, daß Du das nun so lange gemacht hast, unter anderm.

Wenn Du übrigens (in Erinnerung an meinen Geburtstag) das kleine alte schwarze Ledernotizbüchlein als Modell wegbringst, sieh erst genau nach, ob nicht 2 alte Fotos von Dir drinstecken, deren ich mir immer bewußt war, es sind Aktfotos, pin up pictures, you know. Nichts für den alten Schweden.

Diese Woche fange ich mit Auden an, es wird etwa 2 Wochen nehmen. *Anfangs März* möchte ich zurück sein. Die Behandlung Ruths wird länger dauern, jetzt kann sie keine Besucher empfangen, ist fiebrig wegen Flüssigkeitsmangel, da sie nicht ißt und nicht trinkt. Ich war nur einmal bei ihr, da war sie ganz, wie man im Traum ist, sprunghaft, ungeheuer erregt mit enorm schnell und oft wechselndem Ausdruck. Und in den Gesten äußerst theatralisch. Alles ist in sich logisch, aber ohne realen Boden. Sie hält die Kranken für »kammerater«, hält Reden an sie, sie sollten bereit sein, bemitleidet sie, zeigte sie mir als Opfer, wie sie leiden. Eine alte Frau hielt sie für Viertel, über einen Mann im Korridor fragte sie mich, ob das Lund sei. »Kannst Du uns *alle* herausbringen?« fragte sie. Als ich sagte: nein, nahm sie meinen Mantel auf, reichte ihn mir und sagte: »Dann farewell«.

Die Ärzte sprachen von einer Reaktion auf die elektrischen Schocks, sind im ganzen aber mit der Wirkung der Behandlung unzufrieden und gehen zu Insulin-Schocks über. In Anbetracht der Krankheitsgeschichte ihrer Schwester sind sie geneigt, den Fall als einen schweren anzusehen.

Seit sie das Kind verlor und die große Operation hatte, war ihr Nervenzustand schlecht, sie arbeitete (an Fotografie und einem Buch über die skandinavischen Seeleute im Krieg) sehr viel und aß und schlief wenig, so kam sie körperlich herunter. Dann hatte sie im Herbst eine Affäre mit einem der dänischen Seeleute, von der sie mir Anfang Dezember berichtete. Von da an – obwohl ich freundlich schrieb – scheint sie schnell in den Zusammenbruch gefallen zu sein, anscheinend nicht imstande, ihre Emanzipation mit der Zusammenarbeit und Verwicklung in meine Geschäfte und dem Kult, den sie mit meinen Arbeiten und mir trieb, noch zusammen zu bringen. Jedoch kann dieser psychische Konflikt nur der unmittelbare Anlaß gewesen sein. Er löste die Krankheit nur aus, wie alle Ärzte meinen.

Ich schreibe Dir all das, weil Du fragtest am Telefon und wohl beunruhigt bist. Ihre Papiere zeigen auch, daß sie sich in der letzten Zeit sehr mit Dir beschäftigte, am Ende sehr sehr freundlich – wie mit einer sehr guten Freundin.

Ich sah noch nicht viele Leute. Laughtons fahren heute ab. Wenn er zu Dir über Czinner redet, sag ihm, daß ich etwas besorgt bin darüber, daß das »europäische Element« ausgeschaltet werden soll – organisatorisch – denn, daß ihm Czinners Nase nicht gefällt, ist kein valider Grund unter Partnern – sonst hätte ich auch was über Phil Bergs Nase zu sagen.[1] Es ist ein *Schaden* für mich, wenn ich Czinner verliere (und keiner für L. wenn er ko-produziert, es ist eine *Co-produktion mit Orson Welles*). Czinner kann ich meine Stücke (deutsch) schicken, er kann Übersetzungen vermitteln, Produktionen aufbauen. Bergner will »Der gute Mensch von Sezuan« spielen, (im Herbst schon die »Malfi«), usw. Er hat ein ständiges Büro, Geldgeber, Erfahrung, Respekt vor mir u. s. w. L. würde mir einen *immensen* Dienst erweisen und, ich glaube, sogar inbetreff auf Cz. umlernen. (Cz. *warnte* ihn, wie L. erzählt, vor dem Überamerikanisieren oder dem Mich-nicht-Ausnutzen indem man mir keine Position gibt und so ist er für L. ein »Warner«, d. h. etwas Entsetzliches.)

Sage L. auch, daß im selben Augenblick, wo Cz. drinnen wäre, ich mit fliegenden Fahnen zu ihm, L., überginge, aber sage das nicht als zu politisch, intrigantenhaft, nur, daß ich Cz. *zwingen* würde, L.s Wünsche pünktlichst zu verfechten. Cz. weiß, daß ich in Wirklichkeit nur L. als Galilei sehen möchte und mit ihm künstlerisch völlig einig bin und ständig war. Schildere ihm, daß ich *immer* für den Schauspieler war.

Das ist der längste Brief, den ich je geschrieben habe.

Ich küsse Dich

b

Samstagabend ruf ich Dich wieder an, da mußt Du zu Hause sein.

1 Phil Berg, später einer der erfolgreichsten Agenten Hollywoods (er vertritt Judy Garland, Clark Gable, Gary Cooper u. a.), vermittelt in den Tantiemenverhandlungen bei der *Galileo*-Produktion.

144 14. Februar 1946 (Poststempel des vermutlich dazugehörigen Briefumschlags); A: *New York,* E: *Santa Monica, hs. (BBA)*

Liebe Helli,
nein, wenn ich Dich da hätte abchecken wollen, hätte ich um 3 oder 4h früh anrufen müssen. Es sind 3 Stunden Unterschied in der Zeit. 9h bei Euch ist 12h hier. (Nicht, als ob ich das unkomfortable Aufbleiben scheute!)

Morgen schließe ich mit dem Verlag ab wegen der »Gesammelten Werke«. Das ist ein step vorwärts.

Heut lunche ich mit Auden.

Ja, noch was: Laß Dir von Brush seine »Galilei«-Kopie geben (englisch), da sind Bleistiftnotizen (und Unterstreichungen) von Reyher drinnen.[1] Schick sie mir.

Und vielleicht schreibst Du Reyher ein paar Worte, er kümmert sich ganz *außerordentlich* nett um mich.

Samstag ruf ich Dich an, Helli.

Ich küsse Dich

b

Rauch nicht zu viel!

1 Der kalifornische Lyriker Albert Brush beteiligt sich an der Entstehung der amerikanischen *Galilei*-Bearbeitung. Im Programm zeichnet er für die Übersetzung der Gesangstexte verantwortlich.

145 *20. Februar 1946 (Poststempel des vermutlich dazugehörigen Briefumschlags);* A: *New York,* E: *Santa Monica, hs. (BBA)*

Liebe Helli,
ich war froh über das Telefonieren. Den Brief bekam ich heut. Laughton übernimmt eine enorme Verantwortung, wenn er, nur wegen Czinners Nase, den Orson Welles völlig frei schalten und walten läßt mit der Arbeit von 18 Monaten. Ich kann schon jetzt Welles nicht erreichen, und dann frägt Audrey Wood *mich*, wie *sie* ihn erreichen kann; er ist nicht mehr im Waldorf Astoria. Solche Dinge sind doch keine Primadonnenscherze mehr. Ich verstehe Laughton nicht; ich ziehe eine Intrige einer Laune vor – dem Berke werde ich den Vertrag schicken, sobald irgendeiner vorliegt. Aber zunächst erreicht, wie gesagt, die Wood den Welles nicht. So wird es weitergehen. (Hat Berg wegen Filmoption etwas verhandelt? Ich bin überzeugt, nicht einmal das!) Kurz, durch Laughtons launisches und wetterwendisches Benehmen (er sollte besser nie Welles *alle* Führung überlassen) ist alles wieder auf hoher See. – Berke muß sehen, daß ich *hohen* Vorschuß bekomme und auch das Investiergeld mache, von dem er (Berke) gesprochen hat. (Ab 1. September verlange ich monatlich auch meinen Teil 1.000 Dollar, bis das Stück aufgeführt ist.) – Ich danke Steff sehr für das Bild, das sehr schön ist. – Gib acht auf Dich.

bidi

Ich habe Deine Stimme gern am Telefon.

146 *26. Februar 1946 (Poststempel des vermutlich dazugehörigen Briefumschlags);* A: *New York (Kopfbogen Hotel Chelsea),* E: *Santa Monica, hs. (BBA)*

Liebe Helli,
dann lasse ich es also gehen und verlange jetzt nur noch einen sehr steifen Kontrakt von Welles, da er eben nicht verläßlich ist. –

Ich schreibe bei Reyher, der gestern solches Nasenbluten bekam, daß er in eine Klinik ging und heute gegen den Rat der Ärzte zurück ins Hotel ging. Er schläft jetzt und ich wache noch ein bißchen.

Ruth ist heraußen, hat noch starke Gedächtnislücken und muß natürlich ärztlich beobachtet werden, ist aber sehr ruhig, wenn auch sehr erschöpft.

Ich wäre gern wieder zuhause und bin Dir sehr sehr gewogen, Helli,

bidi

147 *27. Februar 1946 (Poststempel des vermutlich dazugehörigen Briefumschlags);* A: *New York,* E: *Santa Monica, hs. (BBA)*

Liebe Helli,
ich sprach eben mit Otto Zoff.[1] Hanne ist vom Ballett zum Schauspiel übergegangen. Sie ist in Salzburg am Theater und soll sehr begabt und originell sein. Nun, da gibt es ein paar gute Rollen für sie – wenn sie Dich darin gesehen hat.

Marianne + Lingen[2] sind in Wien, Lingen wurde vom russischen Kommandanten mit einer Rede begrüßt, weil er in der Untergrundbewegung gearbeitet hatte. So ist das also in Ordnung.

Mit Auden komme ich langsam in Arbeit.

Ruth ist geistig wieder ziemlich in Ordnung, kann sich aber nur langsam an Leute, Namen und Vorgänge erinnern (Folge der Schocks) und ist sehr erschöpft, hat sich auch bei einem Schock die Rippe angeknackst, was ziemliche Schmerzen bedeutet.

Man wird mit ihr noch den sogenannten Rorschach-Test machen – auf Schizophrenie.[3] Jedoch sind ihre endgültigen Heil-Chancen recht gut. Die Behandlung, obwohl leicht, hat *sehr* gewirkt.

Ich bin sehr froh über Deine Briefe, und ich hoffe, Du denkst nicht, ich rufe nur an wegen Geschäften.

Am Freitag haben wir einen Schnitt gemacht mit der Telefongesellschaft: Ich verlangte 3 Minuten, wir sprachen 7 Minuten, und ich zahlte nur 3 Minuten, weil sie vergessen hatten, abzubrechen! Ich glaube, Du gefällst mir sehr.

b

Ich küsse Dich

1 Der Bruder von Marianne Zoff, Onkel von Hanne, Brechts Tochter.
2 Marianne Zoff und Theo Lingen sind seit 1928 verheiratet.
3 Der aus Deutschland stammende Psychoanalytiker Max Grünthal unterzieht Ruth Berlau der psychodiagnostischen Testmethode von Hermann Rorschach. Grünthal, der auch Peter Lorre behandelt, bittet Brecht um ein Votum über Ruth Berlau.

148 28. Februar 1946 (Poststempel); A: *New York*, E: *Santa Monica, hs. (BBA)*

Liebe Helli,
schicke Dir kleines Journal, gemacht für Dich.

Küsse Dich
b

Dienstag, 26.II.

Vormittag: Verhandle mit Hoffman Hays Agentur über Hays' Bedingungen für den Fall daß er, zugunsten Audens aus der Malfi-Sache herausgeht.

mittags: Berichte Czinner.

ab 3 Uhr: Bei Reyher, der sehr geschwächt vom Blutverlust (35 % seines Blutes).
Hole ihm chicken à la king vom Automaten.
Bleibe bis 11 Uhr nachts.

Mittwoch, 27.II.

Vorm. Im Verlag Reynal and Hitchcock, verhandle über Herausgeberschaft der »Gesammelten Dramen«.
Vorschlag: Bentley und Hauptmann.[1]

Mittag: Ernest Pascal.
Schlägt vor »Galilei« – Regisseur Lunt ev.
Spricht über neue Stückidee.[2]

27.II.

abends: Bei Wieland (Graf, Bruckner, Weiskopf, Viertel)[3]
Filialen in Deutschland für Aurora.
Malik will meine Gesamtausgabe wieder aufnehmen.
Vertretung in Österreich.
Graf liest Briefe seines Bruders aus Berg am Starnberger See vor.[4]

Donnerstag, 28.II.

Vorm.	Bei Audrey Wood wegen Bedingungen, die Orson Welles erfüllen müßte. Hohe Konventionalstrafe usw.
Nachm.	Mit Czinner zur Verhandlung mit Auden wegen »Malfi«.

1 Die recht weit gediehenen Verhandlungen über eine Ausgabe von Brecht-Stücken scheitern. Bereits am 18. März 1945 hat Brecht jedoch mit Reynal & Hitchcock einen Abschluß über eine Gedichtausgabe erzielt: Bertolt Brecht, *Selected Poems*. Translation and Introduction by H. R. Hays. New York: Reynal & Hitchcock, 1947, vgl. *Die Bibliothek Bertolt Brechts*, Nr. 314.

2 Brecht hat den Autor und Produzenten Ernest Pascal, ehedem Präsident der *Screen Writers' Guild*, über Peter Lorre kennengelernt. Der Theaterregisseur Alfred Lunt übernimmt nicht die Regie für *Galileo*.

3 Oskar Maria Graf, Ferdinand Bruckner, F. C. Weiskopf, Berthold Viertel und Brecht gehören – neben Lion Feuchtwanger, Heinrich Mann, Ernst Waldinger, Ernst Bloch und Alfred Döblin – zur literarischen Leitung des 1944 von Wieland Herzfelde gegründeten Aurora-Verlages.

4 In einem Brief vom 7. Mai 1946 sagt Oskar Maria Graf, er habe viele Briefe aus der Heimat bekommen, »die aufschlußreichsten, schönsten und klarsten« von seinem Bruder Maurus, »der die ganze Nazizeit mit List und Mut überstanden hat«.

149 5. März 1946 (New York); A: *New York,* E: *Santa Monica, masch. (BBA)*

Freitag, 1.3.46

Vorm. gearbeitet an der »Malfi«.

Nachm. 3-6 mit *Auden* gearbeitet. Ihn überredet, die Prozeßszene aus »White Devil« für die »Malfi« zu verwenden.[1]

Abend gegessen mit *Reyher*, der 35 % seines Blutes verloren hat. Passendes Gespräch über englische und amerikanische Lyrik.

9 Uhr kommen *Sternberg* und *Budzislawski.*[2] »Die Weltlage«. Kein Krieg vor 1950. Aushungerung Englands, dessen Herren sich benehmen wie die französischen. (Durchschnittsalter eines Inders 23 Jahre.)

Samstag, 2.3.46

Nachm. gearbeitet mit *Auden*. Willigte ein, die Sterbeszene in meiner Fassung par discretion zu versifizieren.

Abends kommen *Schreiner* und *Norden* (der »Germany Today« herausgibt).[3] Die Weltlage in Deutschland. Vermutliche Spaltung der SPD in Ost- und Westsektor.

Nachts Heli

Liebe Heli,

danke für Stimme am Samstagabend.

b

Die Sendungen sind alle angekommen. Danke.

1 *White Devil* (1612) ist ein anderes Stück von John Webster, des Verfassers von *The Tragedy of the Dutchesse of Malfy.*

2 Hermann Budzislawski hat in Prag die *Neue Weltbühne* herausgegeben, ehe er in die USA übersiedelt.

3 Albert Schreiner, der von Brecht geschätzte Historiker, und der Politiker Albert Norden gehören wie Brecht dem *Council for a Democratic Germany* an, einer Initiative von Personen, die für ein »realistisches Bild der Zukunft Europas und Deutschlands« in den USA sorgen wollen.

150 *6. März 1946 (Poststempel des vermutlich dazugehörigen Briefumschlags);* A: *New York,* E: *Santa Monica, hs. (BBA)*

Ich küsse Dich.

Liebe Heli,
danke für das Bild – ich werde mich an das Objekt selber halten und nicht an die Bosheit, daß Du es mir schickst. Ich wäre gern wieder zu Hause!

b

Ja, kannst Du mir die Kopie meines Briefes an Reiss-Verlag-Schweiz schicken?[1]

1 Am 18. Januar 1946 bietet Brecht Kurt Reiss für mehrere im Exil entstandene Stücke den Vertrieb in der Schweiz an, und er teilt ihm mit, daß er wegen der unklaren Verhältnisse in Deutschland noch nicht über die deutschen Vertriebsrechte entscheiden will (vgl. GBA 29, 374).

151 *11. März 1946 (Poststempel des vermutlich dazugehörigen Briefumschlags);* A: *New York,* E: *Santa Monica, hs. (BBA)*

Liebe Heli,
Samstagabend wurde es später, da war Wieland Herzfelde und ein anderer Freund da, und sie gingen und gingen nicht weg. So mußtest Du aufstehen, aber das ist auch angenehm (der Gedanke, daß Du von oben aus dem Bett, kommst).

Der Reyher ist recht krank, ich bin viel bei ihm, werde langsam Krankenwärter. Er hat schon den 2. Blutsturz gehabt, dabei die Hälfte seines Bluts verloren, Transfusion gebraucht, und kein Arzt weiß, warum. Blut + Organe sind in Ordnung. Das macht es so unheimlich. Im Spital bleibt er nicht, ich wechsle mit seiner Tochter ab im Essenbringen.

Arbeit geht gut vorwärts, braucht aber noch allerhand, da Auden sehr faul ist.

(Lauter Geniusse)

Ich verhandle aber dafür mit einem italienischen großen Verlag über eine *italienische Gesamtausgabe*.[1]

Erzähle das Barbara, damit sie Respekt bekommt.

Orson Welles scheint nicht erreichbar zu sein für die Agenten. (Audrey Wood hätte Czinner augenscheinlich auch für besser gehalten.)

Laughton riskiert was, wenn Welles die Geschäfte allein ((nicht)) besorgt.

Im *Journal* fehlen die Damen, weil sie in der *Realität* fehlen.

bidi

i. k. d.

1 Sie erscheint ab 1951 bei Einaudi.

152 12. März 1946 (Poststempel des vermutlich dazugehörigen Briefumschlags); A: *New York*, E: *Santa Monica, hs. (BBA)*

Liebe Heli,
ich schreibe im Autobus, zu weit entfernt von den Aprikosenbäumchen. Budzislawski würde gern wissen, ob er Goreliks Haus in Pennsylvanien mieten könnte für den Sommer. (Hat er es noch, ist es noch möbliert?)

Ruf doch Frau Gorelik an!
Übrigens schwitze ich, der Mantel ist zu dick.

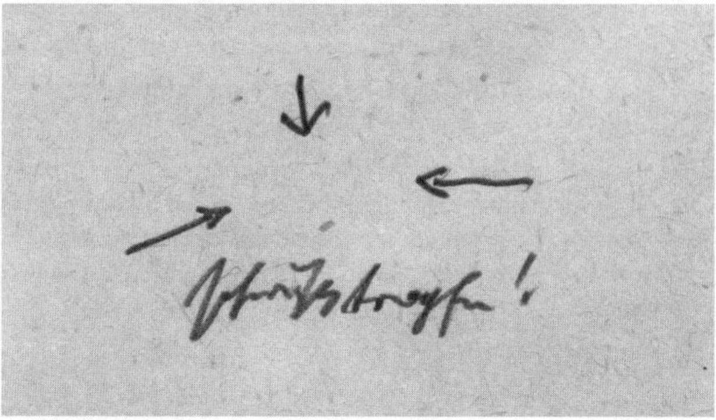

Schweißtropfen!
Ich küsse Dich sorgfältig

bidi

153 15. März 1946; A: *New York,* E: *Santa Monica, hs. (BBA)*

Liebe Heli,
morgen, Samstag, ruf ich Dich wieder an, das ist gut.

Am 23. spreche ich über Kurzwellen nach Deutschland, anläßlich des Geburtstags von Heinrich Mann. Ich werde Dir schicken, was ich sage.[1]

Der Orson Welles ist unerreichbar, die Agentin ist schon zornig. Laughton riskiert da allerhand, denn diese geschäftliche Unzuverläßlichkeit wird ja bleiben, auch wenn er *artistisch* dann gut funktioniert.

Die 500 Dollar kannst Du einkassieren.

Dieser Tage dachte ich plötzlich, ob Du nicht, (wegen der Müdigkeit) einen Schilddrüsentest machen sollst – es gibt auch das *Gegenteil* von Basedow, und sowas ist leicht zu beheben. Frag einmal Bauer.

Du mußt sehr gesund sein für drüben.

bidi

(Nochmal danke für das pin up Bild – es ist anregend)

1 Heinrich Mann feiert am 27. März 1946 seinen 75. Geburtstag. In seinen Romanen habe er eine »Verbrechergalerie von Industriellen, Militärs, Beamten und politischen Abenteurern« gezeichnet, schreibt Brecht in seiner Würdigung. Das säße jetzt »auf den Nürnberger Anklagebänken« (GBA 23, 56).

154 20. März 1946 (Poststempel des vermutlich dazugehörigen Briefumschlags); A: *New York,* E: *Santa Monica, hs. (BBA)*

Liebe Heli,

es ist *so* mit Ruth: Sie ist noch ziemlich erschöpft, und ihr Gedächtnis funktioniert noch nicht sehr gut, Monate kann sie überhaupt nicht erinnern. Grünthal[1] meint, sie dürfe nicht sogleich allein gelassen werden und es ist sicher richtig. Das beste für sie wäre, wenn sie ihr Buch fertig schreiben könnte. Das kann sie ganz in Ordnung bringen, und sie hätte was vorzuzeigen (was wichtig für sie ist).

Danke für die Briefe!

Der Mantel kam heut auch an. Das ist gut, es regnet viel hier, und ich denke geradezu an unseren Garten.

(Arbeite nicht zu viel!)

Danke.
bidi

Der Test heißt
Metabolisme-Test,[2]
glaube ich.
Ich küsse Dich
(Beim Telefonieren denke
ich mitunter an die
Treppe.)

1 Der Psychoanalytiker Max Grünthal behandelt Ruth Berlau.
2 Eine Methode zur Kontrolle der Stoffwechsel-Funktionen; Brechts Hinweis steht im Zusammenhang seiner Empfehlung, die Schilddrüse testen zu lassen.

155 21. März 1946 (Poststempel des vermutlich dazugehörigen Briefumschlags); A: *New York,* E: *Santa Monica, hs. (BBA)*

Liebe Heli,
gestern hatte sich für den Abend Borchardt[1] angesagt, und ich suchte verzweifelt nach irgendjemand, der halbwegs dazu passen würde, ich dachte: fast nur Korsch.

Eine halbe Stunde später rief Korsch an. Er ist gerade hier, er kam und paßte.

Jetzt wäre ich wirklich gern daheim.

Auden ist natürlich wieder nach Harvard zu einer lecture.[2] Wir sind aber ziemlich weit.

Den Radiovortrag (4 Minuten) kannst Du nicht hören. Richtstrahlen nach Deutschland, auf Kurzwelle. Ich schicke aber den Text.

Ruf doch am 23. den Heinrich Mann an.

Ich denke gern an Dich

bidi

Ich küsse Dich vorsichtig und
unvorsichtig, sorgfältig und
flüchtig, schnell und langsam,
Heli.

1 Nach seiner Entlassung aus dem Konzentrationslager erhält Hermann Borchardt 1937 mit Hilfe von George Grosz ein Einreisevisum in die USA. 1944 nimmt er die amerikanische Staatsbürgerschaft an.

2 Auden hält in den vierziger Jahren an verschiedenen Universitäten in den USA *Lectures on Shakespeare*.

156 *Etwa Februar/März 1946;* A: *New York*, E: *Santa Monica, hs. (BBA)*

Liebe Heli,
schick doch den Brief gleich an Dieterles, ich habe die neue Adresse nicht hier.[1] Morgen abend rufe ich an, freue mich darauf. Arbeite viel. Ich küsse Dich, Helli.

b

1 Charlotte und Wilhelm Dieterle sind im Sommer 1945 in ein neues Haus gezogen.

157 *2. April 1946 (Poststempel des vermutlich dazugehörigen Briefumschlags);* A: *New York*, E: *Santa Monica, hs. (BBA)*

Liebe Heli,
der Brief der Breiner *kam* heute, ich wußte aber alles schon von Dir selber.[1] Nur eines: daß sie befürchtet, Du schonst Dich nicht genug. Bitte, bitte, tu das. Es ist so gefährlich

nach Unterleibsoperationen, wenn man zu früh wieder arbeitet. Und ich brauche Dich dringend so gesund wie möglich. Für vieles, Heli.

Die Ballade (nebst anderen, die ich eben fertig mache und Dir noch schicke)[2] möchte ich in Berlin im Hebbeltheater aufgeführt haben, während der Vorführung der »3-Groschen-Oper«. Leider stimmt Hogans Adresse, scheint es, nicht ganz. Die Post will den Brief nicht annehmen.

Ich bin schon müde und habe die »Malfi« satt.

Über »Galilei« höre ich morgen.

Liebe Heli

bidi

1 Der Brief der Ärztin und Freundin Leopoldine Breiner, die Helene Weigel behandelt (vgl. Brief Nr. 139), ist nicht überliefert.

2 Im Frühjahr 1946 entsteht *Die Ballade vom angenehmen Leben der Hitlersatrapen* (Erstdruck am 12. Mai im *Argentinischen Tageblatt*). Es gibt auch eine Neufassung der *Ballade vom angenehmen Leben* und der *Ballade, in der Macheath um Verzeihung bittet*.

158 6. April 1946 (Poststempel des vermutlich dazugehörigen Briefumschlags); A: *New York,* E: *Santa Monica, masch. mit hs. Zusätzen / Vermerk der Vorbesitzer auf dem Umschlag: »Brief war ungeöffnet« (BBA)*

Liebe Heli,

ich schreibe, was ich weiß, über den »Galilei« an Dich in deutsch, weil ich niemand hineinsehen lassen will und allein nicht übersetzen könnte. – Ich habe O[rson] W[elles] nie mehr gesehen, nachdem es das erste Mal so enorm schwierig war, ihn zu treffen, und er wollte ja auch mit A. Wood den Produktionsvertrag ausarbeiten. Mit Wood besprach ich kurz einige Sicherungen, die ich für den Vertrag vorschlug. (Konventionalstrafe bei Verzug, sofortiges Engagement Laughtons, Miete eines Theaters.) Wood sah O.W. dann auch lange nicht, oder überhaupt nie, sie scheniert sich vielleicht, das zuzugeben; jedenfalls verhandelte sie, ebenfalls mit großen Unterbrechungen, mit O.W.s business manager, einem Mr. Wilson, den sie »charming, but not very experienced« nennt. O.W. beabsichtigt anscheinend einen gigantischen Zirkus aufzuziehen, so daß die Produktion so extravagant teuer würde, daß sie unter einer Laufzeit von 2 Jahren (zu denen sich L. verpflichten müßte (was eine unverschämte Zumutung ist) sich überhaupt nicht rentieren könnte (aber auch dann, wenn einmal für 2 Wochen die Einnahmen sänken, kaum gehalten werden könnte). O.W. hat ja schon im Januar einmal angedeutet gehabt, er sehe 2 Möglichkeiten, heavy und weniger heavy, für die Produktion. Jetzt scheint er nur noch die ganz heavige zu sehen. Ich halte das auch künstlerisch für falsch. Die Sache muß nicht nach einer viertel Million stinken. – Laughtons Meinung, O.W. würde, einmal in der Produktion, viel verläßlicher und prompter sein, scheint mir nur was die künstlerische Seite der Arbeit anlangt berechtigt. In allem Geschäftlichen würde er auch dann erratisch bleiben, d.h. Laughton würde genau die Schwierigkeiten (immer weitere Geldbeschaffung, Umorganisation usw.) während der Proben kriegen, die er so fürchtet (mit Recht fürchtet). Kurz, es scheint mir mehr und mehr falsch, auf eine alleinige Produktionsleitung durch O.W. einzugehen, umsomehr als Welles alle zur Verfügung stehende Zeit dazu benötigt, artistisch sich vorzubereiten, da er natürlich nicht imstande ist, den »Galilei« zu *improvisieren*. So gern ich ihn als Regisseur hätte, ich sähe ihn lieber *nicht* als Regisseur als als Produzent-Regisseur. Wirklich brauchen tun wir ihn keineswegs. Die künstlerische Aufgabe benötigt kein überirdisches Genie (das Stück braucht nicht gerettet zu werden), wohl aber Arbeit und eine ruhige Arbeitsbasis. Jedoch meine ich nach wie vor, daß wir O. W. als Regisseur auch bekommen können, wenn wir [ihn] nicht als alleinigen Produzenten akzeptieren. Bisher hat er nur L.s Ängstlichkeit ausgenutzt, ich meine L.s Ängstlichkeit, ihn zu verlieren. Mir gegenüber, der ich diese Ängstlichkeit nicht zeigte, war er nicht so imperialistisch. Er bleibt natürlich ein Bohemien (der zwanziger Jahre) und er hat (vielleicht liest Du das besser nicht vor) so viel Gewissen wie mein Drehstuhl in Santa Monica. Die Wood, eine durchaus vernünftige und anscheinend verantwortliche Frau, hat praktisch jede Hoffnung aufgegeben. Ich nicht, d. h. wenn wir fester auftreten (und eventuell jemand anderen nehmen). Ich wünschte, Laughton hätte mir erlaubt, ihm diese Situation zu ersparen. Ich habe nicht im geringsten interveniert, auch keinerlei Ungeduld gezeigt. Ich bin nicht wirklich interessiert, O. W. zu bekommen, ich brauche für den »G[alilei]« nur Laughton.

Rufe Dich morgen an und freu mich darauf. Bitte, werd nicht ungeduldig, ich bin es auch. Ich arbeite wie ein Pferd, desto mehr, je vager der »Galilei« wird.

Und ich küsse Dich, Helli,

b

Bitte, schreib.

Danke für die Zettel,
gib acht auf Dich.

159 10. April 1946 (Poststempel des vermutlich dazugehörigen Briefumschlags); A: *New York,* E: *Santa Monica, hs. (BBA)*

Liebe Heli,
wenn ich heimkomme, werde ich mindestens eine Woche lang überhaupt nichts arbeiten, glaub ich. Jetzt hab ich mit Auden an der »Malfi« gearbeitet (*alles* in englisch), mit Reyher an der Buchausgabe des »Galilei« und mit jemand am »Kreidekreis«. Daneben geht einiges politisch, grad genug. Am 14. kommt die Bergner für einige Tage, dann ist »Malfi« fertig.[1]

Das übrige ist auch anstrengend.

Karin ist auf dem Land, es geht aber ihrem Herzen nicht sehr gut, höre ich.

Hoffentlich gibst Du wirklich auf Dich acht. Das ist ungeheuer wichtig.

Phil Berg ist hier, für sehr kurz. Ich halte es für Wahnsinn, ihm die Produktion zu überlassen. Er hat überhaupt nicht die *Zeit*, sich vorzubereiten, und auch dann wird ihn das Geschäftliche immerfort aufhalten usw.

Ich lasse eben Berg anrufen. Die Verantwortung hat wirklich Laughton.

Liebe Heli, sei nicht ungeduldig. Ich arbeite wirklich wie ein Neger im Süden.

Und ich küsse Dich jeden Abend,

bidi

1 Am 4. April 1946 melden Auden und Brecht das Copyright für *The Duchess of Malfi* an.

160 16. April 1946 (Poststempel des vermutlich dazugehörigen Briefumschlags); A: *New York,* E: *Santa Monica, hs. (BBA)*

Liebe Heli,
ich bin froh über die Samstagabend-Sitte. Madam, yours is a beautiful voice.

Vergeßt nicht, Reyher für seinen Roman zu danken, das ist ihm sehr wichtig.[1]

Ein Regisseur scheint zu sein: Robert Lewis, den Laughton kennen soll.[2] Er ist in Hollywood und versteht anscheinend was von Stil, hat auch Humor. Den Glamour kann man selber beisteuern.

Überhaupt brauchen wir keinen Genius. 2 Geniusse sind genug Schwierigkeiten.

Kann nicht Laughton über London versuchen, es erlaubt zu bekommen, daß wir mit Neher in Kontakt kommen können?

Sag doch Laughton, daß ich für Virginia die Lanchester haben möchte, nur nicht weiß, ob man ihr eine so kleine Rolle anbieten kann![3]

Wie gefallen Euch die Balladen zur »3-G.-O.«-Musik? Steff muß dazu die Melodie nochmal hören.

Gib acht auf Dich, Helli,

bidi

Ich küsse Dich, Helli[4]

1 Der sogenannte Fotografenroman mit dem Titel *Tin*, über den Reyher häufig mit Brecht spricht. Im August 1946 sendet Brecht ihm eine ausführliche Stellungnahme (vgl. GBA 29, 389-393).

2 Der Regisseur Robert Lewis, Gründungsmitglied des Group Theatre, später erfolgreich am Broadway, übernimmt nicht die Regie für *Galileo*.

3 Die aus England stammende Schauspielerin Elsa Lanchester ist mit Charles Laughton verheiratet. Sie lebt seit 1939 in den USA, ist in vielen Filmen zu sehen und tritt in Kabarett- und Revuevorstellungen auf. Die Rolle der Virginia bei der *Galileo*-Aufführung in Beverly Hills übernimmt Frances Heflin.

4 Dem Brief liegt ein Artikel bei, der Brechts Erfahrungen mit dem vielbeschäftigten Schauspieler, Regisseur, Produzenten und Herausgeber entsprach: Otis L. Guernsey Jr., *Orson Welles, The One-Man Show Business*. In: *New York Herald Tribune* [o. D.; etwa April 1946]. Darin wird u. a. auch mitgeteilt, daß Welles ein Stück über Galilei produzieren will.

161 3. Oktober 1946 (Poststempel des vermutlich dazugehörigen Briefumschlags); A: *New York,* E: *Santa Monica, hs. (BBA)*

Liebe Helli,
es ist so ein Trubel, daß einfach jede »Formulierung« eine enorme Anstrengung bedeutet – Laughton klammert sich ziemlich an usw. Dabei ist das Projekt wieder ganz auf hoher See. »Malfi« ging schlecht in der Provinz, d. h. bekam geteilte Kritiken. Sie haben dem englischen Regisseur erlaubt (oder ihn angestiftet), einen Mischmasch aus Webster-Original und meiner Bearbeitung zu machen, der unordentlich ist. Bergner ist schlecht, schwach, und wird wegen Akzent angegriffen. Sie haben noch Hoffnungen, aber … [1]

Ich wollte, Lorre verkaufte den Film! Der würde mir mehr Handlungsfreiheit geben.[2]

Ich denke, wir kommen im Oktober noch zurück. Vor Januar ist jedoch nichts anzufangen.

Ich denke gern, daß Du im unteren Zimmer schläfst, Helli, und ich küsse Dich, liebe Helli.

b

Schick mir den Brief von dem Schweizer Film Mann, in dem steht, was wir auf dem Konsulat sagen sollen! Oder kannst Du in Los Angeles dorthin gehen?[3]

1 Vor der Premiere am Broadway wird die *Malfi*-Inszenierung in verschiedenen Städten an der Ostküste gezeigt. Regie führt George Rylands. Nach der Aufführung in Boston zieht Brecht seinen Namen zurück, als er merkt, daß es unmöglich ist, auf Audens und seiner Fassung als Grundlage zu bestehen, einen anderen Regisseur und einen anderen Schauspieler für die Rolle des Ferdinand durchzusetzen. Er schreibt: »Die Aufführung wurde von einem englischen Regisseur geleitet und war altmodisch deklamatorisch, folgend der sogenannten Shakespeare-Tradition, die auf Stile des letzten Jahrhunderts zurückgeht und natürlich mit dem elisabethanischen Theater nicht das geringste zu tun hat. Die Unzulänglichkeit dieser Tradition konnte klar eingesehen werden« (GBA 24, 338).

2 Peter Lorre versucht, die Filmgeschichte *Lady Macbeth of the Yards*, die Brecht, Lorre und Reyher im September 1945 geschrieben haben, zu verkaufen. Der Stoff wird, obwohl sich 1947 die Columbia dafür interessiert, nicht verkauft.

3 Der Brief ist nicht überliefert.

162 Telegramm, 16. Oktober 1946, 8:22 am; A: *New York,* E: *Santa Monica (BBA)*

S 7 1 16 = NEWYORK NY 16 1106A
HELENE BRECHT =
1063 26 ST SANTAMONICA CALIF =

AS TO BERGNER I SAW WHAT AN ACTRESS YOU ARE
AS TO LAUGHTON UNHAPPY THE LAND =[1]
I DI.
IDI

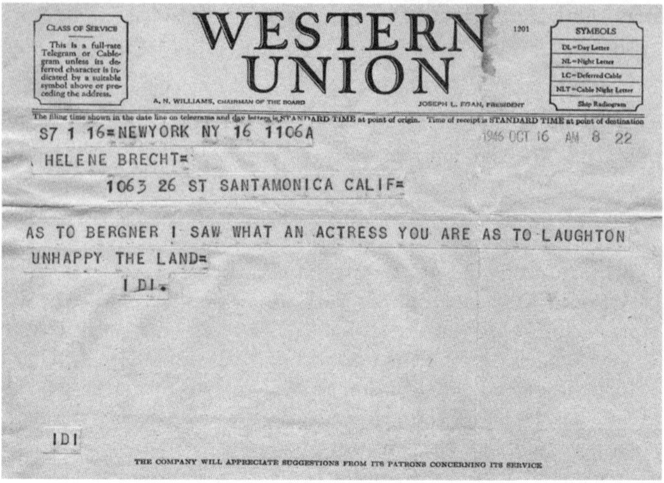

CLASS OF SERVICE
This is a full-rate Telegram or Cablegram unless its deferred character is indicated by a suitable symbol above or preceding the address.

WESTERN UNION

1201

SYMBOLS
DL=Day Letter
NL=Night Letter
LC=Deferred Cable
NLT=Cable Night Letter
Ship Radiogram

A. N. WILLIAMS, CHAIRMAN OF THE BOARD
JOSEPH L. EGAN, PRESIDENT

The filing time shown in the date line on telegrams and day letters is STANDARD TIME at point of origin. Time of receipt is STANDARD TIME at point of destination

S7 1 16=NEWYORK NY 16 1106A 1946 OCT 16 AM 8 22

HELENE BRECHT=
1063 26 ST SANTAMONICA CALIF=

AS TO BERGNER I SAW WHAT AN ACTRESS YOU ARE AS TO LAUGHTON UNHAPPY THE LAND=
I DI.

IDI

THE COMPANY WILL APPRECIATE SUGGESTIONS FROM ITS PATRONS CONCERNING ITS SERVICE

1 »AS TO BERGNER I SAW WHAT AN ACTRESS YOU ARE«: Am Vorabend ist die New Yorker Premiere von *The Duchess of Malfi* im Ethel Barrymore Theatre über die Bühne gegangen. Musik: Benjamin Britten; Regie: George Ryland; mit Elisabeth Bergner (Herzogin), John Carradine (Kardinal), Canada Lee (Bosola). Auf Brechts Wunsch steht im Programm lediglich Wystan Hugh Auden als Bearbeiter. »AS TO LAUGHTON UNHAPPY THE LAND«: Brecht kommentiert seine Enttäuschung über Laughtons »sellout« mit einem Selbstzitat aus dem *Galilei*: »Unhappy is the land that breeds no hero.« resp. »Unhappy is the land that needs a hero.« (GBA 5, 173) »Unglücklich das Land, das keine Helden hat!« resp. »Unglücklich das Land, das Helden nötig hat!« (GBA 5, 274).

163 19. Oktober 1946 (Poststempel des vermutlich dazugehörigen Briefumschlags); A: *New York,* E: *Santa Monica, masch. (BBA)*

Liebe Helli,
Laughtons sellout kam aus dem heiteren Himmel; dramatischer Weise erfuhr ich davon ein paar Minuten, nachdem ich von dem Durchfall der »Malfi« gehört hatte (der nicht aus heiterem Himmel kam). L. sagte eine Vorlesung vor den Columbia Broadcast Leuten ab (E. Murrow hatte das arrangiert, um Geld für die Produktion zusammenzukriegen, zusammen mit Shirer usw., es war unsere größte Chance, auch L. dachte das),[1] um den »Arch of triumph«-Film anzunehmen – weil ihm der die »Chance gab, das Hitchcock Picture abzulehnen«.[2] In ein paar Tagen war trotz dieses Schlags Losey so weit, daß er ausgezeichnete Zusagen hatte, zum ersten Mal war alles in Reichweite.[3] Diese Leute waren von den »high running costs« nicht geschreckt, Cyrano hat mehr speaking parts als Galilei und keinen Filmstar usw. Das ist jetzt alles kaputt, unaufwärmbar, niemand legt sich für den Herbst fest. Der Anwalt der Theatre Guild, mit dem L. immer noch rechnete und wahrscheinlich sogar rechnen konnte, obwohl er ihm ebenfalls ein festes Versprechen gebrochen hatte, sagte, als er von L.s Abschluß hörte, nur ein großes »o God«. Die Guild scheint kaum interessiert, und L. weiß das. Wir hatten erstaunlich großes Interesse gefunden, der finanzielle setup verlangte ein bißchen Geduld (in 3 Wochen kann man das nicht machen, das Stück ist teuer); jetzt sind die Interessen abgetötet; in diesem Land kann nichts wiederaufgewärmt werden. Am Schluß brach L. noch in einem wahren Amoklauf von Verräterei alle letzten Versprechen, dann daß er mich vor einer Entscheidung noch anrufen würde usw.[4] Du solltest, wenn Du ihn triffst,

sehr vorsichtig sein, nur sagen, daß ich mich 2undeinhalb Jahre nur auf den »Galilei« konzentriert habe, nichts anderes versuchte; aber vielleicht sagst Du besser nichts darüber, er weiß das selber. Aber sag ihm jedenfalls, ich hätte die Entscheidung über die Annahme von 5.000 $ Dir überlassen und daß Du sie annimmst, oder mir rätst, sie anzunehmen.[5]

Die »Malfi« hat sich die Bergner durch ihre Feigheit, Halbheit und weil sie den Kalkulationen ihres Spatzenhirns folgte, versaut. Englischer Regisseur der Websterschen Urfassung in London. Langsam, Deklamation, keine Szene gespielt, die Bergner manieriert und cute. An einigen Stellen sieht man, mit Schrecken, daß sie einmal ein Talent war.

Sie hatten vor der Premiere guten Vorverkauf, so existiert noch eine (leise) Chance. Mein Name ist weggeblieben, ich zog ihn, nachdem ich in Boston die Aufführung sah, zurück.

Steff war vergnügt, sein Zimmer scheint ihm zu gefallen. Unterm Arm hatte er ein Paket, spezielle Wurst, spezielles Brot, speziellen Käse, aus verschiedenen Geschäften zusammengeholt (Kosten der Tramstrecken eingerechnet immer noch »rentabel«).

Ich küsse Dich, Helli,
b

Losey, nach einem tiefen Chock, fing wieder an, zu arbeiten, ich glaube recht gut. Auf keinen Fall sollte man jetzt in L.s Defaitismus einstimmen.

1 Der CBS-Rundfunkmann Edward R. Murrow, der maßgeblich die Berichterstattung zum Zweiten Weltkrieg prägt und später zu einem Gegenspieler des Senators McCarthy wird. Die von Laughton abgesagte Lesung hat Murrow organisiert mit dem

Journalisten William Lawrence Shirer, der während der Nazizeit Korrespondent in Berlin gewesen ist.

2 In der Verfilmung von Erich Maria Remarques Roman *Arc de Triomphe* (1948) spielen u. a. Charles Laughton, Ingrid Bergman und Charles Boyer. Regie: Lewis Milestone. Laughton ist auch besetzt in Alfred Hitchcocks Film *The Paradine Case* (1947).

3 Joseph (Joe) Losey übernimmt die Regie für *Galileo*.

4 Es folgt ein gestrichener Satz: »Was immer er jetzt noch herumschwindeln mag, ist nur gefährlich für uns.«

5 Ungeachtet dieser Krise kommt es zur Aufführung des *Galileo* in Beverly Hills und New York.

164 Oktober/November 1946; A: *New York,* E: *Santa Monica, hs. (BBA)*

Liebe Helli,
wegen der Schweiz müssen wir in Los Angeles aufs Konsulat gehen. Aber wir müssen auch um die amerikanische Bürgerschaft einreichen, glaube ich.

Hier in New York ist es nicht angenehm.

b

Sei freundlich, ich mag Dich.

Umschlag, in dem Helene Weigel Brechts Briefe
vom Herbst 1946 sammelte.

Nach dem Verhör vor dem House Committee on Un-American Activities kehrt Brecht am 1. November 1947 nach Europa zurück. Er fliegt von New York nach Paris, verbringt dort einige Tage und fährt weiter nach Zürich. Weigel verläßt mit Tochter Barbara ebenfalls die USA, reist jedoch per Schiff. Über Paris gelangen auch sie nach Zürich, wo sich Weigel und Brecht wieder treffen. In Chur inszeniert Brecht seine Bearbeitung der »Antigone des Sophokles« mit Helene Weigel in der Titelrolle (Premiere am 15. Februar 1948) – ein Test für Berlin. »Helli war außerordentlich«, stellt er befriedigt fest.

165 3. November 1947 (Poststempel des vermutlich dazugehörigen Briefumschlags); A: *Paris,* E: *New York, 34 W 73rd Street, hs. (BBA)*

Liebe Helli, liebe Barbara,
der Flug war angenehm, sehr ruhig – ich hoffe, Euer Schiff hat gutes Wetter. Aussteigend, fühlte ich wie ein freier Mann (mit Gepäckstücken). Beim Geldwechseln stand neben mir Ella Winter und Ogden Stewart, die mit dem plane von London gekommen waren. Sie wohnen im Hotel ums Eck, so habe ich »Ansprache«.[1] – Das Hotel ist alt, dunkel, kalt, voll Atmosphäre (und hoffentlich nicht Läusen), für Brot braucht man Marken, ein paar Schnitten Schinken kosten einundeinhalb Dollar, aber für ein eventuelles Komitee für un-französisches Benehmen werde ich zu kurz hier sein. Montag will ich in Zürich sein. Vergiß nicht, Zigaretten auf dem Schiff zu kaufen, frag, wie viele Du mit hierher nehmen darfst. – Und kauft genug warmes Unterzeug, das ist *entscheidend*. Und geh sofort nachfragen wegen des Exitvisums! Barbara, Du sollst im Museum for Modern Art Picassos »Guernica« anschauen, und Charles sollte Dir, Helli, die japanischen Drucke zeigen (Wasserfall). Ist Reyher da? Dann grüß ihn. Er *muss* uns nachkommen. – Sieh zu, daß Hambleton Dir 5 Kopien von »Galilei« gibt – er soll sie in die Schweiz schicken.[2] – Gruß an Hambleton, Joe and Charles.[3] Frag nach dem Stationwagon für wenigstens Broso und den Inquisitor. Er sollte sie wirklich holen![4] – Sag Joe, ich habe den Homolka angerufen, er erwartet seinen Anruf (»Galileo« in Berlin, »circle of chalk« in New York).

Und jetzt sieh auf Dich, Helli, mach nicht zu viel, trink zum Essen und komm schnell (2 Tage Paris – für Barbara – ist das äußerste!)

Ich küsse Dich,
bidi

1 Brecht kennt die Journalistin Ella Winter und ihren Mann, den Schriftsteller und Filmregisseur Donald Ogden Stewart, seit einigen Jahren. Besonders interessieren ihn die Beziehungen des Paares zur Sowjetunion.
2 Den Film der *Galileo*-Inszenierung von Beverly Hills hat Ruth Berlau aufgenommen und T. Edward Hambleton produziert.
3 T. Edward Hambleton, Joseph Losey und Charles Laughton.
4 Der Zusammenhang ist unklar; vermutlich geht es um einen station wagon, einen großen Pkw mit kastenähnlichem Aufbau. Den Inquisitor im Galileo spielt John Carradine, der bereits die Rolle des Kardinals in *The Duchess of Malfi* übernommen hat. Wer sich hinter dem – nicht eindeutig entzifferten – Namen Broso verbirgt, konnte nicht ermittelt werden.

166 3. November 1947; A: *Paris,* E: *New York, 34 W 73rd Street, hs. (BBA)*

Liebe Helli,
ich habe mich erkundigt, das Beste wäre es, wenn Du das Hauptgepäck in Cherbourg nach Zürich aufgäbest. Du kommst an am Bahnhof St. Lazare und fährst nach Zürich ab am Bahnhof de l'Est – weit von einander. – Geh in das Hotel Madison, Blvd. Saint Germain, wo Mr. Foster ein Zimmer für den 15. reservieren wird. (Er wird erfahren, wann die Mauretania ankommt.) Foster ist sehr nett, verläßlich. Vielleicht bringt er Dich auch bei Anna in ihrem Hotel unter.[1] Das ist um die Ecke. – Ich selbst hätte besser die Dollars, die ich *hier* verbrauche, *nicht* genannt zum Einschreiben in den Pass, nur die, die ich nach der Schweiz weiternehmen wollte. Wichtig! –

Paris ist traurig, aber zeig Barbara den Arc de Triomphe. Und die kleinen Cafés.

Ich küsse Dich
b

Montag.

1 Der Journalist Joseph Foster, der für *New Masses* schreibt, interviewt in diesen Tagen Picasso. Anna Seghers hielt sich zu dieser Zeit in Paris auf.

167 Anfang November 1947; A: *Paris,* E: *Paris, hs. (Augsb.)*

Liebe Helli,
Anna Seghers' Adresse ist: Hotel des Saintes Pères in der rue des St. Pères ganz nahe am Madison. Zum Geldwechseln kannst Du Herman Starobin (»New Masses«-Korrespondent) anrufen:

Gambetta 02 – 12
zéro deux – douze.

Wenn Du Dein Billet nach Zürich noch nicht hast, kriegst Du es im American Express (Place de l'opéra). Sie wechseln auch Geld und schreibens in den Paß ein.

Wenn Du 2 Kopien des englischen »Galilei« hast, solltest Du *eine* davon an den Übersetzer

J. Grünberg[1]
c/o Dr. Glickman
131, Boul. Brune, Paris 11e
(oder Litnr 3553 (Telefon))

geben.

Bleib nicht zu lang hier!

Ich küsse Dich
b

Gruß an Barbara![2]

1 Der Céline-Übersetzer Isak Grünberg, an den Brecht 1937 wohl *Die Gewehre der Frau Carrar* sendet (vgl. Brief Nr. 114).
2 Dieser Brief empfängt Helene Weigel im Hotel in Paris; der beiliegende Umschlag ist lediglich mit *»helli«* adressiert.

Der Dichter Bert Brecht, der sich mit der
Phot. Li Osborne.

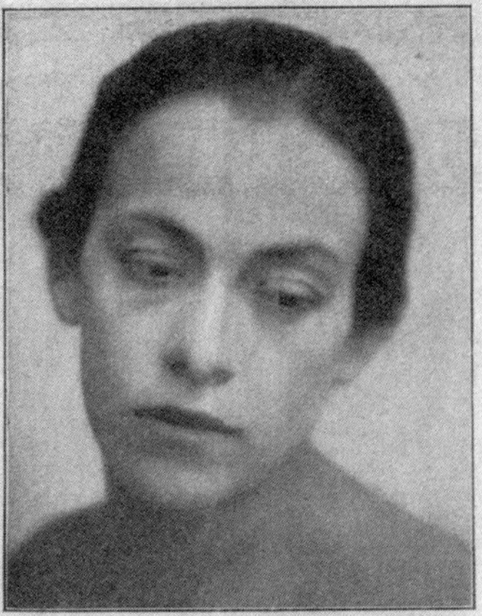

Berliner Bühnenkünstlerin Helene Weigel vermählte.
Phot. Zander & Labisch.

Abb. 1: Berliner Illustrirte Zeitung, Nr. 16, 21. April 1929

Abb. 2 und 3: Brecht, Olga Tretjakowa, Helene Weigel
und Slatan Dudow
Berlin, Babelsberger Straße, 1931

Abb. 4: Helene Weigel und Stefan
etwa 1927

Abb. 5: Barbara, Stefan und Helene Weigel
etwa 1932

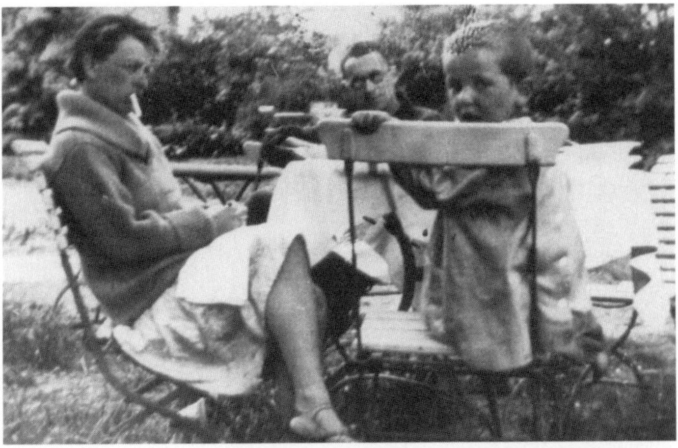

Abb. 6: Helene Weigel, Brecht und Stefan, etwa 1928
Abb. 7: Stefan, Barbara, Brecht und sein Vater
Svendborg/Dänemark, 1934

Abb. 8: Stefan und Helene Weigel, etwa 1929

Abb. 9: Brecht und Stefan, 1931
Abb. 10: Schweden, Sommer 1939

Abb. 11 und 12: Helene Weigel und Maria Lazar
Thurø/Dänemark, 19. August 1933

Abb. 13 und 14: Anläßlich der Premiere
Die Rundköpfe und die Spitzköpfe
Frederiksberg/Dänemark, 4. November 1936

Abb. 15: Kurt Kläber, Brecht und Helene Weigel
Carona/Schweiz, 1933

Abb. 16: Rechts im Bild Helene Weigel, Lisa Tetzner,
im Auto Barbara und Stefan
Carona/Schweiz, vor der Abreise nach Dänemark, Juni 1933

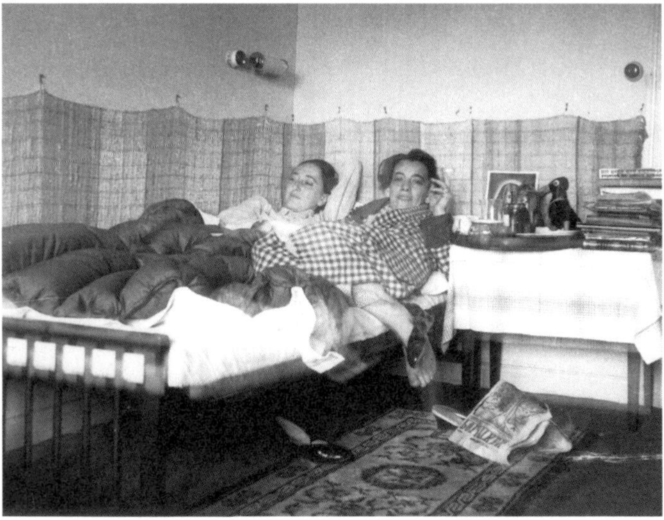

Abb. 17: Sadie Leviton und Helene Weigel
Dänemark, 1936
Abb. 18: Helene Weigel, Brecht, Marianne Zoff-Lingen, Barbara, Hanne und Ursula Lingen, Svendborg/Dänemark 1937

Abb. 19: Lidingö/Schweden, 1939

Abb. 20: Auf einer Probe zu *Die Gewehre der Frau Carrar*
Paris, 1937

Abb. 21: Santa Monica/USA, 1947
Abb. 22: Brecht und Stefan
New York City, 124 E 57th Street, 1946

Abb. 23 und 24: Auf einer Probe zu *Mutter Courage und ihre Kinder*
Berlin, 1951

Nachdem Brecht und Weigel im Oktober 1948 gemeinsam nach Berlin gereist sind und dort – u. a. durch eine Aufführung von »Mutter Courage und ihre Kinder« mit Weigel in der Titelrolle – erste Theatererfolge feiern, kehrt Brecht im Februar 1949 nach Zürich zurück. Seit Januar bemühen sich Brecht und Weigel intensiv um die Gründung eines eigenen Theaterensembles mit Weigel als Intendantin. Auf seiner Reise nach Zürich verhandelt Brecht mit Schauspielern und entwirft Spielpläne, ohne daß das neue Ensemble offiziell genehmigt ist. Am 18. Mai 1949 erhält Weigel schließlich vom Amt für Kultur der Sowjetischen Besatzungszone den Auftrag zur Gründung eines Theaterensembles, des Neuen Berliner Ensembles. Ab 30. Mai 1949 lebt auch Brecht wieder in Berlin.

168 25./26. Februar 1949; A: *Zürich,* E: *Berlin, masch. (Augsb.)*

Liebe Helli,

die Reise ging gut und vor allem schnell, ich konnte von Prag nach Zürich fliegen (mit einem Vorschuß auf die »Kalendergeschichten«).[1] Kam gestern, Donnerstag, hier an. Barbara ist wieder gesundheitlich in Ordnung, die Untersuchung der Lunge ergab, daß die in Ordnung ist, es war nur eine Grippe, erst eine Darm-, dann eine Halsgrippe. Jetzt ist sie etwas blutarm und kriegt anscheinend Eisen. Freut sich sehr auf Berlin, langweilt sich hier, hat »nichts zu tun gehabt«, was sie im Ton der Klage äußert, d. h. sie hat Gedichte geschrieben. Steff hat unablässig Gedichtbücher geschickt, ohne die sie nicht abreisen könnte. Im Zimmer kann sie nur bis 1. April bleiben. Ich habe ein Zimmer gefunden, sehr klein, aber selbständig. Cas war schon da – er ist hier, nicht in Salzburg. Bereit, am 1. September nach Berlin zu kommen, zumindest für 8 Wochen. Heute werde ich mit Therese, Steckel, Seyferth reden.[2] In Prag gibt es ein wunderbares Marionettentheater, das zu uns käme (geeignet für die Kammerspiele).[3] Das Theater der Satire könnte vermutlich im Oktober mit Pantomimen in die Kammerspiele kommen oder dann, wenn in den Kammerspielen eine Lükke entsteht, weil sie im Oktober nur 4 Wochen probieren können (wenn wir im November das Gorkistück[4] probieren). Also etwas später. Gib Engel auch »Die Gesichte der Simone Machard«, da könnte die Jette Ziegler die Simone spielen (sie spielte das Kind in dem Nexøfilm und ist herrlich).[5] Dies nur ein Einfall. Ich las jetzt »Die Niederlage«, zeig das niemandem mehr, es ist erstaunlich schlecht, aber man kann es, glaube ich, ändern, ich machte viele Notizen.[6] Ich verstehe jedenfalls jetzt Engels Horror. Jedoch hat das

Stück gute Rollen und kann noch bessere kriegen. Den kleinbürgerlichen Unsinn werde ich eliminieren und auch etwas Schwung hineinbringen, mich nur an den Stoff halten.

Freitag: Sprach mit Therese, die Dich herzlichst grüßen läßt. Sie ist einverstanden mit Kommen (1. November bis 1. Februar), muß aber noch mit Hirschfeld über den Termin reden. Mit dem Reisen aus Berlin ist sie auch einverstanden.[7]

Samstag: Sprach mit Steckel. Er will ebenfalls kommen. Wichtig für ihn, daß er den Haushalt in Zürich weiterführen kann. Sagt, er brauchte 300 $. Scheint mir viel, jedoch ist es vielleicht nötig, das zu zahlen. Werde handeln. (Therese wird wohl nicht mehr als 100 $ brauchen.) Da Steckel hier weiterarbeiten will, sprach ich mit Hirschfeld wegen der Termine. Mehr als vier Monate, meint der, werden sie ihn hier nicht weglassen, ohne kratzbürstig zu werden und unter Umständen einen andern Regisseur zu suchen. Es gäbe also folgende Möglichkeit:

Er fängt an am 1. Febr., probiert »Puntila«[8] bis 15. März und spielt ihn bis 1. Juni. (Und wir besetzen den Gorki anders.)[9]

Wir müssen darauf sehen, daß »Puntila« halbwegs ausgespielt werden kann und so spät endet, daß man ihn in der nächsten Saison wieder aufnehmen kann. Zehn Wochen gibt ja nur etwa 20 Aufführungen in Berlin und dann höchstens 20 sonstwo!

Das Schema wäre also so:

1. Sept. - 1. Nov.	Proben im DT	»Untergang der Kommune«
1. Nov. - 1. Jan.		»Untergang der Kommune«
1. Nov. - 1. Dez.	Proben in den KS[10]	Gorki
1. Dez. - 1. Jan.		

1. Jan. - 1. Febr.	Reise mit Kommunestück und Gorki	
1. Febr. - 15. März	Proben im DT	»Puntila«
15. März - 1. Mai		»Puntila«
1. Mai - 15. Juni	Reise mit Grieg, Gorki, »Puntila«	

Steckel könnte dann ab 15. Febr. einspringen in die Gorkiaufführung, die dann ohne Giehse liefe.

Sprach mit Seyferth. Er könnte für 4 Monate kommen. (1. Sept. - 1. Jan.), d. h. er könnte den Thiers spielen sowie den Bruder im Gorki.[11]

Er ist natürlich ein unzuverläßlicher Bruder, ich müßte mit den Münchener Kammerspielen abchecken.

Wir sollten, denke ich, die Reihenfolge: Kommunestück oder X – Gorki – »Puntila« festhalten, da »Puntila« *am Anfang* die Köpfung des Stücks mitten in der Saison bedeuten würde.

Das »K«-Stück hoffe ich umarbeiten zu können, wie es ist, kommt es nicht in Frage. Viertel sollte das Gorkistück machen, Therese wäre sehr glücklich darüber.

Hoffentlich höre ich bald, daß die Devisen bewilligt werden können.

Die »Courage«-Aufführung hat Wellen bis hierher geschlagen, wo man eigentlich nur die Westzonenzeitungen gelesen hat. Dein Erfolg gilt als enorm.[12]

Dem neuen Unternehmen schaut man mit wirklichem Interesse entgegen, besonders da hier sich alles auflöst. Die Bindungen Giehses und Steckels werden immer dünner, Knuth ist längstenteils in München, Seyferth geht ganz weg. Kein Regisseur. Hauptschauspieler Quadflieg.

Hoffentlich kriegt Ihr gute.

Und gib acht auf Dich. Bitte, keine Unterredungen an den

Spieltagen! Und sieh zu, daß Du schnellstens ein Auto kriegst. Die Arbeit ist zu anstrengend.

Ich komme so schnell zurück als möglich.

Ich küsse Dich

b

Gruß an Engel.

1 Die Verhandlungen mit den Prager Verlagen Práce und Mladá fronta scheitern.

2 Die Schauspielerin und Regisseurin Therese Giehse, Leonard Steckel und Wilfried Seyferth, beide ebenfalls Schauspieler und Regisseure.

3 Das von Josef Skupa in den zwanziger Jahren begründete, nach seinen Hauptfiguren benannte Prager Puppentheater Spejbl und Hurvínek.

4 Maxim Gorki, *Wassa Schelesnowa*. Viertel teilt am 25. Februar 1949 mit, daß er wegen seiner Verpflichtungen am Burgtheater zur Zeit nicht nach Berlin kommen könne. Außerdem müsse er als US-Bürger solch eine Reise offiziell anmelden.

5 In dem dänischen Film *Ditte Menschenkind* (1946; Regie: Bjarne Henning-Jensen) wird Ditte, das Kind, von Jette Ziegler gespielt.

6 Anstelle der ursprünglich geplanten Bearbeitung des Stückes von Nordahl Grieg (*Nederlaget*, 1937, in der Übersetzung Margarete Steffins 1938 von der Zeitschrift *Das Wort* publiziert) beginnt Brecht in Zürich *Die Tage der Kommune*. In den ersten Fassungen hält Brecht die Fiktion aufrecht, es handle sich um eine Übersetzung »nach dem Französischen des Jacques Malorne«. Das Stück wird erst postum am 17. November 1956 in Karl-Marx-Stadt unter der Regie von Benno Besson und Manfred Wekwerth mit der Musik von Hanns Eisler uraufgeführt.

7 Es folgt ein gestrichener Satz »Sie bliebe vom 1. Nov. - 1. Februar.«

8 Die Premiere von *Herr Puntila und sein Knecht Matti* ist am 12. November 1949. Unter der Regie Brechts und Erich Engels (Bühnenbild: Caspar Neher) spielen Leonard Steckel (Puntila), Erwin Geschonneck (Matti), Gisela Trowe (Eva) u. a.

9 Es folgt ein gestrichener Passus: »Wir streichen das Gastieren des Ensembles in Saisonmitte. Steckel kommt am 15. Dez., probiert«.

10 DT: Deutsches Theater, KS: Kammerspiele im Deutschen Theater.

11 Rollen in *Die Tage der Kommune* und *Wassa Schelesnowa*.
12 Die deutsche Erstaufführung von *Mutter Courage und ihre Kinder* hat am 11. Januar 1949 im Deutschen Theater Berlin Premiere; Regie: Brecht und Erich Engel, Musik: Paul Dessau, Ausstattung: Heinrich Kilger nach Teo Ottos Bühnenbild der Züricher Uraufführung von 1941; mit Helene Weigel als Anna Fierling, Paul Bildt als Koch, Werner Hinz als Feldprediger, Ernst Kahler als Eilif, Angelika Hurwicz als Kattrin u. a. »Die Couragefigur Hellis jetzt herrlich, von großer Kühnheit«, notiert Brecht am Tag der Premiere.

169 3. März 1949; A: *Zürich,* E: *Berlin, masch. (Augsb.)*

Zürich, Hottingerstr. 25

Liebe Helli,
bekam einen Brief von Kasprowiak[1], danke. Arbeite an Kommunestück. Brauche Teege dafür, Kahler, Hurwicz, Schaefer.[2] Sprach mit Gaugler, der erst seinen Spielsachenkram ordnen muß.[3] (Brauche übrigens auch den Jungen im 8. Bild der »Courage«, der mit der Frau Reich[4], die ich auch brauche.) Sprach mit Lutz[5], die kommen will, brauche da Vertragsformulare vom Deutschen Theater, wenn wir nicht eigene haben. Hoffe, daß Sache klappt, da ich hier Leute verpflichte. Otto kommt 1. November für »Schelesnowa«, wozu ich Viertel brauche.[6] Habe diesem telegrafiert. Kann Cas schon für Mai Permit bekommen? Nach Bern? Er ist Österreicher. (Reisepaß Nr. III P-4012/48; Rudolf Neher, geb. 11.4.97, Wohnort Salzburg, ausgestellt am 1.12.48 in Salzburg.)

Habe Zimmer nahe Theater.

Habe für mich und Barbara um neue Papiere eingereicht. Gitermann meint, es werde klappen.[7]

Bin recht zuversichtlich wegen Gastspielen. Steckel kommt 1. Febr. für »Puntila«, dann kann er in die »Schelesnowa«

einspringen, wenn nötig. Seyferth habe ich als Rollen angegeben: Bruder in »Schelesnowa« und Thiers. Engel sollte ihm Zettel beilegen, daß er mithilft.

Vielleicht kann man als korrespondierende Mitarbeiter nennen: Viertel (Burgtheater Wien – habe noch nicht Zustimmung), Hirschfeld (Schauspielhaus Zürich, will mitmachen), Otto, Zürich, Neher, Salzburg. Bräuchten jemand in München und Hamburg. Aber bitte noch keine Notiz.[8]

Gib auf Dich acht und mach nicht zu viel.

Ich küsse Dich, Helli

b

3. 3. 1949

1 Ilse Kaspowiak, Sekretärin von Brecht und Helene Weigel.

2 Die Schauspieler Joachim Teege, Ernst Kahler, Angelika Hurwicz und Gert Schaefer, die alle Mitglieder des Berliner Ensembles werden.

3 Hans Gaugler, Schauspieler und Spielleiter, spielt den Läuffer in Brechts Inszenierung *Der Hofmeister*, bleibt jedoch nur bis Anfang 1951 am Berliner Ensemble.

4 Käthe Reichel spielt die Alte Frau.

5 Regine Lutz, Schauspielerin, ab 1949 Mitglied des Berliner Ensembles.

6 Teo Otto entwirft die Ausstattung für *Wassa Schelesnowa*, die am 23. Dezember 1949 unter der Regie Berthold Viertels (mit Therese Giehse in der Titelrolle) aufgeführt wird.

7 Der Historiker Valentin Gitermann gehört zu Brechts Zürcher Bekannten- und Unterstützerkreis. Er ist Schweizer Nationalrat und setzt sich dafür ein, daß die Aufenthaltsgenehmigung für Brecht verlängert wird.

8 1950 werden als offizielle »Mitarbeiter« des Berliner Ensembles genannt: Bertolt Brecht, Paul Dessau, Hanns Eisler, Erich Engel, Caspar Neher, Teo Otto und Berthold Viertel.

170 6. März 1949; A: *Zürich,* E: *Berlin, masch. mit hs. Postskriptum (Augsb.)*

Liebe Helli,
nehme heut, Sonntag, Barbara mit nach Basel zum Fastnachttrommeln. Sie hat eine große Zeit, mit Empirekostüm auf unzähligen Bällen. Die unerträgliche Langeweile, verursacht durch Faulheit, scheint so herabgemindert. Ich hoffe sehr auf baldige Erledigung der Papiersache hier, Gitermann ist optimistisch und hilfsbereit.

Habe Viertel telegrafiert wegen »Schelesnowa«-Regie, beginnend 1. Nov. Er kommt wahrscheinlich hierher zur Besprechung.

Wäre Engel interessiert an Büchners »Dantons Tod« (falls »Niederlage« schwierig)?[1] Müßte ergänzt werden: Danton verrät Revolution tatsächlich, da er mit Aristokratie verkehrt, sie beschützt, bewundert, sich von ihr bewundern läßt, überhaupt ein Star wird usw. Ist so schuld an dem nötigen Terror (nötig gegen ihn), einem Terror, der dann auch Robespierre verschlingt. Seyferth wäre ein Robespierre, bekäme man Dahlke[2] als Danton (und genügte er)?

Titel für »Niederlage«: »Die Tage der K[ommune]« (oder »Zur Zeit der K«)

Gib auf Dich acht, ich küsse Dich

b

Sind meine Briefe an S. angekommen?[3]

1 Brecht schlägt Büchners Stück als möglichen Ersatz für *Die Tage der Kommune* vor. Das Vorhaben wird nicht umgesetzt.
2 Paul Dahlke, Theater- und Filmschauspieler.
3 Vermutlich Gody Suter, der Berliner Korrespondent des *Tages-Anzeiger*, Zürich, der bei den britischen Behörden akkreditiert ist. Bei Suter kann Brecht das Auslandstelefon benutzen.

171 *Anfang März 1949;* A: *Zürich,* E: *Berlin, masch. mit hs. Postskriptum (Augsb.)*

Liebe Helli,
Viertel antwortete per Telegramm von Wien, daß er den November frei halte für den *Gorki* mit Therese. Jetzt wird wichtig, daß Engel vom 1. Sept. bis 1. Nov. frei bleibt. Sag ihm, ich habe ein altes französisches Stück aufgegabelt, das, etwas bearbeitet, dienen wird können.[1] Cas meint auch, es wird ihn interessieren. Wir könnten unsere jungen Leute (Trowe[2], Hurwicz, Kahler, Schaefer, Teege) darin herausstellen. Ich schicke bald einen Entwurf der ersten paar Szenen. – Daß ich immer noch nichts gehört habe von der endgültigen Zustimmung der DWK[3], macht mich recht unsicher: die Leute hier fangen an, mit Berlin zu rechnen, machen Dispositionen, verlassen sich auf mich. Auch, daß Du noch nicht einmal in der »Möwe« wohnst oder Büros hast, sieht schlecht aus.[4] Und daß A[lexander] D[ymschitz][5] einen Abschiedsabend gab, wie Kasprowiak schreibt, hört sich bedrückend an: wer wird helfen? Wie ist es mit *den Visas* für Cas (und mich und Barbara)? Hier ist es nach Berlin ungeheuer langweilig. Hat Weisenborn an den französischen Theateroffizier geschrieben?[6] *Wegen meines Permits?* Für das »K.«-Stück brauchten wir zumindest 15 Männerdarsteller, so sollten wir, zumindest für 5 Monate am Beginn, solche Leute wie den Schauspieler aus der russischen Kriegsgefangenschaft, den Ihering uns zeigte, dazunehmen. Und schau Dir an, was es an Kabarett gibt. Und schick mir unbedingt *Kontraktformulare*, ev. vom Deutschen Theater, für Lutz und Gaugler, aber auch für Steckel und Giehse. Der Brief geht ein bißchen durcheinander, entschuldige. Gern wüßte ich, wies Dir geht, bitte, schreib mal selber oder ruf mich an (328890) – Du müßtest nur G[ody] S[uter] bit-

ten, mir durch seine Redaktion ausrichten zu lassen, wann Du anrufen willst, damit ich daheim bin. Ich freue mich zurück.

Und ich küsse Dich, Helli

b

Wichtig ist, daß man nichts davon redet, daß ich selbst das Stück bearbeite!

Autor: Jacques Duchesne!

1 *Die Tage der Kommune*, Brechts Bearbeitung von Nordahl Griegs *Die Niederlage* (siehe das Postskriptum).

2 Gisela Trowe.

3 Deutsche Wirtschaftskommission: das oberste deutsche Verwaltungsorgan in der sowjetischen Besatzungszone bis zur Gründung der DDR (7. Oktober 1949). Am 29. April 1949 wird die DWK von der SED-Führung beauftragt, in Abstimmung mit der Sowjetischen Militäradministration in Deutschland (SMAD) die Finanzierung des Ensembles zu regeln.

4 Theaterclub in der Nähe des Deutschen Theaters (später Zentraler Klub der Gewerkschaft Kunst), in dem Brecht und Weigel 1949 Büros für das bis 1954 gastweise im Deutschen Theater spielende Berliner Ensemble erhalten.

5 Dymschitz, Chef der Kulturabteilung der Informations-Verwaltung der Sowjetischen Militär-Administration in Deutschland, hat Brecht am 23. November 1947 geschrieben: »Ich höre, Sie haben die Absicht, in Kürze nach Berlin zu kommen und hier Ihre so für die deutsche Bühne fehlenden Werke zur Aufführung zu bringen. Falls Sie während der Verwirklichung Ihrer Berliner Pläne unsere Hilfe in verschiedenen Beziehungen brauchen werden, so sind wir von ganzem Herzen bereit, den Weg zum Erfolg Ihrer Arbeit zu erleichtern.«

6 Günther Weisenborn, Dramatiker und Erzähler.

172 21. April 1949; A: *Zürich,* E: *Berlin, masch. (BBA)*

Liebe Helli,
heute, Mittwoch, bekam ich nach allerhand beträchtlichen Schwierigkeiten endlich das Rückreisevisum von Bern, allerdings nur für mich, nicht für Barbara.[1] Ich hatte inzwischen schon über von Einem[2] in Salzburg den Versuch angefangen, einen österreichischen Paß zu bekommen. Solch einer gälte dann auch für Dich und Barbara und wäre zumindest ein Papier, mit dem man reisen kann. Die Aussichten sind nicht schlecht, und ich muß ja versuchen, den Zugang zu so vielen deutschsprachigen Bühnen wie möglich zu behalten. Arbeiten können wir ja dann, wo wir wollen. – Nun brauche ich noch das Permit für Barbara und das *mir* von Bern zugesagte nach München. Kriegt Barbara keines, fahre ich voraus und treffe sie dann in Salzburg. Hoffentlich sind auch die russischen Permits in Bern, wir konnten es noch immer nicht feststellen. – Das »K[ommune]«-Stück ist in Ordnung, ich habe noch daran herumgefeilt und es darum noch nicht abgeschickt. Aber ich halte es jetzt doch für möglich, daß wir besser mit dem »Puntila« anfangen, der viel weniger controversial ist; auch ist das »K.«-Stück eine riesige Produktion und man könnte sie, wenn es an dritter Stelle kommt, die Saison durch vorbereiten. Was ist mit Busch?[3] (Soll ich versuchen, Paryla zu interessieren?)[4] Mit Steckel habe ich noch ins klare zu kommen, ob er Anfang September kann, ich erfahre es in den nächsten Tagen. (Im Februar könnte er bestimmt.) Seyferth könnten wir auch für »Puntila« kriegen, denke ich, und ich glaube, Engel würde ihn gern dafür haben. (Steckel schiene mir der größere Gewinn.) Bitte, frag Engel danach und schreib mir, was Du denkst. Sonst käme Seyferth im Februar, dann für das »K.«-Stück in der Doppelrolle Thiers-Bismarck. – Die Da-

ten der Schauspieler gehen Dir zu. – Ebenso die Berechnungen für die Reisekosten. – Möglicherweise kann das große Gepäck nur bis zur tschechisch-deutschen Grenze gebracht werden. Können wir es von dort abgeholt kriegen? – Wenn wir von München aus direkt nach Hof kämen, könnte uns ein Auto an der Ostgrenze abholen? – Ich werde für das Haus auch in München Geld frei machen.[5] – Barbara ist jetzt auch recht gierig, nach B. zu kommen, und war recht in Sorge, sie könnte lange hier warten müssen. – Über Gastspiele des Ensembles im vornherein zu verhandeln, scheint mir nicht aussichtsreich und Ablehnungen zu riskieren unweise. – Wie ist Budzislawskis genaue Adresse? – (Und Lorres Adresse?) – Von Kasprowiak trafen jetzt noch Briefe ein, abgeschickt während der briefmarkenlosen Zeit, sag ihr, es ist all right. – Natürlich könnt Ihr, das Eröffnungsstück betreffend, nichts Richtiges sagen, solang Ihr das »K.«-Stück nicht kennt.[6] Ihr wißt aber das Thema, und ich bin natürlich streng der Wahrheit gefolgt, die manchem, wie bekannt, nicht gefällt. Hirschfeld[7] las es; er sprach sehr begeistert davon, riet jedoch, es als drittes zu geben, ev. dann mit einem durch das D.T.-Ensemble verstärkten Ensemble. –

Ich küsse Dich
b

21.4.49

1 Das Schweizer Rückreisevisum für Barbara wird am 6. Mai ausgestellt.
2 Der österreichische Komponist Gottfried von Einem ist seit 1946 Mitglied des Direktoriums der Salzburger Festspiele und erteilt Brecht den Auftrag zu einer Neufassung des *Jedermann*.
3 Ernst Busch, Schauspieler und Sänger.
4 Karl Paryla, österreichischer Schauspieler und Regisseur.
5 Helene Weigel erhält am 8. April 1949 für sich und Brecht eine Wohnungszuweisung in ein geräumiges Haus in Berlin-Weißensee, Berliner Allee 190, im sowjetischen Sektor. Ab Pfingsten 1949 wohnt die Familie dort, vgl. Brechts Gedicht *Ein neues Haus*. In

München, beim Verlag Kurt Desch, will Brecht für einen eventuellen Hauskauf Vorschuß eintreiben.

6 Für die Eröffnung des Berliner Ensembles schlägt Brecht das Stück *Die Tage der Kommune* vor, verzichtet aber dann auf die Uraufführung in dieser Spielzeit. (Es wird erst postum am 17. November 1956 uraufgeführt.) Das BE wird am 12. November 1949 mit *Herr Puntila und sein Knecht Matti* am Deutschen Theater eröffnet.

7 Kurt Hirschfeld, Theaterregisseur und Intendant des Zürcher Schauspielhauses.

173 April 1949; A: *Zürich,* E: *Berlin, masch. (Augsb.)*

Wimmer schreibt mir von München, sie würde für das *Gorkistück* kommen (als Schwiegertochter der Wassa).[1] Gut? Sie hat Namen in Berlin.

Liebe Helli,
danke für den Doppelbrief. Bin sehr froh über das Haus. Barbara ebenfalls; sie war ganz überaus vergnügt über den Mantel, hatte auch wegen kalten Wetters Gelegenheit, ihn überall zu zeigen, was gute Propaganda war. Mit der Ärztin sprach ich: es wurden alle Teste gemacht, der Lungenbefund ist erstklassig, das sind alte, völlig vernarbte kleine Stellen, seit langem erledigt. Aber das Klima ist schlecht für sie und im Augenblick halte ich sie wieder in ihrem Zimmer fest und bringe Essen, damit sie sich völlig von der Grippe erholt, ich kaufe ihr sogar Huhn. Gut, wenn sie in Berlin arbeiten lernt, das kann sie nicht. Ob sie *nur* Naturwissenschaften studieren könnte in Berlin? Das würde sie gern. Sonst Theater. – Eine Schwierigkeit: ich müßte schon jetzt Frankenfond[2] hier haben, für Telefonieren, Telegramme usw. Das kann ich nicht zahlen. Und Berta muß hier die Fahrkarten zahlen können.[3] Und wir müssen so schnell

wie möglich Geld in Prag liegen haben, damit die Durchfahrenden, auch ich, dort Kronen haben, das ist wichtig. Man muß übernachten, Fahrkarten kaufen usw. – Ich arbeite konstant. Mit »Die Tage der K.« bin ich im letzten Akt, Cas hat schon Skizzen gemacht. Er könnte im Mai die Kostüme vorbereiten, das wird ein riesiger Job, der sehr früh begonnen werden muß. Und er kann erst anfangs September in Berlin sein. – Kannst Du für die Dramaturgie den Kuba engagieren, damit der eine Grundlage hat?[4] – Erwarte Deinen Brief über Basel. – Mit Eisler muß für August etwas ausgemacht werden, daß er nach Berlin kommt (über DEFA, den Dudowfilm[5]? oder von uns), ich brauche ihn für die »K.«-Musik, da Lieder wie »Sklave, wer wird Dich befreien« und »Resolution« darin verwendet werden, d. h. er muß auch das übrige machen.[6] Bearbeitet das schon jetzt. – Überanstreng Dich nicht.

Ich küsse Dich
b

Bernhard R[eich][7] wäre eine große Hilfe, er ist Dramaturg, Regisseur, Theaterhistoriker und spricht die Sprache.

1 Die Schauspielerin Maria Wimmer spielt weder in *Wassa Schelesnowa* noch in einem anderen Stück am Berliner Ensemble.
2 In der Textgrundlage »Frankenfund«. Das Berliner Ensemble verfügt für die Engagements auch über Valuta-Mittel.
3 Berta Otto, die Gattin Teo Ottos.
4 Ein Engagement Kubas (d.i. Kurt Barthel) am Berliner Ensemble kommt nicht zustande.
5 Hanns Eislers schreibt die Musik für den Film *Unser täglich Brot*, den Slatan Dudow für die DEFA dreht.
6 Die um 1934 entstandenen Lieder *Keiner oder alle* (*Sklave, wer wird Dich befreien*) und *Resolution* (beide in den *Svendborger Gedichten*) nimmt Brecht in das Stück auf. Für sie gibt es bereits Vertonungen von Eisler, der die Musik zur Uraufführung von 1956 schreibt.

7 Brecht bemüht sich vergeblich darum, den in der Sowjetunion lebenden Regisseur ans Berliner Ensemble zu holen.

174 April/Mai 1949; A: *Zürich,* E: *Berlin, masch. (Augsb.)*

Liebe Helli,
Steckel teilt mir eben mit, daß er nicht vor dem 3. Oktober in Berlin sein könnte – falls wir mit »Puntila« beginnen wollen. Wir könnten natürlich vorprobieren (und damit zugleich jemanden zum Alternieren ausbilden). Schreib mir gleich, was Du darüber denkst. Warte jetzt noch auf Barbaras Permit für München, aber nicht zu lange. Wenn sie keines kriegt, fahre ich für 1 Woche nach München voraus und treffe sie in Salzburg. Das Stück geht Montag ab an Dich. Bevor Du es irgend jemand gibst, muß es allerdings abgeschrieben werden (vor allem sollte Engel es nicht so geflickt sehen).

Ich küsse Dich
b

175 April/Mai 1949; A: *Zürich,* E: *Berlin, masch. (BBA)*

Liebe Helli,
Kisten haben wir, gepackt werden kann Anfang der nächsten Woche in Feldmeilen und bei Barbara, dann geht das Zeug an die *Sanitaire*[1], jedoch lasse ich die Decken heraußen. – All das braucht einige Laufereien. – Die Papiere ebenfalls. Da muß wieder interveniert werden. Die Verlängerung ging nur bis 6. Oktober, ein sehr unglückliches Datum, mitten in Proben. Und die Rückreiseerlaubnis wollen sie zunächst nicht geben. – Das Stück habe ich roh fertig,

Zeit genug, es zu polieren in Berlin. Schicke es ab Anfang der Woche, zum Abschreiben durch Kasprowiak: Engel solltest Du es erst in sauberer Form geben, das scheint mir wichtig. Sprachlich muß ich noch einmal drübergehen und die Szenen 7-11 brauchen noch mehr Schmiß (und Studium der Akten). – Es war eine große Arbeit. – Wichtig ist, daß hier ein kleiner Fond ist, wenn ich wegreise, damit die Schauspieler hier die Fahrkarten und etwas Reisegeld kriegen können. Auch in Prag muß man Unterkunft und Fahrkarten für sie organisieren, sonst brauchen sie zuviel Franken, die sie nicht haben, und das Engagement muß solide aussehen. Ein Ersetzen in Berlin ist nicht richtig und hilft nicht. – Wegen des Hauses solltest Du mit Suhrkamp und Wendt sprechen: wenn wir das Geld aufbringen können, wäre es gut, das Haus zu kaufen.[2] Nun muß ja schon die »Courage« genug einbringen, dazu die andern Stücke. Irgend jemand muß das einfach vorstrecken. – Wenn ich nur nicht hier aufgehalten werde; bis jetzt habe ich keine Zeit verloren, konnte das Stück machen, hatte Cas dazu und jetzt sind wir bei den Dekorationen, die, glaube ich, sehr schön werden. – Ja, noch was: Hauptmann sollte den alten Duncker nach Literatur fragen, er hat seinerzeit das 1871-Buch zusammengestellt.[3] Vor allem bräuchte ich: »Documents historiques contemporains (Collection de la Revue de France): *Les 31 séances officielles de la Commune* (1871)«.[4]

b

1 Hygienekontrolle; Desinfektionsanstalt.

2 Gemeint ist das Haus in Weißensee, vgl. Brief Nr. 172, Anm. 5.

3 Vgl. *Pariser Kommune 1871. Berichte und Dokumente von Zeitgenossen.* Berlin: Neuer Deutscher Volksverlag, 1931, vgl. *Die Bibliothek Bertolt Brechts*, Nr. 2804. Das Buch erschien in der Zusammenstellung und mit einem Geleitwort von Hermann Duncker.

4 *Journal officiel de la Commune. Documents historiques contemporains,* collection de la Revue de France. Les 31 séances officielles

de la Commune. Paris: Revue de France, 1871. Von dieser Ausgabe befindet sich nur ein Ergänzungsband in der Nachlaßbibliothek, vgl. *Die Bibliothek Bertolt Brechts*, Nr. 2830.

176 April/Mai 1949; A: *Zürich*, E: *Berlin, masch. (Augsb.)*

Liebe Helli,
das ist also jetzt das Stück, hoffentlich gefällt es Dir und auch Engel. Zwischenlieder und Schlußlied fehlen. Wenn wir es im Februar machen, könnten wir mit »Puntila« anfangen, Steckel könnte am 5. Okt. in Berlin sein. Das »K.«-Stück ist ein Schulstück für das Ensemble, viele können in kleinen, aber runden Rollen ausgebildet werden, und, wenn wir es im Februar machen, könnten wir Schauspieler vom DT hereinnehmen zu einer Art Gesamtproduktion, aber im Stil des NBE.[1] – Gaugler könnte im Februar besser als im September und er wäre gut als der spionierende Offizier in 12 oder als Rigault. – Ich habe mit München Verhandlungen aufgenommen wegen eines Gesamtgastspiels »Courage«. (Kammerspiele.) – Hast Du die Gutscheine von der Sanitaire bekommen? – Was ist das mit dem Hebbeltheater und »Puntila«, wovon Kaspr. schreibt?[2] »Puntila« spielen natürlich wir. Erkundigt Euch, ob Desch da eine neue Vertragswidrigkeit im Sinn hat.[3] Er hat keinerlei Recht, ohne mich das Stück an Berlin zu vergeben. –

i. k. d.
b

Bitte, das Manuskript (Original) niemandem zu zeigen, das ist sehr wichtig.

1 Abkürzung für: Neues Berliner Ensemble (später BE abgekürzt: Berliner Ensemble).

2 Der Brief von Ilse Kasprowiak ist nicht überliefert.

3 Friedrich Ege, ein finnischer Journalist und Übersetzer, weist darauf hin, daß in der Rezension vom 15. Januar (zur Neuinszenierung von *Herr Puntila und sein Knecht Matti* am Berliner Ensemble) der Name Hella Wuolijokis nicht als Mitautorin genannt worden sei. Schon nach der deutschen Erstaufführung in Hamburg (Premiere: 22. November 1948) fragt Brecht telegrafisch beim Münchener Verlag Kurt Desch an, der die deutschsprachigen Aufführungsrechte vertritt, ob der Name Hella Wuolijokis vertragsgemäß im Programm und den übrigen Aufführungsmaterialien genannt werde, was am 29. November bestätigt wird. Für Aufführungen in Berlin behält sich Brecht die Rechte vor.

177 *Mitte Mai 1949;* A: *Zürich,* E: *Berlin, masch. mit hs. Postskriptum (Augsb.)*

Liebe Helli,
ich erwarte jetzt die Papiere mit den Visen von Bern jeden Tag zurück; dann fahren wir sogleich. Salzburg muß ich 3 Tage bleiben, das ist alles. An Verträgen habe ich:

Giehse 1. Nov. - 31. Januar

Lutz ganze Saison

Gaugler ab 1. Januar (wenn nötig, früher, das heißt wenn wir »T d K« zuerst spielen)

Teo Otto November (anschließend für DT verfügbar)

Neher 1. Sept. - 31. Okt. und 1. Februar - 31. März

Besson ganze Saison[1]

Seyferth hält sich 4 Monate frei für uns, hängt dann von Rolle ab.

Steckel ab 5. Okt. für »Puntila« (oder 1. Februar für »Puntila«), jedoch unterzeichnete er nur, wenn 300 garantiert per Monat, was ich nicht unterzeichnete; es ist bis 15. Juni von ihm ein bindendes Angebot.

Fueter könnten wir ab 1. Februar haben.[2] Noch kein Vertrag.

Viertel hat für Nov. zugesagt.

Die kleineren Sachen haben wir hier noch eingekauft, hoffentlich kaufte Barbara das Richtige. Sie ist sehr scharf auf Berlin und war jedesmal verzweifelt, wenn es sich mit den Papieren hinzog. Ist auch gesund und herausgefüttert. Fraß ein kleines Vermögen auf.

Ich küsse Dich

b

Teo Otto, der für 12 Tage nach Berlin zu Tschesno[3] muß, fährt wahrscheinlich mit uns!

1 Der Schweizer Schauspieler wird 1949 Mitarbeiter Brechts am Berliner Ensemble.

2 Der Schauspieler Willy Fueter, der zugleich Kunstmäzen und Autor ist.

3 Michael Tschesno-Hell ist zu dieser Zeit Leiter des Verlages Volk und Welt im Osten Berlins.

Obwohl der staatenlose Brecht in der Sowjetischen Besatzungszone (SBZ) lebt und arbeitet, bemüht er sich, unterstützt von Gottfried von Einem, um die österreichische Staatsbürgerschaft. Von 28. August bis 1. September 1949 reist er über Freilassing nach Salzburg.

178 29. August 1949; A: *Freilassing,* E: *Berlin, hs. (Augsb.)*

Montag früh

Liebe Helli,
wir fuhren (ohne jede Panne) durch bis Freilassing, kamen 9h abends an.[1]

Jetzt erwarte ich von Einem.

Betreib doch Cas' tschechisches Visum, das in *Wien* liegen müßte. Und benachrichtige mich nach Freilassing, telegrafisch, ob es glückte.

1 In der Wiener Zeitung *Die Presse* erscheint am 6. August eine Notiz, derzufolge Brecht »als Theaterleiter im Sowjetsektor Berlins« tätig sei und das Deutsche Theater »unter Brechts Führung die neue Spielzeit beginnen« werde. Brecht erhält in der Folge die Nachricht, die österreichische Regierung werde die Einbürgerung wegen seiner Tätigkeit im Osten Berlins ablehnen. Er fährt trotzdem mit Interzonenpaß wegen des österreichischen Passes und der Beteiligung an den Festspielen über Freilassing nach Salzburg, anschließend nach München und Augsburg. In Freilassing muß er auf von Einem warten, der ihn mit Hilfe eines amerikanischen Besatzungsoffiziers über die Grenze bringt, vgl. *Journale*, Eintragung vom 28. August bis 4. September 1949. Am 12. April 1950 wird ihm die österreichische Staatsbürgerschaft zuerkannt.

179 Billett, Ende Dezember 1949; A: *Berlin,* E: *Berlin, hs. (BBA)*

Liebe Helli,
Dank für ein gutes Jahr, vom dem Du das Größte warst.

b

1949

Familie Brecht verbringt den August 1950 im Ostseebad Ahrenshoop. Brecht kehrt schon etwas früher nach Berlin zurück.

180 Vermutlich Ende August 1950; A: *Berlin,*
E: *Ahrenshoop, hs. (Augsb.)*

Liebe Helli,
falls der Preis für mich fallengelassen wurde, ich glaube, er wird es, dann gib beiliegendes Couvert an *Becher*![1]

Und, bitte, kommt schon Donnerstag[2] nacht heim, wenn irgend möglich.

Auch, weil Lindemann noch am Freitag vormittag wegen seines Papiers da sein muß (die Folz ist auf Urlaub!).[3]

Ich küsse Dich
b

1 Brecht wird erst 1951 mit dem Nationalpreis I. Klasse bedacht, nachdem er 1949 den Preis II. Klasse (im Kollektiv für die Inszenierung von *Mutter Courage und ihre Kinder*) abgelehnt hat, vgl. *Journale*, 18. Juni 1949. Becher erhält die I. Klasse 1949 und 1950. Das Couvert und sein Inhalt sind nicht überliefert.
2 Das ist der 31. August.
3 Reisepapiere von Brechts Fahrer Werner Lindemann, der noch in Ahrenshoop ist, für die Reise mit Brecht nach München. Folz: Vermutlich eine Verwaltungsangestellte des Deutschen Theaters oder des Berliner Ensembles.

Die Arbeit am Berliner Ensemble beherrscht die Korrespondenz der fünfziger Jahre. Obwohl Brecht und Weigel sich in Berlin aufhalten, schreiben sie sich immer wieder, um Organisatorisches zu klären.

181 Anfang September 1951; A: *Berlin,* E: *Berlin, masch. Du. (BBA)*

Liebe Heli,
es ist Dir vielleicht lieber, wenn Du Dir jetzt schon die Punkte, die noch zu beachten sind,[1] durchlesen kannst, da ich aber heute vormittag mit Franz und Wera für den Almanach[2] arbeiten muß, kann ich nicht hereinkommen und sie Dir persönlich sagen.

Also:

I. Bild	Das Tempo beim Losziehen war sehr schön! Vom »Mutterleib an« möchte etwas poetischer kommen.
III. Bild	Bei dem Satz »*Wer* ist besiegt?« (Antwort auf den Prediger »Wir sind eben besiegt«) möchte die Betonung auf dem »Wer« liegen.
IV. Bild	(große Kapitulation) Zum *Marfiak*[3] *rufen* »Er sitzt schon«. Die Zwischentexte des Liedes waren sehr schön schnell. Betonung: Und vom Dach der Star pfiff *noch* kein Jahr
IX. Bild	Unter der Wollhaube durch das Loch darf keine andre Farbe durchscheinen.
X. Bild	Gerade und aufrecht stehen, während Du dem Lied lauschst, nur mit dem Kopf hängen,[4]

1 Brechts Hinweise beziehen sich auf eine Wiederaufnahme von *Mutter Courage und ihre Kinder* am 11. September 1951 im Deutschen Theater.

2 Wera Skupin ist im Sammelband *Theaterarbeit* als redaktionelle Mitarbeiterin angegeben, ebenso Claus Hubalek, der nach Auskunft von Egon Monk intern »Franz« genannt worden ist.

3 Wladimir Marfiak spielt den älteren Soldaten in der Szene 4.

4 Der Text bricht auf der Mitte der Seite ab.

182 16. Oktober 1951; A: *Berlin (Kopfbogen Berliner Ensemble),* E: *Berlin, masch., dikt. (BBA)*

16. Oktober 1951

Lieber Bert,
Folgende Punkte bedürfen Deiner Aufmerksamkeit und einer Besprechung zwischen uns:

1. Das Deutsche Theater fragt an, ob eine Chance bestünde, den »Biberpelz« am 27. Oktober in das Repertoire aufzunehmen.[1] Das wäre sehr günstig, weil Therese dadurch rasch ins Arbeiten käme, und ich meine, daß sie sich sonst nicht wohlfühlt.

2. Aus einem kurzen Gespräch mit Hurwicz entnahm ich, daß Therese nicht spielen will im »Krug«, sondern nur die Regie übernehmen will.[2] Auch ist die Frage, ob man »Wassa« noch einmal aufnehmen will, ungeklärt.[3]

3. bitte ich Dich, auch die Frage des Ferienaufenthaltes von Reichel, die Du mit Dessau noch besprechen wolltest, rasch zu klären, denn immerhin braucht das Gesundheitsamt trotz ärztlichem Zeugnis einige Zeit, um einen Platz freizu[be]kommen.

2. Dann gibt es hier zwei Punkte, die Steff in seinem letzten Brief schreibt, die auch der Klärung bedürfen. Wenn Du heute nachmittag bei Therese bist, müßtest Du auch mit ihr die Frage des Bühnenbildes klären. Du sagtest mir, Neher würde mit Skizzen den Hill unterstützen.[4] Das habe ich Hill gesagt. Ich hoffe, es bleibt dabei.

Und was ist mit »Glockenspiel«. Busch und Kahler haben sich zusammengesetzt, um die Vorarbeiten zu treffen, und es steht noch die Frage des Bühnenmalers offen. Znamenacek hat abgelehnt, er möchte nur ein Stück mit Dir machen.[5]

Anbei die zwei Sätze von Steff über den Vertrag mit Vilar und über die Gedichte.[6]

Wann können wir uns mal für eine Stunde zusammensetzen. Soll ich heute nachmittag zu Therese mitkommen?
Helli

1 Das Berliner Ensemble fügt die Stücke *Der Biberpelz* und *Der rote Hahn* von Gerhart Hauptmann in seiner Bearbeitung zusammen. *Biberpelz und roter Hahn* hat am 24. März 1951 Premiere, wird aber wegen des Einspruchs der Hauptmann-Erben nur bis April gespielt.

2 *Der zerbrochne Krug* von Heinrich von Kleist hat am 23. Januar 1952 Premiere. Therese Giese übernimmt die Regie und spielt die Rolle der Marthe Rull.

3 Das Stück wird bis zum 15. April 1951 fünfzig Mal gespielt. Es wird danach nicht wieder aufgenommen.

4 Hainer Hill ist zunächst Bühnenbildassistent, später Bühnenbildner und Fotograf. Von Caspar Neher übernimmt er vor allem die Technik der Projektionen von gezeichneten Bühnenbildern.

5 Nikolai Pogodin, *Das Glockenspiel des Kreml*, hat unter der Regie von Ernst Busch am 28. März 1952 in einer Inszenierung des Berliner Ensembles am Deutschen Theater Premiere. Ernst Kahler spielt Stalin. Der Maler und Bühnenbildner Wolfgang Znamenacek scheint nicht an der Produktion beteiligt zu sein.

6 Stefan Brecht studiert zu diesem Zeitpunkt in Paris. Vom 22. September 1951 datiert der Vertrag mit Jean Vilar, dem Direktor des Théâtre National Populaire (TNP) über eine Aufführung von *Mutter Courage und ihre Kinder* in der französischen Hauptstadt (Premiere: 15. November 1952). Eine französische Ausgabe mit Liedern und Gedichten erscheint am 17. März 1952, vgl. Bertolt Brecht, *Chansons et Poèmes*. Traduction par Alain Bosquet. Paris: Pierre Seghers, 1952.

Das erste große Auslandsgastspiel des Berliner Ensembles führt Weigel von 7. bis 17. Dezember 1952 nach Warschau, Krakau und Lodz. Brecht bleibt in Berlin. Weigel unterbricht die Tournee, um in Wien am Völkerkongreß zum Schutze des Friedens teilzunehmen. Dort liest sie Brechts Text »Zum Kongreß der Völker für den Frieden«.

183 1. September 1952; A: *Berlin,* E: *Berlin, masch. Du., dikt. (BBA)*

1. September 1952

Lieber Bert!
Palm ist erst am 15. September zurück.[1]

Gespräch mit Böttcher: bittet um Urlaub im Oktober für eine Leipziger Inszenierung.[2]

Gespräch mit Monk: scheint plötzlich irrsinnig geworden, er hatte im vorigen Jahr DM 1.000,–, jetzt 1.200,– angeboten, er besteht auf DM 1.500,–, die ich nicht hab. Dazu ist zu sagen, daß Böttcher, der eine 25jährige Bühnenpraxis hinter sich hat und große Erfolge jetzt laufend in Leipzig hat, etwa 7 große Inszenierungen hinter sich hat, bei uns DM 1.500,– bekommt und äußerst einverstanden ist. Monk hat erst eine Berliner Inszenierung gehabt und kann vernünftigerweise nicht das gleiche bekommen.[3] Besson hat DM 1.100,–.

Doppelbesetzungen: Lutz/Thalbach – »Krug« –
bei Übernahme stehen Schauspielern
3 Vorstellungen als Recht zu.

Das gleiche gilt für Mascha im »Kreml«: Braunbock/Herbrecht. In diesem Fall würde ich sogar vorschlagen, alternierend spielen zu lassen, schon weil wir Braunbock für die Probe beurlaubt haben.[4]

Zu Deinem Vorschlag an die Staatliche Kunstkommission Prämien kam folgender Brief (s. Anlage).[5]

Angebot an Bois: Da das Deutsche Theater höchstens 2 Aufführungen von »Puntila« im Monat vorsehen kann. Eine Garantie von 22 Aufführungen, außerdem heute mit Böttcher gesprochen. Bearbeitung von »Charleys Tante« für Bois, evtl. Versuch im Pullman-Theater en suite zu spielen.[6]

Wekwerth bittet um Beurlaubung für das Stück, das er

jetzt mit Elisabeth Hauptmann bearbeitet für Halle zu Jung-Ahlsen. Außerdem schlägt er vor, für eine wichtige Rolle des Stücks Franz mitzunehmen.[7] Bitte um Deine Meinung über alle diese Punkte[8]

1 Der Kostüm- und Maskenbildner Kurt Palm.
2 Der Regisseur und Bühnenbildner Wolfgang Böttcher gehört 1950 zum Inszenierungsteam der *Hofmeister*-Bearbeitung. 1952 inszeniert er Aschach Tokajew, *Ein fremdes Kind*.
3 Egon Monk ist seit 1949 Regieassistent bei Brecht und Regisseur (u. a. *Die Gewehre der Frau Carrar*).
4 Die Rede ist von Regine Lutz, Sabine Thalbach, Carola Braunbock und Inge Herbrecht. Brecht scheint mit dem Vorschlag dieser Doppelbesetzungen nicht einverstanden gewesen zu sein. Ein nicht datierter Vermerk lautet: »Tel. Anruf Brecht Krug spielt Lutz weiter / Masche/Kreml vorerst Braunbock, später Herbrecht«.
5 Nicht überliefert.
6 In der Neueinstudierung von *Herr Puntila und sein Knecht Matti* übernimmt Curt Bois die Titelrolle von Leonhard Steckel; er spielt den Puntila auch in der Verfilmung des Stücks von Alberto Cavalcanti (1955). Brandon Thomas, *Charleys Tante*, hat Bois 1928 für das Theater in der Josefstadt selbst bearbeitet und mit großem Erfolg die Rolle des Lord Babberly gespielt. Ein Gastauftritt im Pullman Theater ist nicht nachweisbar.
7 Manfred Wekwerth ist seit 1951 als Schüler Brechts am Berliner Ensemble. Kurt Jung-Ahlsen ist von 1952 bis 1954 Intendant in Halle. Erich Franz wird als Laienschauspieler 1951 an das Berliner Ensemble engagiert. Die Regiearbeit scheint nicht zustande gekommen sein.
8 Handschriftliche Notiz von Helene Weigel am unteren Rand des Schreibens: »2 Regie 1.500 / 2.500«.

184 2. September 1952; A: *Berlin,* E: *Berlin, masch. Du., dikt. (BBA)*

2. September 1952

Lieber Brecht,
nach unserem gestrigen Gespräch habe ich mit Frau Bork und Herrn Direktor Moll gesprochen, ob die fragliche Äußerung des Nichtinteresses von Herrn Holtzhauer hier gefallen sei. Dies ist nicht der Fall.[1]

In einem Gespräch mit Herrn Direktor Moll und Herrn Palitzsch, das sich um die Auszahlung von Trennungsgeldern (Trennungsgelder sind die Auszahlung von Diäten für die Zeit der Dramaturgie in Buckow) drehte, äußerte Herr Moll einige Bedenken und wies dabei auf einen Brief von der Staatl. Kunstkommission hin, ob die Staatliche Kunstkommission gegen die Auszahlung solcher Diäten nicht Einspruch erheben würde.

(Ich lege den fraglichen Brief der Kunstkommission bei und auch unsere Antwort.)[2]

Es tut mir leid, daß es mal wieder zu einem Mißverständnis kam. Ich wollte Dich nur über diese Sachlage aufklären.

1 Elfriede Bork leitet das Künstlerische Betriebsbüro und zählt zu den engsten Vertrauten Helene Weigels. Sie ist verheiratet mit Kurt Bork, der als Hauptreferent für Theater im Ministerium für Volksbildung sich mit dem Berliner Ensemble zu befassen hat. Hans-Georg Moll ist der Verwaltungsdirektor des Berliner Ensembles. Helmut Holtzhauer leitet die Staatliche Kommission für Kunstangelegenheiten, mit der es regelmäßig Differenzen gibt, weil Brecht und Weigel sich gegen Reglementierungen wehren.

2 Nicht überliefert.

185 Mitte Dezember 1952; A: *Berlin,* E: *Warschau, masch. (BBA)*

Liebe Helli,
wir sitzen mit Strittmatter über »Katzgraben« und ich denke, es wird jetzt ganz gut.[1] Kleinoschegg wollte, des von uns hinausgeschobenen Termins wegen, in irgendwas in Dresden einsteigen und ich sagte Frau Bork, sie solle sehr höflich und nett und bedauernd zustimmen. Ich glaube, es wäre gut, die Rollen für Bienert und Geschonneck zu reservieren, wenn man Kleinoschegg nicht kränken muß.

Die Kohlen für Buckow sind eingelaufen (wenn auch nicht bezahlt von Lindemann). Jedenfalls kann ich um Weihnachten hinaus.

Hoffentlich überanstrengst Du Dich nicht, bitte halt Deine Ruhestunden ein.

Und grüß Barbara
Dein
b

1 Im zweiten Halbjahr 1952 erarbeitet Brecht mit Erwin Strittmatter eine Bühnenfassung der Komödie *Katzgraben*; sie wird ab Februar 1953 von Brecht inszeniert, Premiere: 23. Mai 1953; mit Erwin Geschonneck (Großbauer Großmann), Helene Weigel (Frau Großmann), Friedrich Gnass (Kleinbauer Kleinschmidt), Angelika Hurwicz (Frau Kleinschmidt), Willi Kleinoschegg (Parteisekretär), Gerhard Bienert (Mittelländer) u. a. Die Bearbeitung des Stücks und die Dokumentation der Probenarbeit gehören zu den aufwendigen Projekten dieser Zeit, vgl. *»Katzgraben«-Notate 1953*.

186 15. Dezember 1952 (Poststempel); A: *Berlin,* E: *Warschau, Teatr Norodowy, masch. (BBA)*

Liebe Helli,
ich freue mich, daß alles so gut zu gehen scheint, besonders, daß die Stimmung gut ist. Ich glaube, »Katzgraben« hat von der letzten Bearbeitung sehr gewonnen und wird anständig. Hier im Haus geht alles ganz gut, der Gestank aus den Zimmern scheint durch den Kaminumbau vertrieben.

Gibt Barbara auf sich acht? Bitte, gib Du auf Dich acht.

Dein
b

Steff hat Käse geschickt.

187 Billett, 24. Dezember 1952; A: *Berlin,* E: *Berlin, hs. (BBA)*

zum 24. Dezember 1952

Lieber Bert,
von Deiner ältesten Verehrerin,

Helli[1]

1 Begleitnotiz zu einem japanischen Buch mit No-Stücken und -Skizzen: Kōgyo Tsukioka, *Kōhen Nōgaku-Zue*, vgl. *Die Bibliothek Bertolt Brechts*, Nr. 1499.

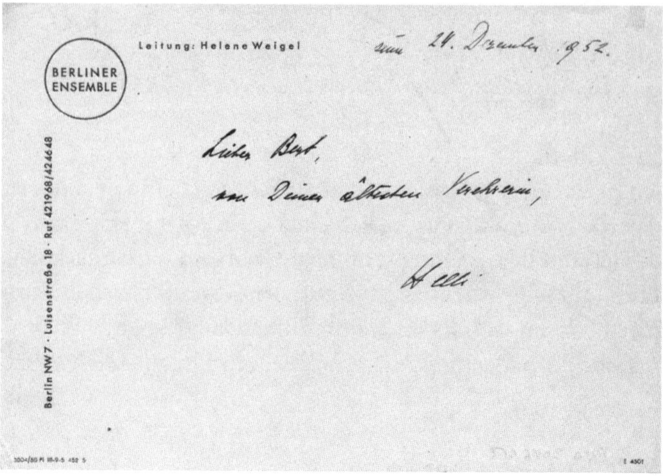
BERLINER ENSEMBLE

Leitung: Helene Weigel

am 24. Dezember 1952.

Berlin NW 7 · Luisenstraße 18 · Ruf 421968/424648

Lieber Bert,

von Deiner ältesten Verehrerin,

Helli

Brief 187

188 Etwa Frühjahr 1953; A: *Berlin (Kopfbogen Berliner Ensemble),* E: *Berlin, hs. (Augsb.)*

Liebe Helli,
bin sehr müde und fahre nach Weißensee, entschuldige. Die andern machen die Notate[1], und ich schreibe dann danach die Kritik. Es ist ja ziemlich alles in Ordnung.

b

1 Möglicherweise sind die *Katzgraben-Notate* gemeint; dann wäre der Brief auf Frühjahr 1953 zu datieren. Diese Datierung ist jedoch unsicher. Im April 1953 sucht Helene Weigel für sich eine Wohnung in der Innenstadt.

189 Frühjahr oder Sommer 1953; A: *Berlin (?),* E: *Berlin (?), masch. (Augsb.)*

Liebe Helli,
es ist nicht richtig, daß Du meine künstlerischen Kritizismen für private erklärst. Du hast in Paris und Kopenhagen eine zornige Frau gespielt, aber sie war zugleich weich – und so war die Figur schön.[1] Nunmehr spieltest Du zu Beginn wieder die zornige, aber sie war hart, oder schien hart und die Schönheit der Figur litt. Wenn ich es Dir sagte, wurdest Du böse, als hätte ich gesagt, Du könntest keine Zornige mehr spielen, die zugleich weich ist; aber das habe ich nicht gesagt und meine ich nicht; nur: Du hast nicht versucht, sie zu spielen. So schlug ich vor die sanfte, mauleselhafte, die einmal heftig war und es noch ab und zu wird und es bekämpft, und zugleich eine[2] gerade Haltung der Spanierin, aufgehoben durch anmutige Bewegungen. Das war einige Male wunderbar, aber Du mochtest es nicht; so wurde es nie durchgeführt, und am Sonntag war es ein Mischmasch von Altem und Neuem.[3] So wirst Du jetzt versuchen müssen, zum einen oder andern zu kommen. Das wird gehen.

b

1 Brecht bezieht sich auf die Rolle der Theresa Carrar, die Helene Weigel im Herbst 1937 in Paris und im Frühjahr 1938 in Kopenhagen gespielt hat, vgl. die Briefe Nr. 112 und 114.

2 Es folgt ein gestrichenes Wort: »stolze«.

3 Egon Monks Inszenierung des Stückes am Berliner Ensemble hat am 16. November 1952 Premiere. In der Spielzeit 1952/53 gibt es Sonntagsaufführungen am 22. Februar, 8. März, 12. und 26. April und 12. Juli; auf welche Vorstellung Brecht sich bezieht, konnte nicht ermittelt werden.

190 14. März 1953; A: *Berlin,* E: *Berlin, masch. dikt. (BBA)*

Herrn Brecht
Im Haushaltsjahr 1953 sind uns erhebliche Kürzungen der Haushaltsmittel auferlegt worden. Es ist daher unsere Pflicht, die Haushaltsmittel äußerst sparsam und rationell zu verwenden, ohne das Niveau unserer Aufgaben zu senken.

Wir müssen daher allerstrengste Finanzdisziplin üben, um der Forderung unserer Regierung nach äußerster Sparsamkeit gerecht zu werden.

Für unseren Betrieb bedeutet das, Anordnungen, die
Neuanschaffungen,
Doppelproben,
Fahrten
betreffen,
1) prüfen, ob sie wirklich dringend notwendig sind,
2) sorgfältig und überlegt planen,
3) mit der Verwaltung in jedem Fall zuvor absprechen.

Alle Bestellungen müssen daher in der Verwaltung abgezeichnet und mit einem Durchschlag für die Verwaltung versehen sein. Wir bitten, dieses Rundschreiben allen Mitarbeitern zur Kenntnis und sorgfältigsten Beachtung zu geben.

BGL[1] BERLINER ENSEMBLE
[Erich Franz:] Franz – Helene Weigel –
[Helene Weigel:] Helene Weigel

Berlin, den 14. März 1953

1 Die Betriebsgewerkschaftsleitung (BGL) des Berliner Ensembles.

191 14. April 1953; A: *Berlin (Kopfbogen Berliner Ensemble),* E: *Berlin, masch., dikt. (BBA)*

14.4.53

Lieber Brecht,
wegen meiner gestrigen Meinung 1., daß Frau Weiß keine Schauspielerin ist und 2. einen Jahresvertrag mit dem Deutschen Theater als Maskenbildnerin hat, ich also nicht ohne Spezialgenehmigung von Palm und Langhoff sie einbauen könnte, bin ich fest entschlossen, unsere freien Entscheidungen in Bezug auf Elevenausbildung zu verteidigen.[1] Ich habe am heutigen Tage mit dem betreffenden Sachbearbeiter der Staatlichen Kunstkommission – Herrn Seidel – gesprochen, um die Klärung der Fragen, die ja bei uns bereits einige Leute betreffen – Franz – Hessmann – auch den jungen Fiegler, der ohne Abschlußzeugnis ist, und auch wegen des Komikers, der neulich uns vorgesprochen hat und Grasnick heißt.[2]

Wir haben eine Verabredung am Freitag, dem 24.4.53, 15.00 Uhr hier, wobei natürlich der Staatlichen Kunstkommission zugebilligt werden muß, daß im Allgemeinen ihre Auffassung der notwendigen Prüfungen nur begrüßt werden kann; denn was noch immer sich als Schauspieler in der Provinz meldet, gibt ein grauenhaftes Unterdurchschnittsniveau. Man könnte also nur auf Ausnahmen bestehen, und die muß man speziell durchkämpfen.

Helli

1 Anna Weiß ist seit 1951 Chefmaskenbildnerin des Deutschen Theaters, Wolfgang Langhoff Intendant des Deutschen Theaters.

2 Die Schauspieler Erich Franz, Hilde Hessmann, Horst Günter Fiegler und Fred Grasnick.

192 16. April 1953; A: *Berlin,* E: *Berlin, masch. Du., dikt. (BBA)*

Berlin, dem 16.4.53

Lieber Brecht,
eine Schauspielerin, die auch persönlich gut aussieht, für den Fall, daß Du den Plan mit Weiß nicht durchführen kannst. Sie wäre vielleicht überhaupt anstelle von Danegger für uns zu gebrauchen.[1]

Willst Du sie Dir anhören? Denn die Danegger wird doch an allen Ecken und Enden fehlen.

Wann darf ich sie bestellen, da auch Langhoff nach ihr angelt, wäre es besser bald.

Bilder anbei

Deine

1 Die Schauspielerin ist nicht ermittelt. Die Schauspielerin Mathilde Danegger, die 1951 zum Berliner Ensemble stößt, wechselt 1953 zurück zum Deutschen Theater.

193 12. Mai 1953; A: *Berlin,* E: *Berlin, hs. (Augsb.)*

Liebe Helli,
Glückwunsch zum Geburtstag. Hoffentlich gibt es jetzt etwas Ruhe. Der Film fängt jedenfalls nicht allzu früh an, das ist *etwas*.

Ich küsse Dich
b

Morgen fangen wir mit Strittmatter an.

194 12. Juni 1953; A: *Berlin,* E: *Berlin, masch. Du., dikt. (BBA)*

Berlin, dem 12.6.53

Lieber Brecht,
ich finde den Brief ausgezeichnet, sollte man ihn nochmals abschreiben, weil er doch mit einigen Ausbesserungen behaftet ist?[1]

1 Es geht wahrscheinlich um Brechts Brief vom 12. Juni 1953 an Gustav Just, Kulturabteilung des ZK der SED. Darin äußert sich Brecht besorgt über Pläne, die Besucherorganisation Volksbühne aufzulösen, weil er einen Besucherrückgang befürchtet: »Die Volksbühne war immerhin eine gute, eingearbeitete, große Organisation, die monatlich bis zu 70.000 Zuschauer stellte und für Theaterkarten über 200.000,– DM garantierte. Meiner Meinung nach sollte man diese Organisation nicht einfach in den Papierkorb werfen, bevor man eine andere hat aufziehen können« (GBA 30, 176f.).

195 12. Juni 1953; A: *Berlin,* E: *Berlin, masch. Du., dikt. (BBA)*

Berlin, dem 12.6.53

Lieber Brecht,
ich konnte tatsächlich nicht anders, als die beiden Rostocker Jungen ein Zimmer in einem Hotel auf meine Kosten nehmen lassen, da Du ihnen ja halb zugesagt hast, daß sie wieder hier bleiben können.[1]

Es hat sich außerdem noch herausgestellt, daß sie hier im Ensemble Mädchen mit heraufgenommen haben, und ich kann die Verantwortung nicht übernehmen.

Abgesehen davon, daß ich das Zimmer Karl v. Appens noch einige Zeit für ihn zur Verfügung halten möchte.[2]

1 Die »beiden Rostocker Jungen« sind nicht ermittelt.
2 Die Zusammenarbeit zwischen dem Bühnenbildner Karl von Appen und dem Berliner Ensemble beginnt 1953; im Jahr darauf wird von Appen Chefbühnenbildner des Theaters.

196 25. Juni 1953; A: *Berlin,* E: *Berlin, masch. Du., dikt. (BBA)*

Berlin, dem 25.6.53

Lieber Brecht,
Schaefer hat mit Pohl gesprochen, ist bereit, zurückzukehren, alles verziehen, aber ziehen will er nicht. Wie steht unsere Situation jetzt? Pohl meinte, man würde nicht darauf bestehen von Seiten der DEFA besonders bei den neuen Maßnahmen der Regierung. Was ist Deine Meinung?[1]

1 Der Schriftsteller Martin Pohl ist Meisterschüler Brechts am Berliner Ensemble. Gert Schaefer hat das Ensemble 1952 verlassen und spielt am Schillertheater, außerdem ist er in DEFA-Filmen besetzt. 1953 kehrt er für ein Jahr ans Berliner Ensemble zurück. Schaefer wohnt in Westberlin, was nach dem 17. Juni durch die vorübergehende politische Entspannung kein Problem mehr ist.

Bereits im März 1952 hatten Brecht und Weigel zwei benachbarte Landhäuser als Sommerwohnsitz in Buckow gepachtet. Über die Sommermonate des Jahres 1953 wohnt Brecht dort, während Weigel ihren Urlaub in Ahrenshoop verbringt. Wegen privater Differenzen zieht Weigel aus der gemeinsamen Wohnung in Berlin-Weißensee aus, und auch Brecht sucht eine neue Stadtwohnung für sich.

197 7. Juli 1953; A: *Berlin,* E: *Berlin, masch. Du., dikt. (BBA)*

Berlin, dem 7.7.53

Lieber Brecht,
folgendes Gespräch mit Heinz:

Er gibt heute an Benno Besson einen Kalender der Probenmöglichkeiten für »Die Mutter«. Die Proben müßten am 1.10. anfangen, damit wir wirklich am 4.11. herauskommen können. Sollte also Benno Besson die Vorregie übernehmen, so geraten wir in Schwierigkeiten für »Don Juan«, der nicht vor dem 1.10. herauskommen kann, da Besson erst am 6.10. wieder fliegen könnte und 1 Woche Probenverlust entstünde.[1]

Ich schlage vor, auf alle Fälle Visen für Besson und Wekwerth zu beantragen, damit wir nicht in Schwierigkeiten kommen.

Um diese Inszenierung genau festzulegen, bittet Dich Heinz, ob es Dir möglich wäre, morgen abend nach 19.00 Uhr irgendwo mit Benno Besson und ihm zusammenzukommen und alles genau zu besprechen.

Busch, Du und ich würden etwa um den 18.10. herum nachkommen und in die vorbereitete Arbeit einsteigen. Bauprobe könnte Benno Besson schon vorher während seiner »Volpone«-Probenzeit gemacht haben, da Hoffmann sich bereit erklärt hat, alle Skizzen zusammenzusuchen und das Modell bereitzustellen.[2] Ich würde Besson vorschlagen, daß er das mit nach Wien zu seiner »Volpone«-Inszenierung gleich mitnimmt.

Solltest Du nicht die Möglichkeit haben, morgen abend zusammenzutreffen, bitte ich Dich, dem Benno die Marschroute genau anzugeben.

Ich habe als Gage nicht mehr verlangt als erstklassiges

Hotelzimmer mit Bad und so viel, daß ich anständig essen, rauchen usw. kann, auch evtl. mal ein Taxi nehmen. Hanns Eisler meint, da müßte man mindestens mit 150 Schilling pro Tag rechnen. Flug/Fahrt hin und zurück trägt das Theater, oder willst Du lieber mit der Bahn fahren?

1 Es geht um die Vorbereitung von Manfred Wekwerths Inszenierung *Die Mutter* an dem von Wolfgang Heinz geleiteten Neuen Theater in der Scala in Wien. Helene Weigel spielt die Pelagea Wlassowa, Ernst Busch den Semjon Lapkin, die Premiere ist am 31. Oktober 1953. Benno Besson kann vorbereitende Arbeiten übernehmen, weil er am gleichen Theater Ben Jonsons *Volpone* inszeniert (Premiere: 2. September 1953). Am Berliner Ensemble arbeitet Besson an seiner *Don Juan*-Inszenierung; vgl. Brief Nr. 205, Anm. 6.

2 Gustav Hoffmann ist Ausstatter, Modellbauer und Leiter der Werkstätten des Berliner Ensembles.

198 7. Juli 1953; A: *Berlin,* E: *Berlin, masch. Du., dikt. (BBA)*

Berlin, dem 7.7.53

Lieber Bert,
habe heute mit Fiegler gesprochen, der eigentlich lieber ins Theater der Freundschaft gehen will, wie er behauptet, auch auf ärztlichen Rat.

Das Theater der Freundschaft wäre bereit gewesen, ihn frei zu geben. Ich habe Fiegler gesagt, er möchte zu Dir kommen.

199 Juli 1953; A: *Buckow,* E: *Binz/Rügen, masch.* *(BBA)*

Liebe Helli,
Hill hat eine Wohnung[1] für mich gefunden – es zog da ein Maler aus seinem Atelier aus – und die Ulrich[2] hat sie erobert – sie war schon vergeben und dazu noch an eine Privatfirma (dergleichen wird heut wie ein rohes Ei behandelt). Chausseestraße, im 2. Block ab dem Platz, über den man zur Akademie fährt. Hinterhaus (wie das Vorderhaus sehr alt, zweistöckig, aus den dreißiger Jahren, also sehr hübsch, ziemlich ärmlich, für kleine Leute gebaut), ein riesiger Raum mit sehr großem Fenster, ein mittelgroßer und ein kleinerer Raum (nicht sehr klein). Küche klein, da muß eine Dusche hinein, Gas und Elektrizität sind da. Klo auf halber Treppe. Unten eine Garage, gehört dazu. Hinter dem Hinterhaus kleiner Garten, der hoffentlich dazu gehört, mit einem bescheidenen Baum. Fenster gehen auf Friedhof hinaus, da ist alles grün und weit. Ich bin also sehr zufrieden. Es ist nah dem Friedrichstraßeneck und dem Probenhaus; und die Chaussee- und Friedrichstraße ist lebhaft und voll von Leuten. Frei wird die Wohnung am 1. August.

Wegen Spielplan 53/54: erst »Katzgraben«, dann »Don Juan«. Dann (vielleicht) komische Einakter, das hätten die jungen Leute gern. Ab 1. Dezember »Kreidekreis« (oder »Coriolan«). Ab 1. Februar »Unter Dieben und Räubern« (»Das heiße Herz«) von Ostrowski (oder das andere Stück, wenn Therese käme). Dann »Coriolan« (oder »Kreidekreis«).[3]

Hoffentlich ist Euer Wetter nicht zu schlecht und die Polizei vergnügungssüchtig.

Bitte, schon Dich und schwimme auch nicht zu viel, das

ist anstrengend im Salzwasser und man merkt es erst nach Wochen.

Die Mutter kocht nicht schlecht.[4]

Dein
b

1 Die Wohnung in der Chausseestraße 125 wird im Oktober 1953 von Brecht bezogen, Helene Weigel folgt Mitte November (sie wohnt zwischenzeitlich in der Reinhardtstraße, nahe dem Deutschen Theater).

2 Irene Ulrich, Mitarbeiterin im Künstlerischen Betriebsbüro des Berliner Ensembles.

3 Bis auf *Coriolanus* werden die genannten Aufführungsprojekte in den beiden folgenden Spielzeiten realisiert. *Don Juan*: Brechts Bearbeitung von Molière wird am 16. Oktober 1953 voraufgeführt, die offizielle Premiere findet erst am 19. März 1954 zur Eröffnung des Hauses am Schiffbauerdamm statt. Regie: Benno Besson; mit Erwin Geschonneck (Don Juan), Norbert Christian (Sganarelle), Sabine Thalbach (Donna Elvira, Don Juans Gemahlin), Barbara Berg (Angelica, Tochter des Komturs) u. a. Anstelle der Einakter inszeniert Käthe Rülicke das Schuldrama von Martinus Hayneccius, *Hans Pfriem oder Kühnheit zahlt sich aus* (1582) in der Bearbeitung des Berliner Ensembles (Wera und Claus Küchenmeister), Musik: Kurt Schwaen, Premiere: 4. März 1954. *Kreidekreis*: Die Premiere von *Der kaukasische Kreidekreis* ist zunächst für den 19. Juni 1954 angesetzt, wird dann auf den 7. Oktober verschoben. Unter der Regie Brechts (Musik: Paul Dessau) spielen u. a. Angelika Hurwicz (Grusche), Ernst Busch (Azdak und Sänger), Raimund Schelcher (Simon Chachawa), Erwin Geschonneck (Gouverneur), Helene Weigel (Gouverneursfrau). Alexander Nikolajewitsch Ostrowski, *Gorjatscheje serdze* (1869, dt.: *Ein heißes Herz*, 1951); inszeniert wird jedoch ein anderes Stück Ostrowskis: *Wospitanniza* (1859; dt.: *Die Ziehtochter oder Wohltaten tun weh*, 1951), das am 12. Dezember 1955 in der Regie von Angelika Hurwicz Premiere hat mit Helene Weigel (Wassilissa), Ekkehard Schall (Grischa), Fred Düren (Negligentow), Elsa Gruber-Deister (Lisa) u. a.

4 Die Wirtschafterin der Familie Brecht in Buckow: Anna Mutter.

200 *21. Juli 1953;* A: *Binz/Rügen (Kopfbogen Berliner Ensemble),* E: *Berlin, masch., dikt. (BBA)*

Lieber Bert,
ich bekam von Ulrike[1] den Zettel Deiner Umbesetzungen. Du setzt natürlicherweise Schaefer in seine alten Rollen wieder ein. Bis heute habe ich aber leider keinerlei Bescheid, ob ich Schaefers Gage plus Bois' Gage bzw. Weningers Gage auf meinen Haushaltsplan zugeschlagen bekomme.[2] Das würde im Monat ausmachen etwa 5.000,– mehr, also im Jahre 60.000,–, die mir nachbewilligt werden müßten. Innerhalb der Umbesetzungen möchte ich noch auf folgende Punkte aufmerksam machen.

»Mutter«: Eine Umbesetzung Sigorski, der bei uns von Eckert gespielt wurde, durch Weiß ist ein Verlust – da Weiß ein junger Mensch ist – bitte noch einmal zu überlegen. Außerdem hast Du Beinemann als zweiten Streikbrecher, wo er recht gut war, durch Gillmann ersetzt. Ist das Absicht? Willst Du Beinemann die Rolle wegnehmen? Es wäre eine große Kränkung für ihn. Für die Rolle der Lutz kann ich mir Hessmann zu schön denken. Wir haben da ein junges Mädchen Grube-Deister, die bummlicher[3] und bäuerlicher und nicht so prächtig wie Hessmann wirkt. Für den Bauern hast Du Wolf eingesetzt, bitte um Vorsicht, da er sehr schwul wirkt.[4]

»Jeanne d'Arc«: Koch-Hooge ist im nächsten Jahr nicht mehr bei uns, hat große Flausen im Kopf wegen Filmgagen, ich werde mit ihm verhandeln, aber es wäre schlimm, für diese Rolle einen teuren Gast nehmen zu müssen.[5]

»Courage«: Hier ist einiges zu überlegen. Eine Zusammenstellung der Kinder der Courage, die aus Hurwicz, Schall und Schubert bestehen, ergibt kein gutes Familienbild. Ich schlage nochmals Reck vor als Eilif. Schall war ausgezeichnet als junger Soldat. Ich würde vorschlagen, ihm diese Rolle zu lassen und die letzte Szene im Trommelbild evtl. mit Kube zu besetzen. Hier steht wieder die Frage Schaefer noch offen, zu dem noch zu sagen wäre, daß er niemals im Trommelbild gut war. Das Trommelbild hatte sehr gelitten durch die Besetzung mit Schaefer. Was den Feldwebel im 3. Bild betrifft, so war Franz hier ganz ausgezeichnet, außerdem braucht er für seine Abnahme (Schauspielprüfung) die wenigen Rollen zum Vorzeigen. Ich bitte daran nichts zu ändern.[6]

»Puntila«: Der Versuch mit der Braunbock als Branntweinemma scheint mir sehr interessant. Etwas unglücklich bin ich, daß Du die Herbrecht aus der Telefonistinnen-Rolle herausnimmst, obwohl ich die Rolle der Loewen gönnen würde. Leider ist ja immer noch nichts klar mit Bois.[7]

Ich entnehme dem Brief von Ulrike, daß Benno erst am 8. Oktober Premiere machen wird.[8] Dadurch entscheidet es sich, daß Wekwerth Vorproben für »Mutter« in Wien übernimmt. Vielleicht könnte aber Benno bereits in Wien vorsorglich, da er die dortigen Schauspieler kennen lernen wird, Besetzungsvorschläge machen und sie mit Heinz durchbesprechen. Ich meine, wir sollten darauf bestehen, daß sowohl Heinz wie Paryla mitspielen, da sie die Stars des Theaters sind.[9] Es ist schade, daß Du nicht gekommen bist, obwohl das Wetter nicht absolut schön war, aber mir scheint doch, ich habe mich sehr erholt, und vielleicht wäre es auch für Dich wichtig, nicht nur in der Nähe Berlins Ferien zu machen, sondern wirklich Klimawechsel – wenigstens für kurze Zeit – vorzunehmen.

Gestern war die erste »Carrar«-Aufführung vor Mannschaften, die aus 18- bis 20jährigen Buben bestehen.[10] Wir waren alle etwas geängstigt, ob es gut ausgehen würde. Außerdem war gerade Ausgeh- und Zahltag! Sie waren – soweit ich es beurteilen kann, ungeheuer aufmerksam und es scheint gut gegangen zu sein. Ich bat, falls es zu Diskussionen käme, uns einen Bericht zu geben. Großes Entzücken haben hier Deine poetischen Kritiken verursacht. Ich höre öfters zitiert »wie es der Brauch«! Als Variante »so streng sind hier die Bräuche«.[11]

An Mantai[12] stellte ich folgende Fragen Deine Wohnung betreffend: Doppelfenster vorhanden? Ist der Ofen groß genug? Ist in der Wohnung – vielleicht im kleinsten Raum – kombiniert Bad und Küche zu machen? Ich bin doch recht bedenklich mit Klo auf Treppe.

Viele Grüße

Deine
Helli

[Anlage:]

Neu-Engagement für das Spieljahr 1953/54

Hartmut Reck	ist bekannt
Karl-Heinz Weiß 33 Jahre	Mann in mittleren Jahren, kriegsverletzt, Möglichkeit für kleinste Charakterrollen (gleichzeitig Umstellung u. Qualifizierung auf Beruf des Inspizienten)
Hans Feldmann 50 Jahre	älterer Mann als Inspizient mit Schauspielverpflichtung, kleinste Rollen
Aloysius Hermann ca. 45 bis 50 Jahre	älterer Mann, kleinere Rollen, interessanter menschlicher Typ
Fred Düren 25 Jahre	großes Talent, das verspricht, großes Charakterfach zu übernehmen
Elsa Grube-Deister	junge frische, für naive und humorvolle Rollen

Lotte Meyer-Oelschlägel	Frau mittleren Alters, positiv, freundliche Darstellerin schöner, ruhiger, älterer Frauen
Kurt Arndt	älterer Charakterdarsteller
Horst Kube	bekannt
Annemarie Schlaebitz	bekannt

1 Ulli oder Ulrike wird Irene Ulrich, die Mitarbeiterin im Künstlerischen Betriebsbüro, genannt. Die Liste der Umbesetzungen ist nicht erhalten.

2 Umbesetzungen, die sich aus der Rückkehr Gert Schaefers ergeben, vgl. Brief Nr. 196. Die Schauspielerin Charlotte Weninger, die in der Wiener *Mutter*-Inszenierung die Verwandte vom Lande spielt, kommt nicht zum Berliner Ensemble.

3 Wohl »pummeliger«.

4 Hans Eckert, Karl-Heinz Weiß, Gert Beinemann, Harry Gillmann, Elsa Grube-Deister, Alfred Wolf.

5 Wilhelm Koch-Hooge geht 1954 zum Film und spielt zahlreiche Rollen. Das Stück *Der Prozeß der Jeanne d'Arc zu Rouen 1431* von Anna Seghers wird am 23. November 1952 uraufgeführt. Die Bearbeitung stammt von Brecht und Benno Besson, die künstlerische Leitung hat Brecht, Besson führt Regie, das Bühnenbild stammt von Hainer Hill. Darstellende: Käthe Reichel (Jean d'Arc), Erwin Geschonneck (Bischof), Georg-Peter Pilz (Jean Beaupere), Paul Albert Krumm (La Fontaine), Wolf Kaiser (de Chatillion), Norbert Christian (Erard).

6 Ekkehard Schall, Heinz Schubert, Hartmut Reck, Horst Kube.

7 Carola Braunbock ist eine der Darstellerinnen der Rolle der Brantweinemma, die im Erstdruck Schmuggleremma heißt. Für die Rolle der Telefonistin führt die *Theaterarbeit* ebenfalls mehrere Schauspielerinnen auf; Betty Loewen ist nicht unter ihnen. Curt Bois verläßt 1954 das Berliner Ensemble.

8 *Volpone* in Wien bei Wolfgang Heinz, vgl. Brief Nr. 197.

9 Wolfgang Heinz und Karl Paryla sind in der *Mutter* in Wien nicht besetzt; vgl. Brief Nr. 205, Anm. 6.

10 Vom 11.-27. Juli 1953 gastiert das Berliner Ensemble in Binz auf Rügen, u.a. vor Kasernierten Volkspolizisten. Gespielt werden *Ein fremdes Kind*, *Die Gewehre der Frau Carrar* und *Der zerbrochne Krug*.

11 Handschriftliche Anmerkung von Helene Weigel am linken Rand: »beim Ensemble«.
Mit den »poetischen Kritiken« meint Helene Weigel Brechts Gedichte *Nicht feststellbare Fehler der Kunstkommission* und *Das Amt für Literatur*, die am 11. und 15. Juli 1953 in der *Berliner Zeitung* erschienen sind. Das zuerst erschienene Gedicht endet mit den Zeilen: »Trotz eifrigsten Nachdenkens / Konnten sie sich nicht bestimmter Fehler erinnern, jedoch / Bestanden sie heftig darauf / Fehler gemacht zu haben – wie es der Brauch ist« (GBA 15, 268).

12 Margarete Mantai, Mathilde genannt, Einkäuferin des Berliner Ensembles.

201 5. August 1953; A: *Berlin,* E: *Berlin, masch. Du., dikt. (BBA)*

Berlin, den 5. 8. 53

Lieber Brecht,
Barbara bittet herzlichst, ein paar Kriminalromane, die Du schon gelesen hast, mit Herrn Gerth[1] zurückzuschicken. Sie wird Ende der Woche ein Zimmer im Krankenhaus haben und braucht was zum Lesen.

2. Scheckbuch habe ich in Weißensee nicht gefunden, konnte es demnach auch nicht mitschicken.

3. Ich weiß nicht, wo die Bilder der »Dreigroschenoper« sind, und soviel ich sehe, hast Du auch Deine Schränke in Weißensee versperrt.

4. Ich habe gestern ein langes Gespräch mit Paul Wandel geführt, und er hofft, uns in 14 Tagen definitiv die offizielle Bestätigung geben zu können.[2]

5. Die Miete für die neue Wohnung in Höhe von DM 110.– ist am 1. 8. 53 fällig.

Falls Scheckbuch doch auffindbar, kannst Du mir die 1350.– plus 110.– Miete und 250.– für Frau Berlau, die ich ebenfalls verauslagt habe, für die Reise nach Kopenhagen mit Gerth mitschicken.

Herzlichst

1 Ernst Gerth ist Kraftfahrer im Berliner Ensemble.
2 Es geht um die Bestätigung der Übernahme des Theaters am Schiffbauerdamm durch das Berliner Ensemble.

202 *8. August 1953;* A: *Berlin,* E: *Berlin, masch. Du., dikt. (BBA)*

Berlin, den 8.8.53

Lieber Brecht,
anbei einige Briefe.[1] Damit die Voranschläge und Auftragsbescheinigungen, die von Dir gemacht werden müssen, sich nicht verzögern, schicke ich sie Dir in einem Haufen.

Es handelt sich um:

1. Telefonanschluß
2. Malerarbeiten
3. Tischlerarbeiten
4. Elektrikerarbeiten
5. Heizung und sanitär. Anlagen.

Ich schicke Dir den Kostenvoranschlag für sanitäre Anlagen gleich mit, bitte schick ihn mir aber gleich zurück.

Leider darf ich weder Deinen Vertrag für Dich unterschreiben noch ein Scheckbuch für Dich anfordern. Es wird also nötig sein, daß Du Dich einmal nach Berlin bemühst, damit Du die Unterschriften selbst leisten kannst.

Wie mir Käthe Rülicke sagte, willst Du doch bei einer Sitzung für die Nationalpreise zugegen sein, vielleicht läßt sich diese Angelegenheit gleich mit erledigen.[2]

Anbei noch eine kleine Aufstellung der von mir verauslagten Summen:

Schneider	DM	200.–
Steuerberater	DM	225.–
Scheck (Ersatz für mit Bleistift geschriebenen)	DM	700.–
Ruth Berlau	DM	537.20
kleine Rechnungen	DM	6.70
Miete für August	DM	110.–
	DM	1.778.90

Noch eines – heute früh rief bei mir der Genosse Klötzer vom Innenministerium an, (er ist der Mann, der das Gastspiel nach Binz geordnet hat), mit der Frage, ob Du Dich bereit finden würdest, für einen kleinen Kreis der Volkspolizei, die alle Aufführungen in Binz gesehen haben, zu sprechen oder eine Diskussion zu machen oder ob Du sonst einen Vorschlag machen würdest.[3]

Bitte um Antwort, der Mann ruft mich an.

Mit bestem Gruß

1 Sie betreffen den Umbau von Brechts neuer Wohnung in der Chausseestraße 125.

2 Die Literatur- und Theaterwissenschaftlerin Käthe Rülicke ist seit 1950 als Regieassistentin und Dramaturgin am Berliner Ensemble. Für den Nationalpreis schlägt Brecht Ende Juli Helene Weigel für ihre Rollen der Theresa Carrar und der Großbäuerin in *Katzgraben* und Erwin Strittmatter für *Katzgraben* vor; Weigel und Strittmatter erhalten den Preis am 6. Oktober 1953.

3 Vgl. Brief Nr. 200, Anm. 10.

203 *5. September 1953;* A: *Berlin,* E: *Berlin, masch. Du., dikt. (BBA)*

Berlin, dem 5.9.53

Lieber Bert,
Schaefer war bei mir; er bleibt, bittet Dich aber herzlichst, seine Wünsche ein wenig zu berücksichtigen. Ich habe ihm gesagt, er müßte die »Mutter« wieder übernehmen. Ab 19. 9. ist er bei uns, Du kannst bei Besetzungen und auch Umbesetzungen wieder mit ihm rechnen. Er probiert ab sofort.

204 *September 1953;* A: *Berlin,* E: *Berlin, masch. Du., dikt. (BBA)*

Lieber Bert,
vielleicht kommst Du Dich nach dieser verflixten Probe etwas ausruhen. Soll ich nicht – bitte aber Bescheid ins Büro – Lindemann für hin und zurück bereit halten? Deinen Wagen würde ich dann in die Garage bringen lassen.[1]

1 Die »verflixte Probe« ist nicht ermittelt; der undatierte Brief liegt zwischen Briefen vom 23. und 28. September. Möglicherweise handelt es sich um eine der zahlreichen Proben, von denen es Ende 1953 heißt, Brecht arbeite »nun vier Monate täglich an den Umbesetzungen der laufenden Stücke und an den drei neuen Stücken für die Eröffnung«, vgl. Brief Nr. 212.

Für eine Gastinszenierung von »Die Mutter« reisen Brecht und Weigel Mitte Oktober 1953 nach Wien. Bei den Proben versöhnt sich das Ehepaar wieder. Brecht reist einen Tag vor der Premiere am 31. Oktober 1953 zurück nach Berlin. Nach ihrer Rückkehr zieht Weigel Mitte November zu Brecht in die Chausseestraße.

205 Anfang November 1953; A: *Berlin,* E: *Wien, masch. mit hs. Postskriptum (BBA)*

Liebe Helli,
der Zug ist scheußlich, Du solltest doch fliegen. Kein Schlafwagen. Bis Prag voll. Ankunft: 12 Uhr mittag. Die Wohnung ist halbwegs, Klo funktioniert nicht, auch nicht der Badeofen. Sie kann aber sehr schön werden.[1] – Abends dachte ich daran, ob der Film funktionierte bei Euch.[2] Schreib mir Deine Ansicht über die Premiere. (Und besorg mir die »Tagebuch«-Nummer voriger Woche mit dem Artikel über mich auf der Probe!)[3] Ob Du, vielleicht bei der Liesl, den Gielen treffen könntest? Ich möchte eben die Figurinen Nehers zu der Gielenschen »Caesar«-Inszenierung.[4] – Vielleicht kannst Du den Pawel mal eine »Hofmeister«-Szene lesen lassen und die Weninger etwas aus »Romeo und Julia«?[5] – Zieh Dich warm an und mach nicht zu viel. – Ist die Scala noch sehr verstimmt über die Verschiebung?[6] Soll ich Heinz darüber schreiben? – Hier scheint alles so ziemlich in Ordnung.

Danke für Wien

b

Besson schlägt auch vor, mit der Banschenbach (Hausbesitzerin) zu verhandeln. Wir möchten die *Hase* nicht mehr haben. Der Mann der B. ist an der Burg und soll auch gut sein![7]

1 Die neue Wohnung in der Chausseestraße.

2 In der Inszenierung der *Mutter* werden Hintergrundprojektionen und ein Film eingesetzt.

3 Unter dem Titel *Das unbegreifliche Gesicht* erscheint am 24. Oktober 1953 in der Wiener Zweiwochenschrift *Tagebuch* ein Probenbericht von Fritz Hermann, in dem es heißt: »Brecht müßte tausend Gesichter tragen. Mit nur einem beunruhigt er seine Ver-

ehrer, die neben Bertolt Brecht auch noch die Logik verehren und das Erklärbare schätzen.« Zwei Wochen später, am 7. November 1953, kommt Martin Rathsprecher in seinem an Helene Weigel und die »Gäste aus Berlin« gerichteten *Theaterbrief* noch einmal auf die *Mutter*-Aufführung zu sprechen (mit Brecht-Porträtzeichnungen von Walter Behrens).

4 Elisabeth Neumann-Viertel, die inzwischen Berthold Viertel geheiratet hat, und der Schauspieler und Regisseur Josef Gielen, 1948 bis 1954 Direktor des Wiener Burgtheaters. Seine *Julius Caesar*-Inszenierung hat 1949 Premiere.

5 Vorschlag, Alfons Lipp (Pawel) und Charlotte Weninger ans Berliner Ensemble zu holen.

6 Brecht hält sich vom 15. bis 30. Oktober 1953 in Wien auf, wo er bei den Endproben die künstlerische Leitung für die Inszenierung *Die Mutter* im Neuen Theater in der Scala übernimmt. Sein Assistent Manfred Wekwerth führt Regie. Brecht fährt vor der Premiere, die vom 28. auf den 31. Oktober verschoben wird, nach Berlin zurück. In den Hauptrollen spielen: Helene Weigel (Pelagea Wlassowa), Ernst Busch (Semjon Lapkin), Erika Pelikowsky (Mascha), Alfons Lipp (Pawel).

7 Gaby Banschenbach spielt in Wien die Hausbesitzerin; ihr Mann ist der Burgtheaterschauspieler Herbert Herbe. Annemarie Hase, die sich als Kabarettistin in den zwanziger Jahren einen Namen gemacht hat, übernimmt Rollen wie die der Köchin in *Puntila* und der Bäuerin in *Mutter Courage*.

206 7. November 1953; A: *Wien,* E: *Berlin, hs. (BBA)*

Lieber Bert,
heute am Samstag ist die Arbeit bei der Ravag zu Ende.[1] Jetzt wird es langweilig. (Wir haben Kupferabgabestelle am Schluß gestrichen, sie wirkt nicht ohne Plastik.) Ich werde also, so lange die Kriminalromane und meine Geduld ausreicht, im Bett faulenzen.

Ich glaube, der Erfolg war groß, besonders, meint E. Fischer[2], unter den Arbeitern, die Funktionäre haben die üblichen Einwände. Frauen beklagen sich über den Mangel an Mutterliebe (nicht einmal ein Butterbrot (und das noch in Wien)). Ganz lustig ein Einwand: soll der Lehrer halt nicht Zeitung lesen, sondern statt der Wlassowa an der Druckmaschine mithelfen.

Ich habe, was bisher erschien, in einem Couvert an die Blacky[3] geschickt. Gielen werde ich noch zu erreichen versuchen. Falls es für Deinen Gasbadeofen keine Mischbatterie in Berlin gibt, könnte ich, wenn mir Mathilde[4] die *genauen* Maße der *Anschlußrohre* schickt, von hier eine mitbringen.

Vom Rosenhügel[5] habe ich noch nichts bekommen, es scheint die direkte Auszahlung nicht ganz so einfach zu sein. Mit Steff hat es auch nicht geklappt, ich lasse es also anders schicken. Soll ich den Rest einfach hier ins Safe legen, was meinst Du? Leider bin ich recht pleite, weil auch die Universal-Edition, die einen Vertrag mit Suhrkamp hat (für Auslandsrechte) die Tantiemen einfordert. (Bitte schicke mir die Aufschlüsselung, Hanns ist der Meinung, auch Weisenborn sei beteiligt. Wenn Du den Brief bis hierher gelesen hast, bitte ich sehr um Beantwortung.)

Hast Du Dir die Wohnung nebenan angesehen? Wie funktioniert Deine Zentralheizung? Ist das Mädchen, das Frau Wagenknecht engagiert hat, möglich?[6]

Ich werde in der nächsten Woche, mit der Weninger und dem Lipp sprechen. Die Banschenbach glaub ich weniger, und schließlich können wir dem Heinz ja nicht alle Leute wegholen (bei uns wird es auch schwierig werden, dies durchzusetzen), den Mann schau ich mir noch an.

Was ist mit der Staatl[ichen] Kunst Kom[mission]??[7]

Was ist mit Hanns?[8]

Hast Du wegen Bronnen mit wem gesprochen?

So viele Fragen, wie viele Antworten??? (8 Fragen)

Der Fettfleck oben am Brief ist von Abschminke, ich schreibe in der Scala vor der Vorstellung. Ich wollte, Du wärst noch da, es waren freundliche Wochen, danke schön.

Hast Du schon mit der Hurwicz probiert? Ich hoffe so sehr, daß sie Dir gut gefallen wird. Man müßte achtgeben, daß sie nicht die Lippen zusammenpreßt, das hat sie sich angewöhnt, und dadurch wirkt sie unfreundlich und scharf.

Ärgere Dich bitte nicht viel und schreib wieder

Deiner Heli

1 Helene Weigel spielt die Pelagea Wlassowa in Wien. Die Ravag, der Österreichische Rundfunk, macht Aufnahmen mit ihr.
2 Ernst Fischer.
3 Elfriede Bork.
4 Margarete Mantai.
5 Das ist die Firma Wien-Film AG am Rosenhügel, die den *Puntila*-Film von Cavalcanti produziert; vgl. Brief Nr. 208.
6 Erna Wagenknecht, die Wirtschafterin von Helene Weigel, hat Elisabeth Grätz, genannt Lisa, als Hilfe im Haushalt engagiert.
7 Nach dem 17. Juni 1953 hat Brecht die Auflösung der Staatlichen Kommission für Kunstangelegenheiten gefordert. Anfang 1954 übernimmt das Ministerium für Kultur die Aufgaben der Kommission.
8 Nachdem sein Opernlibretto *Johann Faustus* heftig kritisiert worden ist, hat sich Hanns Eisler in einem »Zustand tiefster Depression« nach Wien begeben. Mit Brechts Hilfe verfaßt er einen Brief an das Zentralkomitee der SED, den er am 30. Oktober in Wien abschickt. Es kommt zu einer Einigung, in deren Folge Eisler nach Berlin zurückkehrt.

Brecht und Weigel bemühen sich schon seit Gründung des Berliner Ensembles um ein eigenes Haus für das Ensemble. Das Theater am Schiffbauerdamm, in dem Brecht in den zwanziger Jahren mit der »Dreigroschenoper« Erfolge feierte, soll ständiger Sitz werden. Am 1. Januar 1954 erfolgt die offizielle Übergabe des Theaters, das noch renoviert werden muß und am 19. März mit der Premiere einer Überarbeitung von Molières »Don Juan« eröffnet wird.

207 *November 1953;* A: *Berlin, masch. mit hs. Zusätzen, überliefert in einem Umschlag mit der Aufschrift »Nach meinem Tode zu öffnen / Helli«* (Augsb.)

Ich bitte Helli, folgendes zu veranlassen:
1) daß der Tod sichergestellt wird,
2) daß der Sarg aus Stahl oder Eisen ist,
3) daß der Sarg nicht offen ausgestellt wird,
4) daß er, wenn er ausgestellt werden soll, im Probenhaus ausgestellt wird,
5) daß weder am Sarg noch am Grab gesprochen, höchstens das Gedicht »An die Nachgeborenen« verlesen wird,
6) daß die Totenwache, wenn eine solche gewünscht wird, nur von Schauspielern gehalten wird,
7) daß keine Musik gespielt wird,
8) daß das Grab im Garten in Buckow oder im Friedhof neben meiner Wohnung in der Chausseestraße liegt und nur den Namen Brecht auf einem Stein hat.

Danke, Helli!
brecht

November 1953
Berlin

208 *November/Dezember 1953;* A: *Berlin oder Buckow,* E: *Berlin, masch. mit hs. Postskriptum (Augsb.)*

Liebe Helli,
ich habe anläßlich einer Unterredung Bois-Wandel[1], am Mittwoch, glaube ich, einen ziemlichen Wirbel gemacht wegen des Schiffbauerdammtheaters, ohne das wir Bois nicht halten können. Würdest Du folgende Regelung für möglich

halten (ich habe sie noch nicht vorgeschlagen, sondern zunächst, als ich wieder, über Schauer, hörte, man könne doch Wisten[2] nicht auf die Straße setzen, nur erklärt, wir machten nichts mehr aus für 1954/55, sondern ich – Du hingest mehr am Ensemble, vielleicht –, aber ich baue in dieser Spielzeit ab):

Ensemble übernimmt 1. Januar Schiffbauerdamm. Wisten Volksbühne.

Wenn Volksbühne noch nicht frei, spielt Wisten seine laufenden Stücke bei uns noch aus, aber an zweiter Stelle. Er kann auch Gastspiele in der Kammer machen.

Wir engagieren Bois usw.

Ich versuche, doch Sonntag früh von Buckow aus anzurufen.

b

Wien (sowj.-österr. Filmgesellschaft) will »Puntila«-Film machen![3] Das ist gut.

1 Paul Wandel ist seit 1953 Sekretär des ZK und bemüht sich um die Zuweisung des Theaters am Schiffbauerdamm an das Berliner Ensemble.

2 Der Intendant der Volksbühne Fritz Wisten. Die Information kommt von Hermann-Ernst Schauer, einem Mitarbeiter der Staatlichen Kommission für Kunstangelegenheiten.

3 Der Film wird 1955 von der Wien-Film AG am Rosenhügel (Vertrag vom 15. September 1953) nach dem Drehbuch von Vladimir Pozner, Ruth Wieden und Alberto Cavalcanti, der auch die Regie führt, fertiggestellt. Am Drehbuch sind neben Brecht Hanns Eisler und Manfred Wekwerth beteiligt. Die Musik schreibt Hanns Eisler. Es spielen unter anderem Curt Bois (Puntila), Heinz Engelmann (Matti), Maria Emo und Erika Pelikowsky. Die Wien-Film am Rosenhügel ist eine sowjetisch-österreichische Firma; Österreich hat bis 1955 Besatzungsstatus.

209 *3. Dezember 1953;* A: *Berlin,* E: *Berlin, masch. Du., dikt. (BBA)*

Berlin, dem 3.12.53

Lieber Brecht,
Heute war die Frau von Kaspar Königshof[1] bei mir, es handelt sich darum: Kaspar Königshof hat einen Regieassistenzvertrag für 3 Monate in diesem Jahr bei uns, kann aber erst ab 1.1.54 arbeiten, bis dahin muß er sich noch schonen. Es würde sich also bei der Erfüllung des Vertrages handeln um:

»Tolles Geld«[2] oder »Coriolan«.

Da ich vermute, daß K. gern bei Dir arbeiten will, könntest Du vielleicht, wenn er zu Dir kommt, ihn auf den »Coriolan« vertrösten.

Kann er evtl. bei der Bearbeitung des »Tollen Geldes« helfen? Er ist so in finanziellen Schwierigkeiten.

1 Kaspar Königshof (im Brief steht »Königshaus«) ist der Stiefsohn von Herbert Ihering.
2 Stück von Alexander Ostrowski.

210 *23. Dezember 1953;* A: *Berlin,* E: *Berlin, masch. Du., dikt. (BBA)*

Berlin, 23.12.53

Herrn Brecht
Der 24.12. ist gesetzlich neuerdings spiel- und probenfrei für die Berliner Bühnen. Freilich, wenn Du mit Deinen Schauspielern mit dessen Einverständnis eine Probe ansetzt, ist das ganz Deine Sache.

Meier bittet Dich, es nicht zu tun, weil er für Käthe Rülicke für die Probe die Dekoration aufbauen will und außerdem die »Courage« überprüfen und für die Generalproben am 29. und 30. zusammensuchen muß.[1]

gez. Helli

1 Walter Meier, der technische Direktor des Berliner Ensembles. Rülicke probiert *Hans Pfriem*, vgl. Brief Nr. 199, Anm. 3.

211 30. Dezember 1953; A: *Berlin,* E: *Berlin, masch. Du., dikt. (BBA)*

Berlin, dem 30. 12. 53

Lieber Bert,
habe mich verabredet für den 2. 1. zu einer Verhandlung mit Schelcher[1], möchte Dir aber nur sagen, daß es eine wirklich schwierige Sache ist, nicht nur, daß man nie sicher ist, daß er am Abend da ist, weil er säuft. Er quatscht auch viel Blödsinn zusammen, so daß man ihn auch öfters bei der Polizei auslösen muß – so geschehen in Rostock, wo er im Film arbeitete, und wo sie ihn nur zu den Aufnahmen herausgeholt haben – allerdings wußte man da wenigstens, wo man ihn finden konnte. Er hat sich seine Schimpferei seit der Nazizeit bewahrt, wo er scheints auch dauernd ausgelöst wurde.

gez. Helli

1 Der Schauspieler Raimund Schelcher, seit 1953 am Berliner Ensemble, spielt u. a. den Bürgermeister in *Hirse für die Achte*, den Simon Chachawa in *Der kaukasische Kreidekreis*, den Oberfeldwebel Nohl in *Winterschlacht*. Wegen seiner Alkoholkrankheit kommt es zu Umbesetzungen und Verschiebungen von Premieren.

212 31. Dezember 1953; A: *Berlin,* E: *Berlin, masch. (Augsb.)*

31.12.53

Liebe Helli,
ich schreibe Dir auf Deinen Wunsch nieder, was ich Dir sagte. Wir sollten im neuen Jahr im Schiffbauerdammtheater spielen. Das war, wie ich hörte, ein Regierungsbeschluß, und ich arbeitete nun vier Monate täglich an den Umbesetzungen der laufenden Stücke und an den drei neuen Stükken für die Eröffnung. Nun lassen sich Aufführungen bekanntlich nicht auf Eis legen. Die letzte Möglichkeit, das Theater noch vor dem Konferenzbeginn oder für die erste Woche der Konferenz umzubauen,[1] scheiterte an Wistens Entschluß, so lange im Schiffbauerdammtheater zu spielen und zu proben, bis er in die Volksbühne konnte. Das ist natürlich bequem für ihn, aber ruinös für das Ensemble. Unterstützung wirksamer Art, sagst Du, kannst Du nicht bekommen. Damit werden Aufführungen des Berliner Ensembles während der Konferenz, auch wenn sie lange dauert, nicht mehr stattfinden können – was einigen Leuten vielleicht nicht sehr leid tut. Ich selbst aber kann mich nicht bereit finden, weitere Monate an sinnlose Arbeit zu verschwenden – außerdem komme ich mir vor den Schauspielern langsam komisch vor. Es ist jetzt an der Regierung, denke ich, uns mitzuteilen, wann sie würdige[2] Arbeitsmöglichkeiten schaffen kann.

b

1 Möglicherweise ist die Landesdelegiertenkonferenz der SED gemeint; vgl. Brief Nr. 219.

2 Zunächst schreibt Brecht »menschenwürdige«, aber dann streicht er den ersten Teil des Wortes handschriftlich.

213 *Etwa Dezember 1953;* A: *Berlin (Kopfbogen Berliner Ensemble),* E: *Berlin, masch., dikt. (BBA)*

Herrn Brecht

1. Frage

Unser Freund Rohde verhandelt, ob wir auf dem Neujahrsmarkt »Schuster Pinne« spielen können, dabei stellt sich folgendes heraus: er muß seine Abschlüsse machen, ich und Gelmar aber zögern, Dir evtl. Probenzeiten zu nehmen.[1] Kann Rohde von Dir die Vollmacht haben – sagen wir 1x in der Woche am Abend oder am späten Nachmittag einen Abschluß für eines der Stücke selbständig zu unterzeichnen, weil sonst seine Arbeit nicht möglich ist. Ich bitte Dich herzlichst, dies zu erlauben.

An evtl. Abschlüssen sind vorgesehen:

10. 2.	beim DFD 19.30 Uhr	»Hans Pfriem«[2]
17. 1.	Tag des Handwerks 16.00 Uhr (Marx-Engels-Platz)	»Schuster Pinne«

Verhandlungen laufen mit: Ministerium für Land- und Forstwirtschaft

im eigenen Kulturraum »Hans Pfriem«

MAS-Reparaturwerkstatt in Neuenhagen bei Strausberg

beides vor dem 25. 1. 54 mit »Hans Pfriem«

Weiterhin:

21. 1.	Tag des Films	evtl. »Pinne«
24. 1.	Tag des Volkes	
27. 1.	Tag der Volkspolizei	
31. 1.	Tag der Presse	

Wir könnten an allen Tagen spielen oder wir können uns einen Tag davon aussuchen.

1 Otto Rohde leitet die Anrechtsabteilung des Berliner Ensembles, Walter Gelmar ist Verwaltungsdirektor des Berliner Ensembles. Einer Besprechung vom August 1953 zufolge soll Angelika Hurwicz die Berliner Posse *Schuster Pinne* inszenieren; das Vorhaben wird nicht realisiert.

2 Von Martinus Hayneccius; vgl. Brief Nr. 199, Anm. 3.

214 11. Januar 1954; A: *Berlin,* E: *Berlin, masch. Du., dikt. (BBA)*

Berlin, dem 11.1.54

Lieber Bert,
das ist Dein Entwurf, ich habe heute mit Franz und unserer Personalleiterin gesprochen, wie wir in dieser Frage »Tolles Geld« uns dem Deutschen Theater gegenüber wehren sollen, ihr Rat ist, doch erst mit Langhoff darüber zu verhandeln. Was ist Deine Meinung? Ich hätte nur gern zuverlässig – und wie kann man das feststellen – ob es sicher stimmt, daß das Deutsche Theater nie »Tolles Geld« angegeben hat.[1]

1 Entwurf

1 Das Deutsche Theater wie das Berliner Ensemble – beide spielen noch unter einem Dach – wollen Ostrowskis Komödie *Tolles Geld oder Armut ist keine Schande* auf den Spielplan setzen; vgl. Briefe Nr. 209 und 216. Obwohl das Berliner Ensemble am 5. Dezember 1953 einen Aufführungsvertrag mit dem Übersetzer Johannes von Guenther geschlossen hat, setzt sich das Deutsche Theater durch, weil es die Absicht bereits öffentlich gemacht hat. Helene Weigel spricht über den Konflikt mit dem Schauspieler Erich Franz, der der Betriebsgewerkschaftsleitung (BGL) vorsteht, und der Personalleiterin Lilly Salm. Brechts Entwurf ist nicht erhalten.

215 13. Januar 1954; A: *Berlin (Kopfbogen Berliner Ensemble),* E: *Berlin, masch., dikt. (BBA)*

Berlin, dem 13. 1. 54

Lieber Bert,
ich habe mit Palm gesprochen wegen des Schneiders. Ich halte den Mantel nicht mehr aus, und Du brauchst auch dringlich den neuen Anzug. Morgen 9.00 Uhr wird ein Schneider abgeholt, der Dir zu Hause Maß nimmt, Stoffe mitnimmt und Dich – ich hoffe ohne Anprobe – bekleidet.

Bitte, sei einverstanden, Palm hat das geordnet.

Selbstverständlich hast Du vollkommen recht, daß man jemand haben sollte, der die Wagenkontrolle übernimmt, einfach weil er sie dauernd ein- und ausfahren sieht, nur sitzen leider in der Pförtnerloge lauter alte und schwerbeschädigte Leute. Wir müssen nämlich einen gewissen Prozentsatz Schwerbeschädigte, wie alle Betriebe, bei uns unterbringen und natürlich werden sie alle als Pförtner verwendet. Ich habe nur einen vernünftigen alten Mann, das ist der alte Arndt.[1] Da aber alle Pförtner abwechselnd Dienst machen, entsteht leider auch keine laufende Kontrolle.

Ich werde mit Gelmar sofort überlegen, wie wir zu einer Lösung in der Frage kommen. Vor allen Dingen darf es keine Frau machen, habe ich festgestellt; weil die lieben Fahrer immer mit Frauen Schlitten fahren, das war schon mit der Mantai so.

Passiert ist gestern dieser unglückliche Fall deshalb, weil ich den Gerth diesmal schon um 8.00 Uhr zu mir bat, so daß er vorher nicht im Büro sein konnte, um zu erfahren, daß Lindemann Deinen Garagenschlüssel für ihn bei Frau Schulz[2] hinterlegt hatte.

Helli

1 Wohl Kurt Arndt, Kleindarsteller und Pförtner.
2 Käthe Schulz arbeitet als Pförtnerin und Telefonistin im Berliner Ensemble.

216 15. Januar 1954; A: *Berlin (Kopfbogen Berliner Ensemble),* E: *Berlin, masch., dikt. (BBA)*

Berlin, dem 15. 1. 54

Lieber Bert,
war bei Langhoff, gesprochen Palitzsch, Kipphardt, Langhoff. Tatsächlich haben sie den Plan schon lange, tatsächlich haben sie es auch in der Pressekonferenz genannt. Ich habe die Ausschnitte hier. Langhoff will – trotzdem er den Beginn der Proben in ca. 14 Tagen festgesetzt hat, die Rollenbücher an die Schauspieler bereits verteilt wurden, den Regisseur engagiert hat – noch einmal überlegen, ob er in dieser Eile ein anderes Stück findet.[1]

Unsere Situation ist natürlich durch die übersehene Pressenotiz nicht sehr günstig. In 3-4 Tagen will er Bescheid geben. Es ist herzlich wenig dabei herausgekommen. Der Eindruck, den Kipphardt, scheints, bei Langhoff erweckt hat, ist unsere böse Absicht, Ihnen »was wegzunehmen«. Ich bin ihm einmal deshalb heftig über den Mund gefahren.

Was tun?

Heute rief Jendretzky[2] an, ob wir jemanden wüßten für sein neu eröffnetes Theater in Neustrelitz, der als Intendant, stellv. Intendant oder Dramaturg gut wäre.

Helli

1 Plan der Aufführung von *Tolles Geld.* Heinar Kipphardt ist Chefdramaturg des Deutschen Theaters.
2 Hans Jendretzky, Vorsitzender der SED-Bezirksleitung von Berlin.

217 23. Januar 1954; A: *Berlin,* E: *Berlin, masch. Du., dikt. (BBA)*

Berlin, dem 23.1.54

Lieber Bert,
wir sind in absoluter Hilflosigkeit, weil verabredete Dinge nicht eingehalten werden. Ich bitte um Krach,

1. wegen Probenkoordinierung
2. wegen der täglichen Probenansage

Der Einzige, der zuverlässig ist, ist unser Bunge, er wird's auf diese Weise auch bald verlernen.[1]

1 Am selben Tag beschwert sich Helene Weigel bei den Assistentinnen und Assistenten, daß sie den vereinbarten Termin zur Probenkoordinierung am Samstag nicht einhielten: »Es ist ein untragbarer Zustand.« Und sie bittet, die Proben für den nächsten Tag bis 14.30 Uhr im KB anzusagen, damit die Technik ihre Arbeit einteilen kann und die Schauspieler nicht mehrfach im Theater anrufen müssen.

218 17. Februar 1954; A: *Berlin,* E: *Berlin, masch. Du., dikt. (BBA)*

Berlin, dem 17.2.54

Lieber Bert,
der kleine Fiegler ist mal wieder aufgetaucht, da bei seinem Engagement im Theater der Freundschaft nichts herausgekommen ist. Ich bin ja nun nicht so überzeugt, daß wir viel aus ihm herausholen werden, wollte Dir aber doch davon Kenntnis geben, wir haben ja bereits genug junges Gemüse. Was ist Deine Meinung?[1]

Ich habe großen Kummer, der arme Creutz scheint leider

ziemlich arbeitsunfähig zu sein.[2] Er hat eine Stirnhöhlengeschichte, eine ungeklärte jedenfalls. Bei uns ist er kaum erschienen und vielleicht fragst Du auch mal Frau Hassert[3], denn im Deutschen scheint er nur krank gewesen zu sein. Das ist aber sehr schlecht, dadurch hat Palitzsch gar keine Hilfe und der wichtige Punkt Matinee und Pressebearbeitung fällt mal wieder flach. Das ist natürlich sehr traurig für Creutz, aber doch noch trauriger für uns, denn wir brauchen für einen ziemlich hochbezahlten Posten einen Menschen, der arbeitsfähig ist.

Ich möchte im Interesse der Reppel, die mir vielleicht jetzt anfängt zu saufen, Dich bitten, sie in das Gefolge der Großfürstin einzubauen, Du dachtest einmal daran. Jedenfalls wäre es gut, sie in die Proben einzubauen. Sie ist ja wirklich eine interessante Person und irgend ein Punkt wird sich sicher finden.[4]

1 Vgl. Brief Nr. 191.
2 Lothar Creutz ist Mitarbeiter der Dramaturgie und Regieassistent.
3 Ingeborg Hassert ist bis 1954 Sachbearbeiterin im Berliner Ensemble.
4 Die Schauspielerin Anneliese Reppel spielt die Bäuerin im *Kreidekreis*.

219 24. Februar 1954; A: *Berlin (Kopfbogen Berliner Ensemble),* E: *Berlin, masch., dikt. (BBA)*

Berlin, dem 24.2.54

Herrn Brecht
Herrn Rohde
KB.

Nach den schlechten Erfahrungen, die wir zur Aufführung des »Hans Pfriem« am Sonntag, dem 21.2. zur Landesdelegiertenkonferenz der SED gemacht haben, möchte ich dem Vorschlag von Frau Herbrecht und Frau Salm[1] folgen und zwar:

Vor jedem Abschluß einer Betriebsveranstaltung muß sich der Regisseur des Stückes oder ein von ihm benannter Mitarbeiter, falls er beschäftigt ist, sowie einer der im Stück Beschäftigten sich die dortigen Räumlichkeiten betrachten und seine Genehmigung zur Unterschrift des Vertrages geben, oder noch besser den Vertrag mit unterzeichnen. Das verhindert, daß die gesamte Verantwortung an dem Werbeleiter hängen bleibt. Freilich muß der Werbeleiter, der diesen Vertrag bearbeitet, die Gewißheit haben, daß diese Besichtigung und Vertragsunterzeichnung binnen 24 Stunden erfolgt.

Helene Weigel
[Fremde Handschrift:] gez. Brecht.

1 Lilly Salm, die Personalleiterin.

220 *Etwa Februar 1954;* A: *Berlin (Kopfbogen Berliner Ensemble),* E: *Berlin, masch., dikt. (BBA)*

Lieber Bert,
ich schicke Dir Frau Köbernick, sie scheint einen guten Eindruck zu machen. Sie spricht sehr gut englisch, kann vom Französischen ins Deutsche übersetzen, scheint sehr intelligent zu sein. Engel empfiehlt sie sehr. Sie ist ohne Familie, was wichtig ist.[1]

Hatte eben eine wichtige Besprechung mit: Dir. Hübner, Bernd-Hill, Meier, Hoffmann –[2]

sie sehen sich vor großen Schwierigkeiten für die »Katzgraben«-Premiere, weil sie da noch nicht fertig sind, sie auch am »Don Juan« noch einiges zu machen haben, fragen sie an, ob der 29. 3. mit »Katzgraben« unumstößlich ist. Das Problem liegt nämlich daran, daß wir doch die »Courage« nach Möglichkeit zum Parteitag mit herausbringen müssen, sonst müßten wir die Kombination »Carrar«/»Jeanne d'Arc« weiter bringen, da die Kombination »Carrar«/»Hirse« durch Schelchers Erkrankung nicht möglich sein wird.

Die Werkstätten sehen nur folgende Möglichkeiten:

Sie können Änderungen entweder für »Courage« bis zum 28. schaffen, das würde bedeuten automatisch eine Verschiebung des »Katzgraben« 1. 4. Voraufführung oder 2. 4. oder Belassung der »Courage« in ihrem jetzigen Zustand bis auf die Änderung des Horizonts und des Zeltes. Die großen Schriften könnten sie nur zusammendrücken, ohne die besprochene Änderung, dann könnten wir mit der »Courage« losgehen, sagen wir am 24. oder 25. 3., und »Carrar«/»Jeanne d'Arc« aus dem Spielplan lassen, wie geplant am 28. oder 29. »Katzgraben«-Premiere lassen.

Der Entschluß muß aber schnell gemacht werden wegen der Arbeitseinteilung und vor allem auch wegen Palitzsch wegen des Wochenspielplans, der heute herauskommen muß.

Unser Spielplan bis jetzt schaut folgendermaßen aus:

19.20. »Don Juan«

21. »Krug«

22.23. »Don Juan«

ab 24.3. keinen Spielplan, evtl. »Krug« noch einmal am 24. wenn Bienert kann

25.3. Vielleicht »Courage«. Dann kämen wir durch bis zum

28.3. zur Premiere »Katzgraben«.

Wir können, glaube ich, nicht nur mit »Don Juan« und »Krug« vom 19. bis 28. durchkommen, also wir müssen uns entschließen.

Entweder »Jeanne d'Arc«/»Carrar« einbauen oder die »Courage« einzubauen oder die »Courage« mit diesen wenigen Änderungen in den Spielplan aufzunehmen, was ja dem Wunsch des ZK entspricht.[3]

1 Frau Köbernick wird nicht am Berliner Ensemble angestellt. Das Ensemble sucht noch Ende Juli 1954 nach einer passenden Sekretärin für Brecht.

2 Max Hübner ist der Technische Direktor der Staatsoper Berlin, deren Werkstätten auch für das Deutsche Theater und damit für das Berliner Ensemble arbeiten, Gustav Hoffmann ist Ausstatter und Leiter der Werkstätten des Berliner Ensembles und Walter Meier der Technische Direktor des Berliner Ensembles; über Bernd-Hill konnte nichts ermittelt werden.

3 Handschriftliche Notiz von Irene Ulrich am Ende des Briefes: »*Pfarrhaus*«.

221 *Mitte März 1954;* A: *Berlin (Kopfbogen Berliner Ensemble),* E: *Berlin, masch., dikt. (BBA)*

Lieber Bert,
wenn es kommt, kommt es hageldicht. Eben kommt Frau Schwaen – es ist jetzt 10 Minuten vor 10.00 Uhr, erbittet von uns das Kopierenlassen der Noten, und zwar will Schwaen für morgen früh eine Probe für die Musiker angesetzt haben. Das ist in 24 Stunden bei Musikern, die an erster Stelle beim Rundfunk beschäftigt sind, ein fragliches Unterfangen. Ich müßte natürlich alles telefonisch unternehmen, aber es war auch Deine Meinung, daß eine Musik zum »Krug« mit 7 Musikern zu anspruchsvoll sei.

Kennst Du die Musik überhaupt und bist Du einverstanden? Was soll ich tun? Die Unterredung mit Schwaen über die Bezahlungsfrage führe ich schweren Herzens heute nachmittag. Bitte, schnell um Deine Rückäußerung.[1]

Helli[2]

1 Es geht um die Musik zu dem chinesischen Volksstück *Hirse für die Achte*, das Elisabeth Hauptmann und Manfred Wekwerth für das Berliner Ensemble bearbeitet haben (Premiere am 1. April 1954). In seinem Tagebuch notiert Kurt Schwaen unter dem 12. März 1954: »Verhandlung mit der Weigel und dem Direktor Gillner [d.i. Gelmar]. Es geht ums Geld. Musik zur Hirse ginge über die Modell-Inszenierung für Laien hinaus. Soll nur Band bespielt werden (was an der Sache nichts ändert, aber das Ensemble spart Geld). Zerbrochener [!] Krug. Man habe an höchstens vier Musiker gedacht. Mehr vertrage sich nicht mit dem Stil der Aufführung (d. h. der Kasse!). Ich zog die Musik zurück, wollte nichts von einer geldlichen Entschädigung hören, so daß die Weigel hilflos wurde. So was kennt sie sicher nicht. Lustlos nach allem. Brecht kann nichts dafür, weiß von nichts« (Kurt Schwaen, *Die Horatier und die Kuriatier.* Begegnungen mit Brecht und dem Berliner Ensemble. Berlin: Kurt Schwaen Archiv, 2006, S. 5).

2 Unter den Brieftext schreibt Irene Ulrich: »Brecht gelesen«.

222 5. Mai 1954; A: *Berlin,* E: *Berlin, masch., dikt. (Augsb.)*

Lieber Brecht![1]
Jean Weidt war bei mir mit einem Vorschlag: Ein Ballett-Studio unter seiner Leitung bei uns abends probieren zu lassen, in Matineen bei uns aufzutreten, und zwar sind seine Pläne etwa:

»Der verlorene Sohn« von Prokofjew
»Das Fest der Patronin« von Thomas de Hartmann
»Rhapsodie« von Lalo
»Die Zelle« von Damais
alles moderne, realistische Ballette.[2]

Die Mitarbeiter sind die Solisten und Tänzer der Staats- und Komischen Oper, die sich für diese Sache kostenlos zur Verfügung gestellt haben. – Kosten würden uns nicht entstehen.

Bedenken müssen wir dabei, daß wir Schleifer[3] für seine Kurz-Oper schon eine Heimat angeboten haben.

Bitte, erwäge diesen Vorschlag, damit ich Jean Weidt antworten kann.

Helli

5.5.54

Karl-Heinz Weiß (Einarmige) bittet um Vertragslösung zum 31. Mai 1954. Bist Du einverstanden?

[Bertolt Brecht, zum Vorschlag von Jean Weidt:]
ja b

1 Maschinenschriftliche Notiz vom Sekretariat des Berliner Ensembles; am Briefkopf handschriftlich: »Käthe Rülicke mit der Bitte um Rückgabe und *schriftliches* Einverständnis von Brecht.«

2 Der Tänzer und Choreograph Jean Weidt, Leiter des Dramatischen Balletts der Volksbühne, arbeitet mit Hanns Eisler zusammen. Prokofjews Ballett *Le fils prodigue* (*Der verlorene Sohn*) ist 1928/29 entstanden. Ein Ballett von Thomas de Hartmann mit

dem Titel *Das Fest der Patronin* konnte nicht ermittelt werden. Von Edouard Lalo ist offenbar die *Norwegische Rhapsodie* (1875) vorgesehen. Für seine Umsetzung des Balletts *La cellule* (*Die Zelle*) von Émile Damais hat Weidt 1947 in Kopenhagen den ersten Preis beim Choreographenwettbewerb erhalten.

3 Der Komponist, Dirigent und Musikschriftsteller Karl Schleifer bittet Brecht im September 1953 um Vorschläge für die Gründung einer ambulanten Kammeroper.

223 *Telegramm, 22. Juni 1954, 15:50;* A: *Berlin,*
E: *Amsterdam (BBA)*

URGENT = BERTOLT BRECHT BUERO
PEN KONGRESS OFFICE 7-9
KLEINEGARTMANSPLANTESOEN
AMSTERDAM C =

GELD UEBERWIESEN AUF DEINEN NAMEN BUERO PEN KONGRESS OFFICE 7/9 KLEINEGARTMANSPLANTESOEN AMSTERDAM C BANKERS LABONCHERE UND CO N. V. = HELLI

BRECHT 7-9 C 7/9 C N. V[1]

1 Anläßlich des 26. Internationalen PEN-Kongresses reist Brecht vom 21.-26. Juni über Brügge nach Amsterdam und von dort direkt zum Gastspiel des Berliner Ensembles nach Paris.

224 3. November 1954; A: *Berlin,* E: *Berlin, masch., dikt. (BBA)*

3. 11. 54

Lieber Bert,
in unseren großen Schwierigkeiten mit der schnellen Übernahme von Franz[1] in der »Carrar« ist Benno sehr halsstarrig. Ich versteh' ihn natürlich, aber wir müssen morgen vormittag Schall unbedingt auf der Probe haben. Freilich können wir es sicher einrichten, daß wir bei uns Pause machen nach dem 1. Durchlaufen, so daß Schall diese kurze Szene in »Don Juan« spielen kann.[2] Aber wir können es wirklich schwer anders machen. Benno hat wirklich viele Proben für die Übernahmen von »Don Juan« gehabt und soll auch ein wenig die Schwierigkeiten des Theaters sehen. Darf ich um Deine Unterstützung bitten?

Fall Nr. 2 Benno und seine Uneinsichtigkeit.

Nachdem wir die Reppel für Dresden nun bereits 2mal abgesetzt haben und die in letzter Minute den Spielplan umwerfen mußten, wurde anläßlich einer Probenkoordinierung in einem Gespräch von Dir zugesagt, Reppel freizugeben, wenn wir unseren Spielplan so einrichten können.[3] Der Spielplan wurde so eingerichtet.

Freitag ist der 5. November, da Reppel in Dresden spielen muß. Benno hat Hauptprobe. Die Reppel müßte 12.30 Uhr gehen, um 1.30 Uhr ab Ostbahnhof nach Dresden zu fahren. Auch dafür bitte Deine Hilfe.

(gez.) Helene Weigel

1 Erich Franz ist als Pedro in *Die Gewehre der Frau Carrar* besetzt.
2 Ekkehard Schall spielt in *Don Juan* die Rolle des Don Alonso.
3 Zu Anneliese Reppel vgl. Briefe Nr. 218, 234 und 235.

225 Etwa 23. Dezember 1954; A: *Berlin (Kopfbogen Berliner Ensemble),* E: *Berlin, masch., dikt. (BBA)*

Lieber Brecht,
betr.: Geschonneck-Gespräch am 23.12.54 –

machte ihn darauf aufmerksam, daß wir an Langhoff geschrieben haben, daß wir unter keinen Umständen darauf eingehen können, daß das Deutsche das Verfügungsrecht über die Vorstellungen hat, weil sonst die Dispositionen des Berliner Ensembles unmöglich werden. Wir müssen unter allen Umständen erst mit Langhoff die Frage des Haupt- und Nebenvertrages klären, wobei natürlich der Hauptvertrag das Recht der Disposition hat.

Ich machte ihn weiter darauf aufmerksam, daß im Monat September - Oktober, wo er frei zu haben wünscht, um im Deutschen zu probieren, 3 größere Sachen kommen werden, außerdem, daß seine Besetzung im Werbeoffizier durch diese Ankündigung fraglich geworden ist.

Ich bin nicht so weit gegangen, ihm zu sagen, daß wir keinen Vertrag mit ihm abschließen, falls sich das nicht ändern läßt.

Er möchte von sich aus nur weiterspielen:

»Krug«[1]

Alternieren »Don Juan« und »Courage«

G. bietet uns an, von seinem 3monatlichen Filmurlaub 1 Monat zu streichen. Alles weitere müssen wir mit Langhoff klären.

Antwort von Langhoff habe ich jedenfalls noch nicht bekommen.

1 In Therese Giehses Inszenierung von *Der zerbrochne Krug* spielt Erwin Geschonneck den Dorfrichter Adam.

226 *Etwa 23. Dezember 1954;* A: *Berlin (Kopfbogen Berliner Ensemble),* E: *Berlin, masch., dikt. (BBA)*

Für Brecht
»Don Juan« 1. Besetzung muß schnellstens wieder spielen, man braucht dazu eine Durchsprechprobe

Betr.: Brockmann[1]
ziemlich klein und häßlich – habe vorgeschlagen 3.000,–, ab 15. Vorstellung Honorar, da Einzelvertrag wie Geschonneck. Da er keinen Umtausch bekommt und eine Familie – geschiedene Frau und Kind – in Wien zu erhalten hat, eine Summe von 10-15 % der Gage in West oder Schillingen. Es würde genau dem Vertrag von Geschonneck entsprechen, der folgendes hat:

Gage in Höhe von DM 4.000,– ab 14. Vorstellung innerhalb eines Monats je Vorstellung.[2]

1 Jochen Brockmann ist Mitglied des Ensembles der Volksbühne bei Fritz Wisten. Er geht 1957 an das Theater in der Josefstadt.
2 Am Briefkopf handschriftliche Notiz von Irene Ulrich: »Brecht / 28.12. / ges[ehen] / U.«.

227 *Anfang Januar 1955;* A: *Berlin (Kopfbogen Berliner Ensemble),* E: *Berlin, masch., dikt. (BBA)*

Lieber Brecht,
bitte um Deine Unterschrift für folgende Punkte:

Das Plakat und Programm lauten für Regie: Brecht/Wekwerth

für Bühnenbild: Karl v. Appen/Dieter Berge oder v. Appen/Berge

Musik: Hanns Eisler

Sollen oder sollen nicht sämtliche Regieassistenten, die mitgeholfen haben, im Programm aufgeführt werden. Es scheint nach Kilian, daß Palitzsch, Rülicke nicht der Ansicht seien, daß es gerechtfertigt ist.[1]

1 Handschriftliche Notiz von Irene Ulrich am unteren Rand: »Dramaturgie: Brecht / Pali / Rü / Wek // Regieass.: Graf Bellag Königshof Kuehne Kahlau«. / Die Frage bezieht sich auf Johannes R. Becher, *Winterschlacht*, das in der Bearbeitung des Berliner Ensembles am 12. Januar 1955 Premiere hat. Auf dem Plakat steht: »Musik: Hanns Eisler Regie: Brecht/Wekwerth Bühnenbild: v. Appen/Berge«, und im Programmheft lauten die Nachweise: »Musik: Hanns Eisler / Regie: Bertolt Brecht und Manfred Wekwerth / Ausstattung: Karl v. Appen und Dieter Berge / Dramaturgie: Brecht Palitzsch Rülicke Wekwerth«. Regieassistenten werden nicht genannt.

228 7. Januar 1955; A: *Berlin,* E: *Berlin, masch. Du., dikt. (BBA)*

Berlin, dem 7.1.55

Lieber Brecht,
unter dieser Formulierung muß das Theater laut Lohn- und Gehaltsabkommen keine Doppelproben zahlen, die uns DM 1080,– und DM 566,– Technik kosten würde.

Die Technik müssen wir auf alle Fälle bezahlen, aber um die Doppelbezahlung der Schauspieler kommen wir unter diesem § herum. Bist Du einverstanden?

[Anlage, Aushang:]
Liebe Kollegen,
ich mache den Versuch, heute Freitag und morgen Samstag die Proben so durchzuführen, daß die Sonntagsprobe über-

flüssig wird. Mir erscheint es aber bereits jetzt sehr schwierig, ohne die Sonntagsprobe durchzukommen, ohne unsere Premiere aufschieben zu müssen. Das ist aber, da bereits Ankündigungen laufen, die Karten ausgegeben sind und an den nächstfolgenden Tagen das Haus mit Anrecht besetzt ist, schwierig.

Ich werde mich also morgen Samstag während der Probe entscheiden. Wenn eine Gefährdung des Betriebsablaufs d. h. eine Verschiebung der Premiere, notwendig ist, muß die Probe am Sonntag stattfinden.

Ich bitte um Eure Einsicht.

[Irene Ulrich:] gez. Brecht

229 1. Februar 1955; A: *Berlin (Kopfbogen Berliner Ensemble),* E: *Berlin, masch. mit hs. Zusätzen, dikt. (BBA)*

Berlin, dem 1. 2. 55

Lieber Brecht,

die Möglichkeit, alle Vorbereitungen für Buschs Arbeit an Platten für die Busch-Produktion am Berliner Ensemble zu machen, ist schwierig, da wir im Theaterhaushalt dafür kein Geld auswerfen können.[1]

Es gäbe also zwei Möglichkeiten:

In einer Besprechung eine Summe für diesen Zweck von Paul Wandel sich vorher zur Verfügung stellen zu lassen für Experimentierzwecke, oder privat, d. h. Brecht-Busch-Weigel, eine bestimmte Summe zur Verfügung zu stellen, bis zu dem Zeitpunkt, wo der Haushalt der Busch-Berliner Ensemble-Produktion geklärt ist und aus diesem Haushalt rückzahlbar.

Begründung für diese Frage:

Es entstanden bis jetzt folgende Kosten:

Für die Anbringung der Seile	DM 780,–
Überstunden der Dekorateure ca. 20 Stunden etwa	DM 60,–
die sich ständig fortsetzen	
Überstunden der Tontechnik ca. 10 Stunden etwa	DM 35,–
die sich ständig fortsetzen[2]	

Für die Probeaufnahme, die am Donnerstag laufen wird, brauchen wir das Orchester, das sich kaum umsonst zur Verfügung stellen wird.

2. Für Bänderproduktion Archiv. Wofür gedacht? Für den Rundfunk? Oder? /[3]

Dafür kommen auch Unkosten für die Stunden von Iva Besson[4] etwa DM 80,–, noch dazu für Schauspieler, die evtl. Doppelproben haben. Können diese Honorare evtl. vom Rundfunk, der diese Bänder verwendet, bezahlt werden? Wie?

Da Rundfunkarbeit extra honoriert wird, kann ich sie nicht in unserem Haushalt erscheinen lassen.

Ich bitte sehr um Entschuldigung für diese mißliche Auseinandersetzung, aber da wir ständig Haushaltsrevisionen zu erwarten haben, müssen diese Fragen gelöst werden.

Vorschlag: evtl. aus Palitzschs Werbefonds finanzieren, falls Palitzsch damit einverstanden.

Helli

1 1953 ist Ernst Buschs Platten- und Notenverlag Lied der Zeit in Volkseigentum verwandelt worden. Eine selbständige Schallplattenproduktion kommt nicht wieder zustande.

2 »die sich ständig fortsetzen« beim zweiten Mal handschriftlich ergänzt.

3 »Oder? /« handschriftlich ergänzt.

4 Korrepetitorin und Sprecherzieherin am Berliner Ensemble, Ehefrau von Benno Besson.

● *Leitung:* Helene Weigel

BERLINER ENSEMBLE

AM SCHIFFBAUERDAMM

Künstlerische Mitarbeit: Brecht · Appen · Besson · Busch · Dessau · Eisler · Hill · Hoffmann · Palm · Palitzsch · Strittmatter

Berlin, dem 1.2.55

Lieber Brecht,

die Möglichkeit, alle Vorbereitungen für Buschs Arbeit an Platten für die Busch-Produktion am Berliner Ensemble zu machen ist schwierig, da wir im Theaterhaushalt dafür kein Geld auswerfen können.
Es gäbe also zwei Möglichkeiten:
In einer Besprechung eine Summe für diesen Zweck von Paul Wandel sich vorher zur Verfügung stellen zu lassen für Experimentierzwecke, oder privat, d.h. Brecht-Busch-Weigel eine bestimmte Summe zur Verfügung zu stellen, bis zu dem Zeitpunkt, wo der Haushalt der Busch-Berliner Ensemble-Produktion geklärt ist und aus diesem Haushalt rückzahlbar.
Begründung für diese Frage:
Es entstanden bis jetzt folgende Kosten:

Für die Anbringung der Seile	DM 78o,--
Überstunden der Dekorateure ca. 2o Stunden etwa die sich ständig fortsetzen	DM 6o,--
Überstunden der Tontechnik ca. 1o Stunden etwa	DM 35,--

Für die Probeaufnahme, die am Donnerstag laufen wird, brauchen wir das Orchester, daß sich kaum umsonst zur Verfügung stellen wird.

2. Für Bänderproduktion Archiv. Wofür gedacht? Für den Rundfunk? *oder ?!*
Dafür kommen auch Unkosten für die Stunden von Iva Besson etwa DM 8o,--, noch dazu für Schauspieler, die evtl. Doppelproben haben. Können diese Honorare evtl. vom Rundfunk, der diese Bänder verwendet, bezahlt werden? Wie?
Da Rundfunkarbeit extra honoriert wird, kann ich sie nicht in unserem Haushalt erscheinen lassen.
Ich bitte sehr um Entschuldigung für diese mißliche Auseinandersetzung, aber da wir ständig Haushaltsrevisionen zu erwarten haben, müssen diese Fragen gelöst werden.
Vorschlag: evtl. aus Palittsch Werbefonds finanzieren, falls Palitzsch damit einverstanden.

● Deutsche Notenbank, Berlin, Konto 1130354/5 · Berlin NW 7 · Am Schiffbauerdamm 4a · Fernruf 425871

Helli

230 2. Februar 1955; A: *Berlin (Kopfbogen Berliner Ensemble),* E: *Berlin, masch., dikt. (BBA)*

Berlin, dem 2.2.55

Lieber Bert,
der gute Appen will erst in 14 Tagen mit Palm sprechen. Ich bin der Ansicht, daß Palm zu den Entwürfen uns wertvollste Hilfe geben könnte. Auch die Verschiebung der Perioden scheint mir wichtig, mit Palm vorher durchzusprechen. Ich möchte nicht gern unseren Palm in die Situation eines nur Ausführenden bringen, die leider Appen ein wenig bei uns einführt.

Ich möchte mich[1], bevor das Interesse von Palm durch diese Haltung von Appen und Berge[2] erlahmt, weil er verärgert wird, daß Du das weißt. Um es noch schärfer zu sagen, eine Konklave Appen – Berge – Dresden-Staatstheater – Hochmut soll verhindert werden.

Dasselbe gilt der Haltung Hoffmann gegenüber, der auch ein leicht gekränkter Mensch ist.[3]

Helli

1 So in der Vorlage; gemeint ist wohl: »Ich möchte, [...], daß Du das weißt.«, das Wort »mich« ist überflüssig.
2 Der Bühnenbildner Dieter Berge.
3 Der Leiter der Werkstätten Gustav Hoffmann.

231 *8. Februar 1955;* A: *Berlin,* E: *Berlin, masch. Du., dikt. (BBA)*

8. Februar 1955

Lieber Bert,
der Aushänger mit der kleinen Korrektur wird gemacht. Wir haben zusammen mit der BGL tarifrechtlich nur folgenden Weg gefunden.[1] Die Kollegen, die am Versagen der Beleuchtung schuld sind, und von nun alle Kollegen, die sich eines schweren Versagens schuldig machen, werden schriftlich verwarnt; im Wiederholungsfalle fristlos entlassen. Geldstrafen kann die BGL überhaupt nicht verhängen – dem schließt sich auch die Direktion an – da sie im Anstellungs- und nicht im Vertragsverhältnis bei uns sind.

1 Der Aushang hat sich nicht erhalten. BGL ist die Abkürzung für Betriebsgewerkschaftsleitung des Berliner Ensembles.

232 *22. März 1955;* A: *Berlin,* E: *Berlin, masch. Du., dikt. (BBA)*

Lieber Brecht,
ich bin am 1. Tag Deiner Reise nach Hamburg[1] länger im Ensemble geblieben und mußte feststellen, daß es ab 14.00 Uhr keinen der Herren Regie-Assistenten mehr im Haus gibt und daß sie sich auch nirgends abmelden.

Ich finde es ein unglaubliches Verhalten, wenn nicht Spezialaufgaben da sind, die sie verhindern, im Haus zu sein oder Abendregie zu haben – es muß z. m. die 8stündige Arbeitszeit eingehalten werden, wie bei anderen Leuten.

Es ist da natürlich auch der Grund, daß von den aufgegebenen Arbeiten nie eine zu Ende geführt wird, und ich muß heftigst Klage über diese Art Großzügigkeit von Seiten der Regie-Assistenten führen.

22.3.55

1 Brecht reist zur 7. Generalversammlung des deutschen PEN-Zentrums Ost und West, auf der er als Präsident wiedergewählt wird.

Die Verleihung des Stalin-Friedenspreises an Bertolt Brecht im Mai 1955 löst in der Bundesrepublik einen Boykott gegen Inszenierungen seiner Stücke aus. Das Berliner Ensemble gastiert vom 20. bis 24. Juni 1955 sehr erfolgreich mit dem Stück »Der kaukasische Kreidekreis« in Paris. Brechts Theater setzt sich damit endgültig durch. Nach Brechts Rückkehr ist Weigel vermutlich in der Sommerfrische.

233 Etwa Anfang Juni 1955; A: *Berlin (Kopfbogen Berliner Ensemble),* E: *Berlin, masch., dikt. (BBA)*

Lieber Bert,
2 Fragen an Dessau: die für uns wichtig wären, wegen der Pässe.[1] Ich weiß bis heute noch nicht, ob für die Musik »Kreidekreis« eine kleinere Besetzung gemacht wird, wie Du mir sagtest, so daß wir im Stande sind, weniger Musiker nach Paris mitzunehmen. Was sollen wir tun?

Dazu noch einen Vorschlag von Iva

mit der herzlichen Bitte von uns allen, nämlich die Musik vom 3. Akt einen Ton tiefer zu transponieren, nämlich nach d-Moll. Könntest Du [so] lieb sein, der Ulli den Auftrag zu geben, daß sie Dir eine Verabredung mit Dessau Dir[2] schnellstens zu Stande bringt.[3]

1 Der Brief betrifft das nach 1954 zweite Paris-Gastspiel des Ensembles beim Festival Théâtre des Nations. Das Berliner Ensemble reist am 15. Juni und spielt fünf Vorstellungen des *Kaukasischen Kreidekreises*.
2 So in der Vorlage.
3 Unter dem Brieftext handschriftliche Notiz von Irene Ulrich: »mit B gesprochen«.

234 10. Juni 1955; A: *Berlin,* E: *Berlin, masch. Du., dikt. (BBA)*

Berlin, dem 10.6.55

Lieber Brecht,
das Deutsche Theater bittet uns, ihnen Frau Reppel für die 2. Besetzung in »B. Albas Haus« zu leihen. Dagegen wäre an sich nichts zu sagen und für Frau Reppel das Geld sehr notwendig. Da das Stück erst im Herbst herauskommt, scheint

es mir sehr unglücklich, da wir die Reppel ja bestimmt in den Ostrowskis brauchen. Wenn Dir auch noch Hilde Hildebrand vorschwebt (deren Adresse sich als falsch herausgestellt hat, wir versuchen, diese Adresse über den westdeutschen Bühnennachweis zu bekommen), aber das ist eine Taube auf dem Dach, und ich bin mir im Zweifel, was ich tun soll.[1]

1 Federico García Lorca, *Bernarda Albas Haus*, hat am 24. Oktober 1955 Premiere in den Kammerspielen. Regie führt Hannes Fischer, die Ausstattung stammt von Siegfried Stepanek. Anneliese Reppel ist nicht als Darstellerin bei der Premierenbesetzung verzeichnet. Ein Engagement des Revuestars Hilde Hildebrand am Berliner Ensemble kommt nicht zustande.

235 11. Juni 1955; A: *Berlin*, E: *Berlin, masch. Du., dikt. (BBA)*

Berlin, dem 11.6.55

Lieber Brecht,
die Hase macht unendliche Schwierigkeiten, und ich möchte mich gern nicht mit ihr auf irgendeinen Kompromiß einlassen, sondern schlage vor, daß wir Umbesetzungen vornehmen.[1]

1. Hoffe ich, daß die Herbrecht uns wieder zur Verfügung steht ab 15.8., dann könnte sie wieder die Köchin übernehmen, und Reppel wäre frei, und wir könnten die Schwiegermutter – wenn Du meinst, daß es richtig ist – von der Reppel spielen lassen, so daß ich Hase ihren Urlaub auskosten lassen kann. Sollte Herbrecht noch nicht so weit sein, habe ich den Vorschlag, die Rieger als Köchin einzubauen.

1 Annemarie Hase spielt die Köchin in *Herr Puntila und sein Knecht Matti* und die Bäuerin, die vorübergehend Grusches Schwiegermutter ist, in *Der kaukasische Kreidekreis*; diese Rolle wird auch von Anneliese Reppel gespielt.

236 Juni/Juli 1955; A: *Berlin,* E: *Sellin/Rügen (?), masch. (BBA)*

Liebe Helli,
ich habe gleich noch am Vormittag Herzog hergebeten, zunächst wegen der ärmlichen Ausbeutung des Pariser Erfolges in der DDR.[1] Er wird aus dem Kulturfonds[2] die Übersetzung der Kritiken bezahlen lassen und einiges unternehmen. Wegen der »Pauken« hat er keine Besorgnisse.[3] Das ist angenehm. Und nun, betreffs des Moskauer Gastspiels: der Partei ist mitgeteilt worden, daß man uns *gern* kommen sähe, ab Januar, und Herzog will jetzt über die Monate Januar oder Februar oder März verhandeln.[4] Ob Abusch das nicht wußte???[5]

Barbara rufe ich Sonntag früh an. Wenn Du Deine Telefonnummer angibst – falls ein Telefon bequem im Haus ist –, rufe ich Dich auch an. Oder Du kannst mich anrufen.

Ich küsse Dich

b

Ich bedauerte Euch stark wegen der Fahrt in der Hitze!

1 Rudi Herzog, Mitarbeiter im ZK der SED.
2 Ein staatliches Förderprogramm für die Kultur.
3 Die Komödie *The Recruiting Officer* (1706/06) des anglo-irischen Dramatikers George Farquhar heißt in der Bearbeitung des Berliner Ensembles *Pauken und Trompeten*. Am 19. September 1955 hat sie in der Regie Benno Bessons, der Ausstattung Karl von Appens und der Musik Rudolf Wagner-Régenys Premiere, mit Die-

ter Knaup (Captain Plume), Norbert Christian (Sergeant Kite), Wolf Kaiser (Captain Brazen), Regine Lutz (Victoria) u. a. Die antimilitaristische Tendenz des Stücks konnte auch auf die Aufrüstung in der DDR bezogen werden.

4 Zu einem Gastspiel in Moskau und Leningrad kommt es erst 1957, nach Brechts Tod.

5 Alexander Abusch, Publizist und Kulturpolitiker.

237 27. September 1955; A: *Berlin,* E: *Berlin, masch. Du., dikt. (BBA)*

27.9.55

Kleine Bitte!

Lieber Brecht,
unser Paukschta bemüht sich sehr, zu fotografieren. Leider wurden Dir ohne sein Wissen Bilder gezeigt, die er versuchsweise während der Proben zu »Pauken und Trompeten« gemacht hat durch Gerda. Leider hat sie eine kleine Taktlosigkeit begangen und hat die Bilder, die Dir nicht gefielen, der Hilfslaborantin mit dem Bemerken auf den Tisch gelegt »Brecht kann die Bilder nicht brauchen«!

Für Paukschta wäre es sehr wichtig, wenn Du ihm sagen würdest, was daran nicht gut ist. Er ist ein viel zu scheuer Mensch, um zu Dir zu kommen und zu fragen. Vielleicht kannst Du ihm einmal eine halbe Stunde schenken.[1]

1 Percy Paukschta ist seit 1951 Mitarbeiter der Fotoabteilung und Fotograf des Berliner Ensembles; Gerda Goedhart, die Brecht und Helene Weigel porträtiert hat, ist Fotografin am Berliner Ensemble.

238 1. Dezember 1955; A: *Berlin (Kopfbogen Berliner Ensemble),* E: *Berlin, masch., dikt. (BBA)*

Berlin, 1.12.55

Lieber Brecht,
Vorschläge für die Organisierung der Arbeit Dramaturgie, Abt. Appen und Werbeabteilung:

Es stellt sich durch viele Klagen von Seiten Palitzsch, Rülicke und auch von mir immer wieder heraus, daß wir ein paar Kontrollstellen brauchen, damit besonders die jungen und neuzustoßenden Kollegen in keinen Schlendrian geraten.

Ich schlage weiter vor:

Für Archiv-Dramaturgie Bunge als Leitung zu nehmen und ihn [verantwortlich] für Platz – Voigt – Tragelehn und Friderichs zu machen.[1]

2. Für die Regieassistenten Rülicke in Verbindung mit Dir; Aufgabenerteilung und Kontrolle der Erledigung für Bellag, Graf, Wekwerth, Weber, Swinarski und im nächsten Jahr noch Pintzkas und Klingenberg.[2]

gez. Helli[3]

1 Jutta Platz bewirbt sich im März 1955 für eine Arbeit in der Dramaturgie; sie wird zur Spielzeit 1955/56 als Regieassistentin angestellt. Peter Voigt und Karl Friderichs sind ebenfalls Regieassistenten, B. K. Tragelehn Meisterschüler.

2 Lothar Bellag, Rüdiger Graf, Carl M. Weber, Konrad Swinarski, Eva Pintzka, Wolfgang Pintzka und Gerhard Klingenberg.

3 Unter dem Brieftext handschriftliche Notiz von Isot Kilian: »Brecht ist damit einverstanden. Kilian«.

239 Billett, 12. Dezember 1955; A: *Berlin,* E: *Berlin, hs. (Augsb.)*

Liebe Helli,
ein winziges Geschenklein zum Ostrowski![1]

b

1 Das Geschenk ist nicht ermittelt.

240 6. Januar 1956; A: *Berlin,* E: *Berlin, masch., dikt. (BBA)*

Berlin, den 6. 1. 1956

Frau Weigel für Herrn Brecht
Herr Geisthardt[1] schlägt eine archivarische Sammlung alter Bühnenmusiken zu Stücken von Brecht sowie Kompositionen von Eisler, Dessau u. a. moderner Komponisten vor.

Falls Einverständnis von Brecht, dann Mitarbeit von Bunge, Kilian, Hauptmann, Rülicke.

1 Der Komponist Hans-Joachim Geisthardt ist musikalischer Mitarbeiter am Berliner Ensemble und Assistent von Hanns Eisler; er leitet u. a. den Kinderchor.

241 12. Januar 1956; A: *Berlin,* E: *Berlin, masch. Du., dikt. (BBA)*

12. 1. 56

Lieber Bert,
es entsteht schon wieder ein kleines Kuddelmuddel. Mit Dir abgesprochen, schriftlich, war folgendes, damit eine bestimmte verantwortliche Ordnung entsteht:

1. Bunge übernimmt die Arbeitseinteilung der jungen Dramaturgen und zwar: Platz Friderichs Tragelehn Voigt

2. Käthe übernimmt die Arbeitseinteilung der jungen Regisseure:

Weber Swinarski Graf Bellag die beiden Pintzkas und Klingenberg, wenn sie kommen.

3. Frau Hauptmann übernimmt die Arbeitseinteilung – was das Lesen von Manuskripten betrifft.

Was soll ich tun, unsere gute Käthe pfuscht schon wieder dazwischen. Ich bin sicher, sie hat sich von Dir ganz schnell die Genehmigung geholt und, da Du längst vergessen hast, wie die Einteilung war, gibst Du sie auch. So hat sie, weil sie nicht im Büro ist, plötzlich die Platz aus den Befugnissen von Bunge geholt und sie dort ins Büro gesetzt und beschäftigt. Schließlich ist da noch die Glenzke[1], warum setzt man sie nicht in das Büro ans Telefon.

4. Will ich Dich fragen, ob Du Deine Meinung geändert hast, denn ich fragte Dich vor Wochen wegen unserer Schwierigkeiten mit den Vorstellungs-Abenddiensten und Du warst der Meinung, daß Käthe ebenfalls dazu eingesetzt wird. Käthe ist aber der Meinung, daß Du ihr gesagt hast, sie brauche keine zu machen. Du sagtest doch aber, daß sie genauso wie die andren eingesetzt werden könne. Wie soll ich mich verhalten?

1 Irmgard Glenzke ist Sekretärin in der Dramaturgie.

242 *20. Januar 1956;* A: *Berlin,* E: *Berlin, masch. Du., dikt. (BBA)*

Berlin, dem 20.1.56

Lieber Brecht,
ich habe heute ein Gesuch unterschrieben um die Genehmigung für die Italienreise von Elisabeth Hauptmann und Iva und Benno Besson. Bitte, um Deine Meinung, wer zahlt.[1]

1 Die drei fahren gemeinsam mit Brecht zur Premiere von Strehlers Inszenierung der *Dreigroschenoper* am 10. Februar 1956 am Piccolo Teatro di Milano.

243 *Telegramm, 10. Februar 1956, 14:46;* A: *Berlin,* E: *Milano (BBA)*

= BERTOLT BRECHT PICCOLOTHEATER MAILAND

FM 11586 BERLIN F 10 10 1355

= DIE ALLERSCHOENSTEN WUENSCHE VON DEINER = HELLI +[1]

1 Brecht begeht seinen 58. Geburtstag.

244 14. März 1956; A: *Berlin,* E: *Berlin, masch. Du., dikt. (BBA)*

Berlin, den 14. März 1956

Lieber Bert!
Wir haben gestern wie die Wahnsinnigen geheizt und nach einem ganzen Tag heizen im Probenhaus waren 8° zu erreichen. Es ist wirklich zum Verzweifeln. Wir wissen nicht, wie wir Kohlen bekommen sollen. Der Magistrat kann uns nicht mehr an Zuschuß geben. Trotz aller Schwierigkeiten muß ich Dich bitten, diese Woche noch in dem kleinen Probebühnchen zu arbeiten. Es ist versprochen worden, nächste Woche sei Frühling.

245 23. März 1956; A: *Berlin,* E: *Berlin, masch. Du., dikt. (BBA)*

Lieber Bert!
Es ist etwas ganz Scheußliches passiert. Aus der Staatsbibliothek sind folgende Bücher verschwunden:

Euripides	»Medea«
Serristori	»Illustrazione del mar nero«
Güldenstädt	»Reisen nach Georgien«
Klaproth	»Beschreibung d. östl. Kaukasus«

Und zwar wurden sie geholt teilweise von Vera Böhm und teilweise von Frau Berge-Rost. Nun kann man die beiden nicht dafür verantwortlich machen, denn sie haben die Bücher für andere geholt, die sie für »Kreidekreis« brauchten. Jeder sagt, er hätte die Bücher abgeliefert, aber keiner weiß mehr an wen. Nun also, die Bücher sind verloren und wir können keine Genehmigung mehr bekommen, Bücher zu entleihen, bevor wir die verschwundenen nicht zurückgegeben haben, und zwar nicht in Geld, sondern als Bücher.

Ich habe jetzt einen bösen Hinterkopfgedanken. Ich möchte eine Razzia durch sämtliche Schränke unserer Dramaturgie unternehmen. Was meinst Du dazu? Das müßte geheim und mit raschem Zugriff geschehen. Das sind alles Büchermarder und -sammler. Ich meine Wekwerth, Besson, Weber, Palitzsch.

Damit es den anderen nicht weh tut, Käthe Rülicke, von der ich es nicht glaube. Kilian, Voigt ist auch noch eine Proposition, und zwar würde ich vorschlagen, daß Gelmar und ich losgehen.

23. März 1956

Gamba	»Kriegsschauplatz zwischen den Russen und Persern«
Piscator	»Das politische Theater«
Anna Braeder	»Zur Rolle des Körperlichen in der altfranz. Literatur«
Scribe	»Le Verre d'Eau« 1840
Strauß	»Voltaire« 1870
Courteline	Komödien 1912
Shakespeare	»König Lear«
Shaw	»Kapitän Brassbounds Bekehrung« 1908
Po Chü-i	»Lieder eines chines. Dichters«
Böttger	Philosophische Dissertation: »Comédie-Ballet« 1931[1]

1 Die lückenhaften Angaben der Verfasser und Titel sind behutsam korrigiert nach einem Brief, in dem Walter Gelmar am 9. Mai 1956 Käthe Rülicke fragt, ob einer dieser Titel sich eventuell in ihrem Bücherbestand befindet. Die Angaben der nicht in vielerlei Ausgaben enthaltenen Titel im einzelnen: Luigi Serristori, *Illustrazio-*

ne di una carta del Mar Nero del 1351 e ricordi sul Caucaso, sulla Spagna, sul Marocco, Firenze 1856; Johann Anton Güldenstädt, *Reisen durch Rußland und im Caucasischen Gebürge*, 2 Bde, St. Petersburg 1787/1791; Julius von Klaproth, *Reise in den Kaukasus und nach Georgien unternommen in den Jahren 1807 und 1808*, 2 Bde, Halle und Berlin 1812/1814; Jean François Gamba, *Gegenwärtiger Kriegsschauplatz zwischen den Russen und Persern jenseits des Caucasus, oder, Beschreibung Georgiens, seiner Provinzen, seines Bodens, seiner Erzeugnisse, seines Handels und seiner Gewerbe und Schilderung seiner Einwohner, ihrer Sitten und Gebräuche, besonders auch für teutsche Kaufleute und Fabrikanten nothwendig*, Leipzig 1827; Erwin Piscator, *Das politische Theater*, Berlin 1929; Anna Braeder, *Zur Rolle des Körperlichen in der altfranzösischen Literatur mit besonderer Berücksichtigung der Chanson de Geste*, Gießen 1931; Eugène Scribe, *Le Verre d'Eau*, Bruxelles 1840; David Friedrich Strauß, *Voltaire*, Leipzig 1870; Georges Courteline, *Alltagskomödien*, München 1912; Po Chü-i, *Lieder eines chinesischen Dichters und Trinkers*, Leipzig 1925; Friedrich Böttger, *Die »Comédie-Ballet« von Molière-Lully*, Berlin 1931.

246 23. März 1956; A: *Berlin,* E: *Berlin, masch. Du., dikt. (BBA)*

Lieber Bert!
Herr Tragelehn war heute nicht zur Probenkoordinierung. Seine Entschuldigung war, er hätte verschlafen. Ich bitte um Deine Meinungsäußerung dazu.

Außerdem hat er seinen Abendbericht vom 15.3. bis heute nicht abgeliefert.

23.3.56

247 29. März 1956; A: *Berlin,* E: *Berlin, masch., dikt.* (BBA)

Christian fragt (ich bin dagegen), ob er für einen 8-tägigen Film, der aber nicht hintereinander Drehtage hat, Urlaub von Dir bekommen könnte. Es würde sich um die Tage 13., 14. April, 17., 18., 19., 20. April, 1 Tag noch Ende April und 4. Mai handeln.[1]

Der Film wird in Johannisthal gedreht und nicht in Babelsberg. Kann also auch an den Tagen, wo gedreht wird, zur Probe kommen, meint er.

29.3.56

1 Der Schauspieler Norbert Christian ist seit 1952 Mitglied des Berliner Ensembles.

248 12. April 1956; A: *Berlin,* E: *Berlin, masch., dikt.* (BBA)

Lieber Bert!
Bunge hat mit seinem Prof. Markwardt in Greifswald gesprochen.[1] Du weißt, daß er schnellstens seinen Doktor machen will. Nun hat Prof. Markwardt ab September einen Forschungsauftrag für die Akademie der Wissenschaften: Das würde alle Pläne Bunges umwerfen. Er bittet also um eine Beurlaubung ab 1. Mai statt ab 1. September für 6 Monate. Das würde bedeuten, daß er uns, d. h. dem Theater, schon ab frühestens 1. Oktober, da wir aber seinen Urlaub noch mit eingerechnet haben, ab 1. November wieder zur Verfügung stehen [würde], was mir eigentlich günstiger erscheint, denn jetzt häufen sich die Arbeiten nicht mehr. Bitte um Deine Entscheidung.

12.4.56[2]

1 Bunge studiert bei Bruno Markwardt, der als Germanist theaterwissenschaftliche Interessen verfolgt.
2 Am Ende des Briefes vermerkt das Sekretariat des Berliner Ensembles: »Ja / sagt BB«, und auf einem Durchschlag findet sich die masch. Notiz: »Herr Brecht ist einverstanden. / 14.4.56 Sitte«.

249 29. Mai 1956; A: *Berlin,* E: *Berlin, masch. Du. (Augsb.)*

Berlin, den 29.5.1956

An die Intendanz des »Berliner Ensemble«
Ich bin einverstanden, daß zwischen dem 15. und 20. Oktober zu den Feierlichkeiten der Stadt Greifswald[1] ein Gastspiel unserer Aufführung
»Mutter Courage und ihre Kinder«
stattfindet.

(Bertolt Brecht)

1 1956 feiert die Universität Greifswald ihr 500jähriges Bestehen.

250 22. Juni 1956; A: *Berlin,* E: *Berlin, masch. Du., dikt. (BBA)*

Berlin, 22.6.56

Lieber Brecht,
mit Deinem Einverständnis möchte ich gern, daß an folgende alte und neue Kollegen geschrieben wird, daß sie erst am 5.9. hier in Berlin sein brauchen. Die neuen Kollegen können dann noch in Ruhe ihre Wohnungen beziehen und ihre Aufenthaltgenehmigungen ordnen, da wir ja erst am 15.9. zurück sind.[1]

alte Kollegen:	neue Kollegen:
Kamper	Fuhrmann
Kiwitt	Flörchinger
Kraus	Lohse
Schrade	Hendrich
Gnass[2]	Klingenberg und Frau
	Grimmer
	Turoff
	Conrad
	Bonnet
	Handel
	Gräwert
	Berkhan
	Ramin[3]

1 Gemeint ist die Rückkehr vom Londoner Gastspiel des Berliner Ensembles mit dem *Kaukasischen Kreidekreis*.

2 Mitglieder des Ensembles sind Josef Kamper (seit 1954), Peter Kiwitt (seit 1955), Agnes Kraus (seit 1951), Edgar Schrade (seit 1950) und Friedrich Gnass (seit 1949).

3 Zum Ensemble stoßen die Schauspieler Ernst-Otto Fuhrmann, Martin Flörchinger (vom Deutschen Theater), Wolfgang Lohse, Kurt Hendrich, Gerhard Klingenberg und seine Frau Hedi Marek, Aribert Grimmer, Nico Turoff, Johannes Conrad, Franz Bonnet, Wolfram Handel, Günter Gräwert und Anneliese Ramin. Klingenberg und Hedi Marek sind auch als Regieassistenten engagiert. Wer sich hinter dem Namen Berkhan verbirgt, konnte nicht ermittelt werden.

Ein maschinenschriftlicher Entwurf zu diesem Brief, ebenfalls auf den 22. Juni 1956 datiert, lautet: »Lieber Brecht, mit Deinem Einverständnis möchte ich gern, daß an folgende alte und neue Kollegen geschrieben wird, daß sie erst am 5.9. hier in Berlin sein brauchen. Dann können sie noch in Ruhe ihre Wohnungen beziehen und sich alles besorgen:« Es folgen handschriftliche Notizen von Irene Ulrich.

ANHANG

ÜBERSETZUNGEN FREMDSPRACHIGER BRIEFE ODER BRIEFPASSAGEN

Nr. 50

Wir lieben Fisch nicht. Aber Mademoiselle Sousanne ist äußerst liebenswürdig und macht uns Eier.

Stets der Ihrige!

Nr. 66

»Entschuldigen Sie, mein Herr, wissen Sie zufällig, wie spät es ist?«
»Ich glaube, es ist ein Uhr, aber ich bin mir nicht sicher.«
»Danke sehr! Meine Uhr ist kaputt, mein Herr!«
»Ja, ja!«
»Wann werden wir in Paris ankommen, Mademoiselle?«
»Ja, mein Herr!«

Nr. 126

29. Nov. 1943

Lieber Bert,
bitte entschuldige, mein Brief war weder zu Ende noch unterschrieben, aber ich hatte plötzlich die Gelegenheit, daß jemand ihn mit nach Hollywood nimmt, und so erreichte er Dich viel schneller. Der Journalist, Lochner, rief mich an und sagte, er habe auf seinen Brief eine Antwort von Procopé bekommen, nichtssagend, finnische Humanität und

Ähnliches, er fragte, was man nun unternehmen könne, ich erlaube mir, seine Adresse zu geben. 6726 Milner Road, Hollywood 28. Vielleicht willst Du ihm schreiben, er würde sicher etwas anderes in die Wege leiten. Er erzählte mir auch, daß einer seiner Freunde, der im OWI arbeitet, an der Sache dranbleibt und anscheinend in Kontakt mit Willkie gekommen ist. Schreib mir, was ich von hier aus tun kann, Odets und Clurman werden sicherlich helfen wollen. Und schreib mir, was in New York getan wird. Ohne Nachrichten geht hier alles schief. Gestern war ich auf einer respektvollen Feier für Max Reinhardt mit Karin, Kortner war sehr gut. Das Ganze hatte eine von Anerkennung geprägte, nicht unkritische Atmosphäre, würdig (?). Ich glaube, Karin geht es gut. Morgen geht sie zum Arzt. Barbara hat sich schon wieder erkältet, ich werde sie noch einmal röntgen lassen. Das letzte Mal war vor einem halben Jahr. Das Auto ist geschmiert und gründlich überholt worden, es brauchte eine neue Batterie und in Kürze anscheinend einen neuen Verteiler. Viele fragen nach Dir. Ich habe nichts Neues gehört über den Film von Goldschmidt, der im Januar beginnen will, Deine Mitarbeit ist da nötig. Ich bitte Dich, Bescheid zu geben, ob Du zu Weihnachten kommst oder nicht. Ich bin eine schlechte Warterin. Ansonsten gibt's nichts Neues. Auf Wiedersehen.

HELLI

Korschs vollständige Adresse: 337 Charles St., Boston, Mass.

Thompson Adresse: 237 East 48th Street

8315 Virginia 9-1732 118th Street, Kew Gardens, Long Island. Independent Subway, Union Turnpike, Bus zur Metropolitan Avenue.

Nr. 127

Lieber Bert,
ich bekam einen Anruf vom Vereinigten antifaschistischen Flüchtlingskomitee, sie haben die New Yorker Zentrale über Hella informiert, aber sie denken, es wäre wichtig, daß Du Dich mit denen dort in Verbindung setzt. Die Adresse: 425 4th Avenue, mit Mrs. Helen Bryan.

Ich tippe die Stellungnahme ab für den Fall, daß Du sie brauchst.

Erklärung: Meine Mitarbeiterin, die Dänin Margarete Steffin, hatte die Lebenserinnerungen Andersen-Nexøs aus dem Dänischen ins Deutsche übersetzt, und der Moskauer Staatsverlag hatte die Übersetzung erworben und veröffentlicht. Frau Steffin benötigte das Honorar für eine geplante Reise nach Amerika und bat auf meinen Rat Herrn Terentjew von der russischen Handelsvertretung, es ihr zu beschaffen. Da ihr Anspruch klar war und ihre Reise nicht aufgeschoben werden konnte, bis die 8.000 Finnenmark für die Übersetzung auf dem gewöhnlichen, langsamen Weg eintrafen, borgte sich Herr Terentjew die Summe von Frau Hella Wuolijoki aus mit dem Versprechen, sie baldigst zurückzuzahlen. Frau Steffin erhielt so ihr Honorar und konnte mit uns abreisen.

Daß Herr Terentjew oder die Handelsvertretung Frau Wuolijoki auch Geld für Dinners schuldete, hat Frau Wuolijoki mir nicht erzählt. Jedenfalls kann ich mich daran nicht erinnern.

Santa Monica, 1. August.

Erklärung: Frau Hella Wuolijoki erzählte mir mehrmals, daß sie auf Wunsch der finnischen Regierung Dinners veranstaltete, auf denen finnische und russische Handelsvertreter Kontakt nahmen. Sie sagte mir, daß an diesem Kontakt auch die Russen interessiert seien und daß Herr Terentjew von der Sowjethandelsvertretung ihr Weine für die Dinners versprochen habe, sie aber dann nicht beschaffen konnte, so daß sie selber Weine zu kaufen hatte. Herr Terentjew versprach jedoch, wie mir Frau Wuolijoki erzählte, ihr diese Ausgaben zu ersetzen. Daß Frau Wuolijoki irgendeine fixe Summe von der Handelsvertretung der Sowjets zugesagt bekommen hat, hat Frau Wuolijoki mir niemals gesagt. Die näheren Details der Abmachung, wie Herr Terentjew das für Frau Steffin ausgelegte Geld und das Geld für die Weine auszahlen sollte, sind mir nicht erinnerlich.

Ich habe das »Aurora«-Gedicht erst gestern gefunden, es wird zur selben Zeit eintreffen. Aber schreib mir bitte auf jeden Fall, was Du machst, weil die Screen Writers' Guild hier auch daran interessiert ist und ich daher wissen muß, was aus New York unternommen wird.

Machs gut, alle lassen grüßen, Du wirst überall vermißt

HELLI

Nr. 130

BIN WIEDER GESUND BITTE SENDE BÜHNENFASSUNG FURCHT UND ELEND GENANNT PRIVATE LIFE UND REYHERS ÜBERSETZUNG DER VERBINDENDEN VERSE
BIDI

Nr. 138

BERGNER IN VERMONT UND VERLASSE NEW YORK DONNERSTAG 5-30 NACH SANTA MONICA GRÜSSE BIDI

Nr. 160

AN BERGNER SAH ICH WAS FÜR EINE SCHAUSPIELERIN DU BIST WAS LAUGHTON ANGEHT UNGLÜCKLICH DAS LAND

NACHBEMERKUNG

In Gegenwart anderer sagt er »die Weigel« und sie »Brecht«. So beginnen manchmal auch ihre Briefe, meist redet sie ihn aber mit Bert an und unterzeichnet mit Helli. Er schreibt fast immer Helli, manchmal Heli und in den ersten Jahren Helle oder Helletier. Unter die Briefe setzt er sein kleines b, bert, oder bidi, wie er in der Familie genannt wird. Vor seiner Unterschrift findet sich häufig die Zeile »ich küsse dich«, als zärtliche Formel abgekürzt zu »i. k. d.«; sie weiß, was das heißt.

Die hier gedruckten Briefe stammen aus einem Zeitraum von dreiunddreißig Jahren, von denen das Paar siebenundzwanzig verheiratet ist. Sie sind das Dokument einer Liebe, die in Berlin beginnt, als er sich anschickt, die Theater der Hauptstadt und des restlichen Landes zu erobern. Sie erzählen die Geschichte einer Familie, die, kaum daß sie vollständig ist, von Land zu Land ziehen muß, ständig auf der Suche nach bezahlbarem Wohnraum, Arbeitsmöglichkeiten und Kontakten. Sie zeigen eine Künstlerbeziehung, deren Kern, allen Widrigkeiten zum Trotz, der Glaube an sein Werk, ihre Schauspielkunst und das gemeinsame Theaterprojekt war. Unbedingt ist beider Wille, ihre Berufe auszuüben. Ihr wird es im Exil nicht möglich, die spärlichen Ausnahmen machen den Schmerz nur heftiger. »Meine idiotische Existenz hängt mir sehr zum Hals raus«, schreibt sie im Februar 1937 an Erwin Piscator. »Ich war und bin auch noch immer eine brauchbare Person, und der Winterschlaf dauert zu lange.« Er hat kein Theater, kann kaum inszenieren, aber er schreibt, für die Schublade und manchmal für den Druck in seiner und in fremden Sprachen.

Wann schreibt sich ein Paar Briefe, das die meiste Zeit in unmittelbarer Nähe zueinander lebt? Wenn sie ihre Eltern in Wien besucht, er sich, um arbeiten zu können, zu seinem Vater nach Augsburg oder mit Kollegen nach Südfrankreich zurückzieht, wenn er Theaterverbindungen in Moskau knüpft, in London Geld bei einem Film verdient, in New York inszeniert, in Paris den *Dreigroschenroman* vollendet. Oder wenn sie dort auf der Bühne steht, ihm Bericht erstattet und dann, rastlos und vergeblich, versucht, Rollen im deutschen Exiltheater in Prag oder Zürich zu bekommen, während er schon wieder in den dänischen Exilort zurückgekehrt ist, sie wissen läßt, wie die Geburtstage der Kinder verlaufen sind, um dann mit dem Sohn Steff eine Resolution zu verfassen, in der ein gewisser »Gatten- und Söhnerat« die werte Genossin auffordert, nach Erledigung ihrer Obliegenheiten ohne Verzug zurückzukehren und ihre Tätigkeit in der Familie wieder aufzunehmen.

Wenn sie an einem Ort sind, greifen sie zum Papier in Konfliktsituationen. Er in Berlin, am Neujahrstag 1933: »ich schreibe, statt zu sprechen, weil das leichter ist, gegen das Sprechen habe ich eine solche Abneigung, das ist immer ein Kämpfen.« Sie in Santa Monica, vielleicht 1944: »Ich bekomme meine Gedanken nicht in eine richtige Ordnung, es ist auch nicht geordnet, was in meinem Kopf vorgeht.« Später halten sie schriftlich Verbindung, wenn der Ensemblealltag Dutzende Entscheidungen pro Tag abverlangt; neben den Besprechungen, Telefonaten, im Auftrag verfaßten Briefen ist die direkte Korrespondenz nur ein Bruchteil des gewaltigen Organisationsbetriebs.

Helene Weigels Anteil an diesen Briefen umfaßt lediglich ein Viertel. Vor Oktober 1951 liegen von ihr an ihn überhaupt nur fünf Briefe vor. Alles andere muß als verloren gelten. Aber auch bei Brecht gibt es empfindliche Lücken. Aus manchen Jahren ist nicht ein Brief überliefert. Während für die Zeit um 1929/30, als Helene Weigel politisch aktiver als

Brecht war, die Briefe wohl verschollen sind, ist es nicht ausgeschlossen, daß zwischen 1939 bis 1942 – die Familie verläßt Dänemark, lebt in Schweden und Finnland, reist durch die Sowjetunion in die USA – kaum Briefe zwischen Brecht und Weigel gewechselt werden, weil alle Angelegenheiten mündlich zu regeln sind.

Die Überlieferungsgeschichte spiegelt das Schicksal der Korrespondenzpartner. Die Weigel bewahrt die Briefe ihres Mannes sorgfältig auf. Sie steckt sie in Umschläge und schreibt »London / März April Mai Juni« darauf und »New York Mai Juni 45« oder »Bert / Herbst 46«. Es nützt nichts. »Liebesbriefe Brecht an Weigel sind verlorengegangen (teilweise auf Klopapier geschrieben)«, notierte Hertha Ramthun, die Mitarbeiterin des Brecht-Archivs, nach einem Gespräch mit Helene Weigel im Oktober 1962. »Sie befanden sich in der blauen Schachtel, die Weigel in Schweden zurückließ. Die blaue Schachtel, die auch Briefe etc. der Kinder enthielt, wurde später Brecht zurückgegeben und befindet sich bei Ruth Berlau in Verwahrung.« Von dort sind sie nie wieder in die Hände der Empfängerin gelangt, auch wenn Hans Bunge Teile der Korrespondenz wenigstens als Kopie ins Brecht-Archiv holen konnte. Die Originale betrachtet Brechts Mitarbeiterin und Geliebte als Faustpfand. So erlebt es zumindest Uwe Johnson, der Ruth Berlau im August 1965 zu seiner Edition von Brechts Nachlaßfragment *Buch der Wendungen* befragen will. Für seinen Verleger Siegfried Unseld protokolliert Johnson den Besuch bei Berlau: »Sie behauptet, es seien ihr fünf Briefe gestohlen worden, und auf die Frage nach dem Täter: es seien sieben Prozesse gewesen; diese Briefe habest du für die Erben zum Preis von viertausend Mark zurückgekauft, also kenntest du den Preis. Ich versuchte ihr dein Gebot von fünftausend klarzumachen. Sie konnte die eintausend nicht vergessen und bat mich, mit dem irren Lächeln wie es in den Lehrbüchern steht dir zu sagen, alle Briefe seien verbrannt, in den Ofen geworfen. Sie hat da Zentralheizung.« Die Briefe bleiben ein Spekulationsobjekt. In den neunziger Jahren sind sie auf dem Antiquariatsmarkt präsent. Nach und nach wird der größte Teil zugänglich. Zuletzt die Briefe, die Brecht aus New York nach Santa Monica richtet; sie sind 1949 in der Schweiz geblieben und tauchen erst 1999 im Nachlaß des Zürcher Vertrauten Victor N. Cohen auf.

Die Lücken führen dazu, daß die Briefe selten aufeinander reagieren. Was erhalten ist, zeigt sich jedoch unmittelbar auf das Gegenüber bezogen, noch in der kürzesten Notiz. Es sind Briefe von Theatermenschen, für die das Adressieren zentral ist. Selbstreflexionen sind die Ausnahme. Helene Weigel, die ihr »Nicht-Schreiben« als ein »altes eingefressenes Laster« bezeichnet, ist in den Briefen an Brecht direkt, witzig und dabei von einer zurückhaltenden, aber charmanten Zärtlichkeit. Ihre Schilderungen von Proben und Aufführungen, die Unmittelbarkeit, mit der Probleme angegangen werden, verraten die begnadete Schauspielerin und gewiefte Intendantin.

Seinen Briefen gelingt es nicht immer, das Rapporthafte abzustreifen. Er hält sie auf dem laufenden über seine Tätigkeiten und Begegnungen, ohne immer die Karten auf den Tisch zu legen. Und er braucht sie, wenn er unterwegs ist, eben oft als eine Art Sekretärin, die ihm Adressen mitteilt, verlorene Papiere besorgt, Korrekturen in Manuskripte überträgt, Bücher sendet und Anrufe erledigt. Nur selten erschöpfen sich die Mitteilungen jedoch in den Anlässen. Immer gibt er ein Wort mehr als nötig – eine kleine Aufmunterung, die wiederholte Bitte, seine Frau möge auf sich achtgeben, die Skizze einer Begebenheit, eine Sottise über Bekannte. Und er sorgt sich um die Kinder Steff und Barbara und um Hellis Gesundheit, medizinisches Grundwissen einsetzend: die Schilddrüse, ihre Zähne, das Gewicht, die Erschöpfung nach einer Operation.

Helene Weigel hat die Trennungen von Brecht nicht gleichmütig hingenommen, aber sie hat sie auch nicht nach außen getragen. Ende März 1944 teilt Theodor W. Adorno seinen Eltern mit, Brecht habe seiner Frau während seiner viermonatigen Abwesenheit von Santa Monica nicht ein einziges Wort geschrieben. In diese Zeit fällt die wohl tiefste Krise des Paares in den USA. »Liebe Helli, es ist so schwierig zu schreiben, weil ich weiß, Du denkst es Dir nur einfach vergnüglich für mich hier«, gesteht Brecht im Januar 1944, um dann, wenn hier nicht Briefe fehlen, bis zu seiner Rückkehr zu schweigen. Damit das nicht noch einmal passiert, gibt Helene Weigel ihm bei einer der nächsten Reisen Umschläge mit, die sie bereits mit ihrer Adresse versehen hat. An Ernst Busch schreibt sie am 25. November 1946: »Brecht ist in New York, was von hier so weit ist wie von New York nach Berlin.« Kleine zärtliche Codes und Telefonate am Samstagabend sollten die Entfernung überbrücken. Was mal mehr, mal weniger gelang. »Dein Vater war ein sehr treuer Mann«, sagte Helene Weigel einmal ihrer Tochter Barbara, und sie ergänzte: »leider zu zu vielen«.

Helene Weigel ist Brecht eine, mit Lion Feuchtwanger zu sprechen, »fanatische Helferin«, vertraut mit seinen Angelegenheiten, ganz auf der Höhe seiner Arbeit. Sie kennt sich in Brechts Papieren so aus, daß es nur wenige Stichworte braucht, ihr den Ort und die Spezifik eines Manuskripts zu bezeichnen. Ihr sind die Nöte von Brechts Produktionen im Detail bekannt und auch der prekäre Alltag eines Autors im Exil, der, von Mißgunst und Gleichgültigkeit umstellt, mit seinen Initiativen immer wieder ins Leere läuft. Sie kann ihn aufmuntern, weil sie sich nicht völlig seiner Arbeit hingibt. Sie weiß um seinen Wert, steht zu ihm und steht ihm bei, ohne sich dabei zu verlieren. »Fleißig wie ein Postbeamter« sei er gewesen, spottet sie nach seinem Tod liebevoll.

Die Weigel hält die Freundschaften zusammen. Immer wieder lädt sie Freundinnen und Freunde nach Svendborg oder Santa Monica ein. Sie fragt Karl Korsch, wieviel Regalplatz man ihm, wenn er kommt, für seine Bücher freimachen soll; und am 28. Juni 1945 lockt sie ihn mit den Vorzügen des Gartens: »Hier gäbs ein gutes Zimmer, mit Feigenbaum davor, sie müßten nur aufs Dach klettern, aus dem Fenster ein Schritt, und die Feigen platschen Ihnen auf den Kopf.«

Helene Weigel ist kommunikativ so versiert, daß Brecht sie um die Lösung manchen Konflikts bitten kann. Das zahlt sich vor allem in Kalifornien aus, als Charles Laughton unmittelbar vor der *Galileo*-Aufführung in einer divenhaften Geste das ganze Unternehmen gefährdet. Brecht baut auf ihre Fähigkeiten als Vermittlerin: Sie soll Laughton sagen, daß Brecht unter bestimmten Bedingungen mit fliegenden Fahnen zu ihm überginge, schreibt er ihr am 11. Februar 1946; »aber sage das nicht als zu politisch, intrigantenhaft«.

Brecht wagt es, ihr seine Krisen zuzumuten: »Ich bin sehr grau, diese Stadt kann besonders scheußlich sein«, schreibt er Ende 1943, als er zum zweiten Mal von Santa Monica aus nach New York fährt. Und im Februar 1946 erzählt er ihr in einem bemerkenswerten Brief ausführlich von Ruth Berlau, die nach dem Tod des gemeinsamen Kindes einen Zusammenbruch hat. New York ist ein »veritables Inferno«, kommentiert er erschöpft.

Brecht glaubt an Helene Weigel als Schauspielerin. »Sie ist gutartig, schroff, mutig und zuverlässig. Sie ist unbeliebt«, notiert er 1929 im *Dialog über Schauspielkunst*. Die lange erzwungene Auszeit kann sein Vertrauen in sie als Künstlerin nicht erschüttern. »Wird Dir auf diesem Planeten nicht leicht nachgespielt werden«, sagt er über ihre Berliner Darstellung der Pelagea Wlassowa, als er *Die Mutter* 1935 in New York inszeniert und die Besetzung der Hauptrolle furchtbar findet. Zur Premiere von *Die Gewehre der Frau Carrar* widmet er ihr das Gedicht *Die Schauspielerin im Exil*, mit dem Begriffspaar »kleine Gestalt / Große Kämpferin«. Nach der New Yorker Premiere der *Duchess of Malfi* telegrafiert Brecht, verstört über den Auftritt von Elisabeth Bergner, an seine Frau: »AS TO BERGNER I SAW WHAT AN ACTRESS YOU ARE«. Und als er hört, seine Tochter Hanne habe vom Ballett zum Schauspiel gewechselt und sei begabt und originell, kommentiert er: »Nun, da gibt es ein paar gute Rollen für sie – wenn sie Dich darin gesehen hat.« Das geschieht dann in Berlin, und Hanne sieht Hellis Courage, mit der das »Theater des neuen Zeitalters« eröffnet ward.

Die hier zum ersten Mal publizierte Korrespondenz aus der Zeit des Berliner Ensembles gibt ungeachtet der durch die Tagesaktualität bedingten Knappheit einen beachtlichen Einblick hinter die Kulissen dieser Bühne zu einem Zeitpunkt, als noch nicht allgemein verbreitet war, daß der Aufbau dieses Theaters, wie Hannah Arendt gesagt hat, »vielleicht die hervorragendste kulturelle Leistung im Deutschland der Nachkriegszeit« ist.

Zu den Briefen, die direkt an Weigel oder Brecht gerichtet sind, gehören zahlreiche Auftragsbriefe, in denen Mitarbeiterinnen des Theaters Fragen oder Mitteilungen weiterleiten, die genausogut in einem direkten Brief an die Intendantin oder den Künstlerischen Leiter hätten stehen können: »Brecht ist damit einverstanden, daß die Frauen in der CARRAR (Anfrage von Betty Loewen) jetzt von anderen Frauen gespielt, d.h. ausgetauscht werden (z.B. Schlubach)«, schreibt Käthe Rülicke am 28. Oktober 1954 an Helene Weigel. »Würden Sie bitte das Nötige veranlassen? Danke.«

Als Intendantin des Berliner Ensembles hält Weigel Brecht den Rücken frei und findet dafür den richtigen Ton, auch Behörden gegenüber. Im Juli 1952 moniert die Staatliche Kommission für Kunstangelegenheiten, daß Westberliner Mitglieder des Ensembles Dauerpassierscheine für Buckow beantragt haben, und drängt darauf, »die innerhalb des Betriebs erforderlichen Arbeiten im Betriebssitz, nämlich in Berlin wahrzunehmen«. Die Antwort der Weigel ist typisch: »Lieber Bohm, So geht's nicht. Wir arbeiten in den Ferien wichtige Vorarbeiten für den Herbst aus. Und wir brauchen jede Unterstützung von Eurer Seite, um fertig zu werden. / Der Vorschlag, dies in Berlin zu tun, kann wohl nicht Dein Ernst sein. / Ich bitte also um sofortige Hilfe, damit Brecht ungestört arbeiten kann.«

Helene Weigel wußte, daß Brecht – wie sie Werner Hecht im Gespräch sagte – »völliges Vertrauen« zu ihr hatte. »Also, es gab keinen Punkt, wo er an meiner völligen Zuverlässigkeit gezweifelt hat.« Das sei eine Selbstverständlichkeit gewesen. Über dem pragmatischen Gestus dieser Briefe könnte man vergessen, daß hier zwei Menschen agieren, die dabei sind, ein völlig neuartiges Theater zu schaffen. Und daß sie nicht nur über die Arbeit miteinander verbunden waren, wie Helene Weigel es gesagt hat: »Das war zwischen uns eine große Liebesbeziehung.« Nach Brechts Tod begreift sie sein Werk als eine Aufgabe, und sie nimmt sie an, indem sie das Theater erhält, mit kluger Hand den Nachlaß publizieren läßt und so den enormen posthumen Ruhm ermöglicht.

ZU DIESER AUSGABE

Diese Ausgabe enthält sämtliche zugänglichen Briefe, die zwischen Bertolt Brecht und Helene Weigel in den Jahren 1923 bis 1956 gewechselt wurden. Die bei Abschluß der Berliner und Frankfurter Ausgabe der *Werke* Brechts greifbaren 137 Briefe Brechts sind ergänzt durch 40 Briefe, die Brecht in den Jahren 1943 bis 1946 von New York nach Santa Monica resp. 1947 von Paris nach New York sandte; diese Briefe sind 1999 im Nachlaß von Victor N. Cohen aufgetaucht, sie werden heute im Bertolt-Brecht-Archiv aufbewahrt. Ergänzt wurden ferner acht bislang nicht publizierte Briefe Brechts, deren Originale sich im Besitz der Staats- und Stadtbibliothek Augsburg befinden.

Erstmals umfassend und in erreichbarer Vollständigkeit dokumentiert werden die Briefe von Helene Weigel an Brecht, von denen bislang lediglich sieben gedruckt vorlagen. Die meisten der von ihr verfaßten Briefe stammen aus den Jahren 1951 bis 1956 und betreffen die Arbeit am Berliner Ensemble; die Originale liegen im Bertolt-Brecht-Archiv. Was Helene Weigel vorher an Brecht schrieb, scheint bis auf fünf Ausnahmen verlorengegangen zu sein. Unter den Ausnahmen sind zwei politisch bedeutsame Schreiben, die vom FBI abgefangen und ins Amerikanische übersetzt wurden; sie werden hier aus Brechts FBI-Akten mitgeteilt.

Nicht aufgenommen wurden lediglich fünf nicht datierbare Billette Brechts, die der Vollständigkeit halber hier mitgeteilt werden, obwohl nur die beiden ersten eindeutig an Helene Weigel gerichtet sind: »liebe helli, / bitte, komm runter. / b«; »liebe Helli, / ich komme später noch einmal zurück. / b«; »kleiner nachtgruß / b«; »alles geht sehr gut / b« und »ich habe dich lieb / b«.

Brecht hat seine Briefe an Helene Weigel – entweder mit der Hand oder mit der Maschine – ausnahmslos selbst geschrieben; von ihren Briefen an ihn sind nur vier eigenhändig verfaßte und ein selbst getippter Brief überliefert; alle anderen Briefe sind diktiert.

Im Briefkopf mitgeteilt werden der Charakter des Korrespondenzstücks, wenn es sich nicht um einen Brief handelt (Post- oder Ansichtskarte, Telegramm, Billett), das nachgewiesene oder ermittelte Datum, der Aufenthaltsort des Absenders (A) und des Empfängers (E), die Angabe, ob es sich bei der Vorlage um ein Typoskript (masch.), ein Manuskript (hs.), eine Abschrift (Abschrift) oder ein Diktat (dikt.) handelt, sowie, in Klammern, der Standort (wobei »Augsb.« für Staats- und Stadtbibliothek Augsburg steht, »BBA« für Bertolt-Brecht-Archiv, »FBI-Akten« für Brechts Akten im Archive des Federal Bureau of Investigation in Washington und »Privatbesitz« für Briefe, die bei Autographenauktionen in die Hände von Sammlern und Händlern gingen).

Bei nicht von Brecht datierten Postkarten wird nicht eigens darauf hingewiesen, daß Ort und Datum dem Poststempel entnommen worden sind. Der im Text genannte Ort entspricht nicht immer dem Stempel. Für die Briefe aus der Cohen-Sammlung existieren Umschläge, denen jedoch nicht immer eindeutig Briefe zugeordnet werden können, weil bei der Übernahme des Konvoluts in einigen Fällen mehrere Briefe in einem Umschlag steckten. Zweifel an der Zuordnung sind kenntlich gemacht.

Die Texte der Briefe sind nach den Prinzipien der Berliner und Frankfurter Ausgabe normiert worden. Das betrifft vor allem die Aufhebung der Kleinschreibung, die Brecht in der Regel, aber nicht konsequent anwendet, die Korrektur falsch geschriebener Namen und Wörter (»regissör«, »eckelhaft«, »packet«, »repeckt«, »erweißen« etc.) und die

Vereinheitlichung der Hervorhebung von Titeln. Briefe Brechts, die ohne jedes Interpunktionszeichen geschrieben sind, werden ohne Interpunktion wiedergegeben.

Texte und Datierungen bereits gedruckter Briefe wurden überprüft und in zahlreichen, nicht im einzelnen nachgewiesenen Fällen berichtigt. Der Kommentar der Berliner und Frankfurter Ausgabe wurde dankbar benutzt. Zu Rate gezogen wurde ferner die im Verzeichnis genannte Literatur.

Der Herausgeber dankt Barbara Brecht-Schall für Auskünfte und ihr anhaltendes Vertrauen. Dank für Unterstützung ganz verschiedener Art schuldet er seinen Kolleginnen und Kollegen im Bertolt-Brecht-Archiv, Akademie der Künste: Dorothee Aders, Asja Braune, Anett Schubotz, Helgrid Streidt, Iliane Thiemann, Synke Vollring, die den Abbildungsteil zusammengestellt hat, und Peter Villwock; ferner: Herbert Albrecht (Autographenhandlung J. A. Stargardt), Gerhard Fichtner †, Jürgen Hillesheim (Staats- und Stadtbibliothek Augsburg), Petra Hübner (Berliner Ensemble, Archiv), Gisela Knauf (Sekretariat der Bertolt-Brecht-Erben), Franka Köpp (Akademie der Künste, Literaturarchiv), Hans Christian Nørregaard, Marion Schade (Sekretariat der Bertolt-Brecht-Erben) und Karl Sand (Deutsches Theater, Archiv).

Die Edition war geplant als eine gemeinsame Arbeit des Herausgebers mit Wolfgang Jeske, der über fast drei Jahrzehnte für das Brecht-Lektorat im Suhrkamp Verlag zuständig gewesen ist. Wolfgang Jeske ist am 11. Februar 2012 im Alter von 60 Jahren verstorben; dieses Buch sei seinem Andenken gewidmet.

Literatur

Berliner Ensemble/Helene Weigel (Hg.), *Theaterarbeit. 6 Aufführungen des Berliner Ensembles.* Dritte, durchgesehene und erweiterte Auflage. Redaktion: Ruth Berlau, Bertolt Brecht, Claus Hubalek, Peter Palitzsch, Käthe Rülicke. Berlin: Henschel, 1967.

Die Bibliothek Bertolt Brechts. Ein kommentiertes Verzeichnis. Hg. v. Bertolt-Brecht-Archiv, Akademie der Künste. Bearbeitet v. Erdmut Wizisla, Helgrid Streidt, Heidrun Loeper. Frankfurt am Main: Suhrkamp, 2007 (zitiert als *Die Bibliothek Bertolt Brechts*).

Bertolt Brecht, *Werke.* Große kommentierte Berliner und Frankfurter Ausgabe. Hg. v. Werner Hecht, Jan Knopf, Werner Mittenzwei, Klaus-Detlef Müller. 30 Bde. u. Registerband. Frankfurt am Main: Suhrkamp/Berlin und Weimar: Aufbau, 1988-2000 (zitiert als GBA).

Bertolt Brecht, *Notizbücher.* Hg. v. Martin Kölbel u. Peter Villwock. Band 7: *Notizbücher 24-25.* Berlin: Suhrkamp, 2010.

Brecht in den USA. Hg. von James K. Lyon. Frankfurt am Main: Suhrkamp, 1994.

Hiltrud Häntzschel, *Brechts Frauen.* Reinbek bei Hamburg: Rowohlt, 2002.

Werner Hecht, *Brecht Chronik.* 1898-1956. Frankfurt am Main: Suhrkamp, 1997.

Werner Hecht, *Brecht Chronik.* 1898-1956. *Ergänzungen.* Frankfurt am Main: Suhrkamp, 2007.

Werner Hecht, *Helene Weigel. Eine große Frau des 20. Jahrhunderts.* Vorwort v. Siegfried Unseld. Frankfurt am Main: Suhrkamp, 2000.

Sabine Kebir, *Abstieg in den Ruhm. Helene Weigel. Eine Biographie.* Berlin: Aufbau, 2000.

James K. Lyon, *Bertolt Brecht in America.* London: Methuen, 1982.

Petra Stuber: *Spielräume und Grenzen.* Studien zum DDR-Theater. Berlin: Links, 1998.

Erkki Tuomioja: *Da ich aber eine sehr unverwüstliche Frau bin … Hella Wuolijoki. Stichworte für Brecht.* Aus dem Englischen v. Monika Zemke. Leipzig: Militzke, 2008.

Judith Wilke (Hg.), *Helene Weigel 100.* The Brecht Yearbook 25 / Das Brecht-Jahrbuch 25. Madison, WI: International Brecht Society, 2000.

»Wir sind zu berühmt, um überall hinzugehen«. Helene Weigel. Briefwechsel 1935-1971. Hg. v. Stefan Mahlke. Berlin: Theater der Zeit/Literaturforum im Brecht-Haus, 2000.

Werner Wüthrich, *Bertolt Brecht und die Schweiz.* Unter Mitarbeit v. Stefan Hulfeld. Zürich: Chronos, 2003.

VERZEICHNIS DER ERWÄHNTEN WERKE VON BERTOLT BRECHT

(Die Ziffern beziehen sich auf die Seiten dieses Bandes)

F Film
G Gedicht
P Prosa
S Schrift
SP Stückprojekt
ST Stück

PERSONENREGISTER

(Die Ziffern beziehen sich auf die Seiten dieses Bandes)

ABBILDUNGSNACHWEISE

4, 5, 6, 8, 17, 18: Privatfotos der Familie Brecht / © Bertolt-Brecht-Erben
2/3, 9: Foto: Sergej Tretjakow
7, 22: Foto: Ruth Berlau / © Hilda Hoffmann, Berlin
10: Foto: Hermann Greid
11/12: Foto: Mogens Voltelen / © Jakob Voltelen, Kopenhagen
13/14: Foto: Mordecai Gorelik / © Linda und Eugene Gorelik, New York
20: Foto: Josef Breitenbach / © Josef Breitenbach Trust, New York
21: Foto: Gerda Goedhart / © Bertolt-Brecht-Erben
23/24: Foto: Hainer Hill / © Akademie der Künste, Berlin
15, 16, 19: Fotograf und Rechtsinhaber nicht ermittelt